東西学術研究所研究叢書第6号
非典籍出土資料研究班

続 中国周辺地域における非典籍出土資料の研究

玄 幸子 編著

関西大学
東西学術研究所

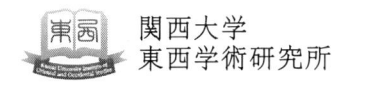

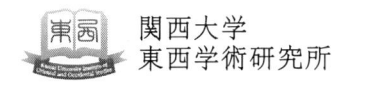

はじめに

主幹　玄　　幸子

本書は、関西大学東西学術研究所「非典籍出土資料研究班」の2016年度から2018年度の3年間の研究活動を総括してまとめ公刊するものである。本研究班は2013年度から発足し、2016年度にはその前3年間の活動をまとめ『中国周辺地域における非典籍出土資料の研究』と題して論文集をだした。今回はその延長継続の意味で『続　中国周辺地域における非典籍出土資料の研究』として出版するものである。

中国本土の周辺地域で発見された非典籍出土資料の調査・分析を通じ歴史・文化・言語の諸相を復元するというテーマのもと、2016年度以降の3年間は、先の成果の上に研究活動を継続しさらなる成果を積み上げてきた。この間の研究活動を簡単に紹介しておく。

まず班構成員であるが、主力メンバーに森部豊（文学部）、篠原啓方（文学部）、玄（外国語学部）の3名の研究員に加えて高田時雄委嘱研究員（京都大学名誉教授・復旦大学特聘教授）、3年間継続して参与いただいた非常勤研究員の毛利英介、山本孝子の両氏がいる。（単年度のみ参与された非常勤及び準研究員の詳細は研究所の所報等参照されたい。）また、3年間に開催した研究例会は都合8回、研究員の発表報告に加えて、ご講演を依頼した海外からの招聘研究者は7名であった。招聘した順に御名前を挙げると、梁麗玲（台湾 銘傳大學教授・東西学術研究所招へい研究員）・黃仁奎（韓國 東國大學校教授）・方一新（中国 浙江大学教授）・王雲路（中国 浙江大学教授）・辛善恵（韓国高麗大学校韓国史研究所研究教授）・王三慶（台湾 国立成功大学名誉教授）・劉波（中國國家圖書館古籍館敦煌文獻組組長／副研究館員）の方々である。その他紙幅の都合上紹介しきれない各研究員の研究活動の詳細などは、東西学術研究所のHP（http://www.kansai-u.ac.jp/Tozaiken/index.html）をご参照いただきたい。

本書には前述の主力研究員全員の論考を収めた。まず、森部研究員であるが、「唐前半期の営州における契丹人・靺鞨人と羈縻支配」と題して、遼寧省朝陽市で2012年から2015年にかけて相次いで発見された三方の唐代墓誌の内容を紹介している。これらは唐代営州（遼寧省朝陽市）付近にいた契丹人および靺鞨人か、あるいはそれらの種族と密接な関係を持った人物の墓誌である。最新の墓誌内容紹介を通じて、森部研究員自身の報告による唐代営州における契丹人と羈縻州の在り方についてさらに補足を加えた論考である。

次に、篠原研究員の「新羅禅僧の諡号（師号）について」は、2017年7月7日の例会報告での報告を敷衍し論考をまとめられた。9世紀後半～10世紀前半の新羅においては、国家が禅僧に諡号を賜贈するという行為が頻繁になされたが、これは、新羅における僧侶への諡号賜贈の最初の例と考えられ、この諡号の賜贈は、国家が禅僧の碑や僧塔を建て顕彰する行為と密接にかかわっていたとし、禅僧の碑文に登場する諡号とその表現を分析した結果、3種の変化を確認、この変化が、特に地方で普及していった禅宗が、新羅仏教界において勢力を拡大し地位を向上させていったことを反映していると結論付けられている。

さて、本論集の最後尾を飾ってくださった高田論文「敦煌遺書に見る西天取經僧」は、西域・インドに行った僧、智嚴、歸文、繼從、などの事蹟を敦煌写本によって跡づけられたものである。伝世文献には決して記述のみられない無名の僧侶たちの事蹟を敦煌写本の記述から抜き出し検討することで、10世紀後半の50年間の西天取経僧の経過地点であった敦煌の賑わいをありありと再現された。また、敦煌のみの記述に終わらず、僧侶の出身地から西天取経が全土の仏教界に広がっていた、とりわけ宋初に一種のブームになっていた状況を検証されたものである。

非常勤研究員の毛利氏は、従来検討の対象とされてこなかった遼使の西夏派遣時の儀礼について、史料の不足を補うものとして石刻史料「秦徳昌墓誌銘」を取り上げ検討を加えたうえ、李元昊以降の西夏では西夏王が外国使節を迎える場面を含め国内では常に上位者として振る舞えるようになっていたと推論した。

山本孝子非常勤研究員は書儀研究を研究テーマとしているが、今回はその中でも標題に「門状」とあるものに焦点を当て書式を復元し、他の類似用途・機能を持つ諸状との差異を明確にし厳密にその定義を確立している。これは2018年1月27日の例会での研究発表を敷衍したものである。

最後に、拙論であるが、高田時雄研究員との共編著で先に出版した『内藤湖南　敦煌遺書調査記録』（関西大学東西学術研究所資料集刊34）（関西大学出版部）および『内藤湖南　敦煌遺書調査記録　續編 ── 英佛調査ノート ──』（関西大学東西学術研究所資料集刊41）（関西大学出版部）を補う資料として欧州調査に随行した今西龍のノートを影印資料を附して検討した。この資料をもって、内藤湖南の欧州での敦煌文献調査に関するノートはすべて公開したことになる。これで一旦資料公開に関しては完結したといえよう。

以上が本書の概要である。残念ながら6年で研究班は終了となったが、この間の研究成果からさらに各分野で大きな広がりを見せることになるだろうとの期待と展望をもって、締めくくりたい。

2019年12月吉日

続　中国周辺地域における非典籍出土資料の研究

目　次

唐前半期の営州における契丹人・靺鞨人と羈縻支配

森部　豊

はじめに

筆者の関心は、唐朝の羈縻政策の多様性をさぐることであるが、その全体像を浮かび上がらせるには、なお相当の準備が必要である。そこで、本稿では、近年、遼寧省朝陽市（唐代の営州）から出土した3点の唐代墓誌をとりあげて、その内容を簡単に紹介し、唐代営州におかれた契丹系羈縻州および靺鞨系羈縻州に対して若干の考察をおこなってみたい。そして、それを通じて、唐朝の羈縻政策の一端に迫っていくことを目的とする。

唐代の営州には、記録上、唐最初期の武徳年間より羈縻州が設置され、高祖・太宗時代を通じ、その数は10州ほどにのぼった。置かれた種族は、契丹・奚・突厥・靺鞨である。ただ、これらの羈縻州におかれた各種族の具体的様相は、編纂史料の記述だけでは不明瞭である。

唐朝の羈縻政策は、『新唐書』巻43下，地理志・羈縻州条に、

> 唐の興るや、初め未だ四夷に暇あらず。太宗 突厥を平らぐ自り、西北の諸蕃及び蛮夷は稍稍内属すれば、即ち其の部落は州県に列置す。其の大なる者は都督府と為し，其の首領を以て都督・刺史と為し，皆世襲するを得。……大凡（おおよそ）府州八百五十六、号して羈縻と為すと云う[1)]。

と見えることから、唐へ帰順してきた部族の首領に唐の地方官（都督や

刺史）を与え、その部族集団を羈縻府州とし，間接的に統治する、というイメージができあがった。しかし、最近の中国大陸の研究者の中には、宋卿［2009］や王義康［2015］のようにこのような画一的羈縻支配のイメージを排し、唐朝が羈縻支配に直接かつ深くコミットしている事例を、石刻史料をもちいて論じ始めている。

筆者も唐代の営州が置かれた現在の遼寧省朝陽市において20世紀後半以降に出土した唐代の羈縻州に関係する墓誌を分析し、この地に置かれた羈縻州の特殊性を明らかにしてきた。それは、羈縻州でありながら、内地の正州と同様に折衝府が置かれ、唐の高句麗遠征に営州の羈縻州民が軍将・兵士として参加しているという事実である［森部豊 2015・2016・2017］。そのうち、森部［2015］では、朝陽出土の10点の墓誌を概括的に紹介し、唐代羈縻州の一事例を分析したが、その後、朝陽ではあらたに3点の墓誌が発見され、報告されている。（**表1**参照）

そこで、本稿では、この新たに発見された3点の墓誌の内容を簡潔の紹介しつつ、今後の唐朝の羈縻支配の全体像をどのようにとらえていくのかについて、展望を示してみたい。

表1　遼寧省朝陽市出土唐代羈縻州関係石刻史料（五十音順）

	墓　　誌	羈縻府州官	折衝府官	出　　典
1	王徳墓誌	父の王静，遼州（威州）威化県主簿		遼寧省 2012：50-54
2	高英淑墓誌		遼西府折衝都尉の夫人	遼寧碑誌：103-104
3	**朱寿墓誌**		懐遠府校尉	朝陽市考古 2017b
4	孫則墓誌	遼州総管府典籤 →（遼州総管府）参軍 →北黎州昌黎県令 →松漠都督府長史	懐遠府左別将 →懐遠府折衝都尉	朝陽市博 2012
5	孫忠墓誌	松漠都督府司馬	懐遠府校尉 →懐遠府司馬	森部 2015
6	張狼墓誌	帯州司馬		遼寧省 2012：19-29
7	**陳英墓誌**	師州録事参軍		朝陽市龍城 2018

8	楊律墓誌		平遼府校尉	遼寧碑誌;102
9	楊和墓誌		息子の楊姝，昌州帯方府果毅都尉	遼寧省 2012;189-191
10	駱英墓誌		遼西府左果毅都尉	遼寧省 2012;70-72
11	駱本墓誌		遼西府折衝都尉	森部 2015
12	**劉祖墓誌**	慎州逢龍県令	濱海府校尉	朝陽市考古 2017a
13	墨書銘文題記磚	平盧軍副使・昌州刺史李輔翊		寇玉峰・于俊玉 2005

注）本稿でとりあげる墓誌はゴシックで示した。

1　朱寿[2)]

朱寿墓は2012年3月に朝陽市双塔区凌河街の玫瑰家園の南側100メートルの場所で発見された。墓誌は灰色の砂岩石で、墓誌蓋とともに出土した。墓誌蓋には「大唐故／朱君墓／誌之銘」と3行にわたって刻されている。墓誌石は縦72センチ、幅70センチ、厚さ11.5センチで、26行にわたって墓誌銘幷序が刻されている。

なお、以下の本稿で示す墓誌釈文について、原刻が空格の場合は■、文字が不明瞭な場合は□で示した。

【史料1　朱寿墓誌】（図1）

1　大唐故府懐遠府校尉上柱國朱府君墓誌銘幷序
2　君諱壽字隆祚其先茂陵人也昔漢朝折檻忠貞之議不渝呉会歌樵
3　富貴之期自達是以代策鐘鼎流美譽於東南運否播遷縦雄飛於東
4　北故今爲柳城人矣■曾祖侃魏岐州雍縣主簿秦野周墟分司百里
5　之務英詞直筆式光三異之風■祖琛随相州鄴縣令沈巫易俗方絶
6　祀於奸邪錯節移風迴馳聲於利器■父武随邛州司戸参軍位符鴻
7　漸言從尺木之桀路涉羊腸智効一官之用擢■君琨瑶一片鄧林一

8 枝拂曦纏之萬尋易秦城之三五幼而好勇有憑河暴虎之心長以力
9 聞負抜山扛鼎之氣彎弧月滿見七札之皆穿挺劔霜飛忠萬人之不
10 啓屬三韓起舋雲屯丘□之墟六郡徴師雷擊青丘之路■公□金應
11 募正馬前駆運獨用之姜威効深入之征戰所功必克所向無前賞罰
12 殊功時無遇也累加上柱国轉授懐遠府校尉楚昭陽之寵命據此宏
13 勲阮嗣宗之忠懐安茲下位既而兵機在握威宣五校之營戎律是司
14 務接□夫之長□冀鑿門石闑履衛霍之清塵不期夜壑藏舟□変化
15 之無爲以弘道元年正月五日歿於私第春秋六十有七嗚呼哀哉幕
16 府俄空夷夏俱慟愴遊魂之已□想生氣之猶存■夫人趙郡李氏滋
17 蘭播茂環李舒莊佳擧叶於七章明訓符於三從正衾纏慕想賓対而
18 銜啼鳳□長懐思劔飛而共水是用緬惟宅屯雹吉青焦之画物彼佳
19 城邦□□□之域即以大周延載元年十月十六日葬於柳城南五里
20 之平原禮也將恐碧海不常玄扉難固勒芳藻於貞石紀英聲於泉路
21 其銘曰■茂陵盛族折檻芳林□□容興龜俎陸離宣風宰鄴述職□
22 □蝉聯舞冑廿濟清規其一■挺生英傑寔惟忠列負劔飛霜彎弧滿月
23 □□方惣□□爰設直□遼川光平海□其二■扶山力盡摧梁夢來馬
24 □□□人歸□臺機□空□棟□餘埃□□已矣嗚呼哀哉其三同穴爲
25 □缶衾纏慕式崇宅□屯□修安厝白鶴臨塋青鳥相墓蕭索原野□
26 □□路瘞翠琰以垂文恐泉扃之不固其四

本墓誌の釈文は［朝陽市考古 2017b］にもとづき、一部、同掲載の拓本写真で修整している。しかし、写真はあまり鮮明でなく、判別しにくい文字も多い。

墓主の朱寿は、もとは茂陵の人であったが、後に東北へ移住し、柳城の人になったという。ただ、筆者はこの記述については、あまり根拠のないものだろうと考えている。すなわち、彼自身、出自は不明であり、祖先の記録もほとんど持っていなかったのではないだろうか。というのは、彼の生前の職は、懐遠府校尉であったが、それを得た経緯は、属たま三韓釁(なかたがい)を起し、丘□の墟に雲屯すれば、六郡徴師し、青丘の路を雷撃す。……（公）累ねて上柱国を加えられ、転じて懐遠府校尉を授かる。

とみえるだけだからである。朱寿は「弘道元年正月」[3]に67歳で亡くなっているので、朝鮮半島にあった百済・高句麗・新羅間の情勢悪化に唐朝が参入したのは、高宗時代のことと考えてよいだろう。朱寿は、高句麗遠征軍に参加し、軍功をあげて上柱国の勲官を得て、さらに実職として懐遠府の校尉を得たことになる。

図1　朱寿墓誌［朝陽市考古 2017b］

ところで、ここに見える懐遠府の名は、正史などには見えず、2003年に朝陽市で発見された「孫則墓誌」と「孫忠墓誌」という二つの墓誌によって、はじめてその存在を確認することができたものである。

孫則は、貞観四（630）年、北モンゴルにいた薛延陀と抜曳に使者として赴き、その功績により、懐遠府左別将に任命された。さらに、貞観十九（645）年の高句麗遠征に「左二軍惣管」として従軍している。その後、契丹を置いた羈縻州である松漠都督府の長史となり（年代不詳）、永徽五（654）年に明威将軍と懐遠府折衝都尉を加えられた。67歳で世を去る一年前のことである。

ただ、孫則の経歴はこれだけではなく、もう少し複雑である。孫則は最初についた官が、遼州惣管府の典籤であり、その後、遼州惣管府参軍となっている。遼州は、武徳二（619）年に契丹の内稽部を置いた羈縻州と伝えられる。孫則はその後、奚を置いた羈縻州である北黎州の昌黎県令を授けられ、さらに、契丹の最大勢力であった窟哥の集団をおいた松漠都督府の長史となっている。これらの経歴と、かれの姓が、遼州総管になった孫敖曹と同じであり、また同じ羈縻州である遼州の官に就いていることから、筆者は孫則を契丹人であると考えている。

孫則と同族である孫忠は、上柱国・軽車都尉・右驍衛懐遠府校尉を授けられ（年代不詳）、さらに懐遠府司馬となった。その後、孫則とおなじように松漠都督府の司馬となった。この当時、「時に島夷静かならず、遼碣榛蕪たり。君は営州都督程名振と共に驍雄を領」し、高句麗遠征に従事したようである。おそらく、松漠都督府司馬となっても懐遠府司馬の職は兼任していたのであろう。ちなみに、年代的には、この孫忠の高句麗出兵従軍と朱寿のそれとは、重なる可能性が大きい。

この懐遠府の特殊性は、三つあげることができる。一つは、折衝府の軍職に就いている孫則が、契丹人をおいた羈縻州である遼州の州官の職に就いていたことである。二つめは、懐遠府という折衝府の軍職に、孫則と孫忠というともに契丹人が就いていることである。三つめは、契丹人である孫則が折衝府の長官である懐遠府折衝都尉となっていることである。これらのことから総合的に判断して、筆者は、懐遠府は契丹系羈縻州の遼州に置かれた折衝府であると考えた［森部 2015・2017］。

懐遠府が契丹系羈縻州の遼州におかれたのであれば、その目的は、遼州に籍のある契丹人を「府兵制」の原理で徴兵するものであると考えることができる。ということは、本稿で取り上げた墓主の朱寿も契丹人の可能性が高いということになる。ただ、彼の出身階層は、この契丹内稽部の中でもそれほど高いものではなく。戦功によって、最終的に懐遠府の校尉の地位にまで上り詰めた人物であったということができるかもしれない。

2　劉祖[4)]

2014 年、遼寧省朝陽市文明路における工事の際に四つの唐墓が偶然発見された。そのうちの一つが劉祖墓である。ここは朝陽市双塔区中山営子村に属し、周辺からは、上で紹介した孫氏一族墓の他、契丹人と思われる駱氏一族墓など唐から遼代の墓が見つかっており、当該時期の営州住民の墓葬域であった。

このうち、M2 と編された墓から墓誌が出土した。緑砂岩質で、墓誌石の一辺は 62 センチ、厚さは 14 センチ。墓誌蓋には、「大唐劉／府君墓／誌之銘」と 3 字 3 行で篆刻されている。墓誌は楷書体で 22 行、一行あたり 22 文字である。以下、まず墓誌の釈文を示したい。

【史料２　劉祖墓誌】（図２）

1　唐故慎州逢龍縣令上柱國劉府君墓誌之銘
2　公諱祖字紹先其先彭城人遠代随宦柳郡因為縣人焉
3　粤若伊唐闡運開御龍而命氏炎漢受終分素蚪而廓宇

4 洎乎扃牖日月詞括山泉今譽顯於弘農嘉績通於京兆
5 其乃位高蜀運命應晉圖靈源廣江漢之流崇基高極天
6 之峻其後道光朝野者其唯劉府君乎■公忠貞外朗孝
7 友内融鼓陸海以呈奇濯潘江而絢藻貞観十九季■■
8 鸞駕東行興師問罪■公鸞繁弱而開羽縦剛桂以騰星
9 摧却月於遼城陥陣雲於駐蹕蒙授上柱國濱海府校尉
10 上臺長上于時孝感帝心奉■■■敕放還覲省永徽元
11 季蒙授慎州逢龍縣令■■■公銅墨分策弦歌濟美剸
12 思光乎製錦錯節表其□鋒飛凫嗣葉令之風馴雉偃中
13 牟之化豈謂洹歌礬夢化竪居盲龍朔元季四月一日薨
14 於私第春秋六十有一以垂拱四季歳次戊子十月廿四
15 日改葬于城南五里平原禮也嗚呼薤歌成韻結若霧於
16 寒亭蒿唱申辰咽流泉於湅水嗣子檢校夷賓州縣令上
17 柱國歸安等竝柴悲逾制曾泣過喪飭馬鬣以崇墳啓龜
18 謀而宅兆式刊貞琬乃作銘云其詞曰
19 曰考曰父惟聰惟直允文允武克岐克嶷械比芬蘭貞逾
20 垂棘道教攸存禮儀法則
21 川岳効祥降靈誕慶直若朱絲清同水鏡化竪摧貞洹歌
22 □委刊銘誌於頽山播嘉聲於來詠

筆者が森部［2015］で紹介した遼寧省朝陽市出土の墓誌は、契丹人ないし契丹系羈縻州に関係した人のものであったが、この劉祖墓誌は、それらと異なり、靺鞨人ないしそれに関係する人の墓誌であることが注目される。墓誌題に「唐故慎州逢龍縣令上柱國劉府君墓誌之銘」と見え、また墓誌本文中にも劉祖は「永徽元（650）年、慎州逢龍県令を蒙授」したとある。慎州とは、『旧唐書』巻39「地理志・河北道」および『新唐書』巻43下「地理志・羈縻州」によれば、武徳年間（618-626）の初めに、涑沫靺鞨の烏素固部を置いた羈縻州であり、慎州は逢龍県を領

図2　劉祖墓誌［朝陽市考古 2017a］

していたとある。

劉祖は彭城を本貫とするが、「柳郡に宦たるに随い、因りて県人と為」ったという。彼の経歴は、貞観十九（645）年の高句麗遠征に従軍し、その際の軍功により上柱国・濱海府校尉を授けられたことと、その後、永徽元（650）年に慎州逢龍県令となったこと、龍朔元（661）年に61歳で亡くなったことが読み取れる。卒年から計算すると、隋の仁寿元（601）年生まれである。

また、劉祖の子である劉帰安は、おそらく父の劉祖の死後、検校夷賓州県令となり、上柱国の勲官を授かっている。夷賓州とは、乾封年間（666-

668/3）に、靺鞨の愁思嶺部を置いた羈縻州であり、来蘇県を領していた。「劉祖墓誌」では、劉帰安の職名が「夷賓州県令」とのみあって県名が記されないが、「来蘇県令」と補うことができるかもしれない。

ところで、本墓誌の報告書である朝陽市考古［2017a］は劉祖を漢人とする。しかし、劉祖が靺鞨の烏素固部を置いた羈縻州である慎州のもとにあった逢龍県の県令になっていること、また息子の劉帰安も、靺鞨の別の部族である愁思嶺部を置いた羈縻州である夷賓州の県令、おそらく来蘇県令となっていることから、靺鞨人と考えるほうが妥当ではなかろうか。

では劉祖と劉帰安父子は、靺鞨人ではあるが、どの部落の所属する者たちであったのだろうか。一般の羈縻州のイメージは、唐朝がある種族や部族を間接的に支配しようと設置した機関といえる。とすれば、ある羈縻州の長官やその下の県の長官は、その羈縻州に置かれた部族の首領やその一族の有力者に与えられたとしても、あながち間違いではないだろう。しかし、近年、発見された墓誌など石刻史料が伝えるところでは、単純にそうとは言い切れない事例がみられる。

例えば、先に引用した、おなじ遼寧省朝陽市から出土した「孫則墓誌」もその一例である。墓主の孫則は、筆者の考察によれば、契丹の内稽部に属す者で、さらに内稽部の首領一族であった可能性が高い人物である。にもかかわらず、彼は北黎州昌黎県令になっている。北黎州は、奚族を置いた羈縻州の一つで、もとは崇州といった。『旧唐書』巻39「地理志・河北道条」、『新唐書』巻43下「地理志・羈縻州条」によれば、武徳五（622）年、奚の可汗部落を置いた饒楽〔郡〕都督府を崇州と鮮州に分け、そのうち、崇州が貞観二（628）年もしくは貞観三（629）年に北黎州と改名され、貞観八（634）年までその名が使われていたことがわかる。その治所は営州城の東北にあった廃陽師鎮に置かれ、北黎州のもとに昌黎県が置かれていた[5)]。契丹人である孫則が、奚の可汗部落を置いた羈縻県の長官となっているのである。また、孫則は、松漠都督府長史にもなっている。松漠都督府は、契丹の大首領の窟哥が貞観二十二（648）年に唐へ帰順してきた時に、その集団をおいた羈縻都督府である。孫則も契丹人ではあるが、その属す部族は異なっており、これも、従来の羈縻州のイメージから外れることになるだろう。

このような事例は、唐代の羈縻政策下にあって普遍的現象であったのか、あるいは営州におかれた羈縻州のみに見える特殊な事例であるのかは、今後の検討課題として残された問題ではあるが、劉祖・劉帰安父子が、靺鞨種族の中の異なった部族を置いた羈縻県の長官にそれぞれなっていたとしても、かれらを靺鞨人とみなすことには、なんら問題はない。

ところで、「劉祖墓誌」から得られるもう一つ重要な情報は、「濱海府」という折衝府の存在である。「濱海府」という折衝府名は正史など編纂史料には見えず、また「劉祖墓誌」出土以前の石刻史料においても確認されていないようである[6)]。営州界隈で「濱海」の地名を検索すると、載初年間（690）に、契丹の松漠部をおいた羈縻州である昌州から分離して置いた沃州のもとにあった県の名が「濱海」という。では、この「濱海府」は沃州にあったのだろうか。劉祖が濱海府校尉になったのは、沃州が設置される遥か前の貞観十九年か、その少しあとであるから、この「濱海府」と沃州の濱海県とは無関係であろう。すなわち、既存の記録からこの「濱海府」の場所を特定することは不可能である。とすれば、靺鞨人の劉祖が就任したという点に注目し、この「濱海府」も靺鞨系羈縻州におかれた折衝府と考えたほうがいいのではなかろうか。そして、その可能性の一つとして、靺鞨人を置いた慎州に「濱海府」は存在したといえるのではなかろうか。この推測が、正確なものであるとすれば、この史料は、唐朝が「府兵制」を利用して非漢人を動員するシステムのうち、従前では契丹人の事例のみ確認できていたのに加え、靺鞨人についても同様な方法を採用していたことを証明するものとなる。ただし、この事例だけでは不十分であり、今後の新たな墓誌の発見・公表が待たれる。

3　陳英[7)]

2015年、朝陽市竜城区七道泉子鎮七道泉子北村で三つの唐墓が発見された。この地は唐代営州城の北側に位置しており、上述の朱寿墓や劉祖墓が唐代営州城の南側に位置した墓域から出土したのと異なる。このうち、一つの唐墓から墓誌が出土した。墓誌石は、青砂岩質で、墓誌蓋は一辺65センチ、厚さ11センチの大きさで、「大唐師州／陽師縣陳／君之墓誌」と彫られている。墓誌石は一辺63センチ、厚さ11センチで、楷書で20行、1行当たり20字の墓誌銘幷序が刻されている。最終行のみ38文字が刻されている。

【史料3　陳英墓誌】（図3）

唐故師州錄事參軍陳君墓誌銘
公諱英字王賓潁川人也祖明随信都縣令一同化
禅百里肅清馴朝雊於弦歌息夢靈於風雨父如随
漁陽縣丞珪璧騰輝芝蘭播美追薄游而傲貴窮小
道以驅鶵■惟君渥水浮光顧千里而騰影青田産
質翥九臯而發音辯冠雕龍韜九功於冊府武標落
鷹擅七德於心機釋褐師州錄事參軍境接塞垣地
臨邊壤望隆糾摘寔佇仁明朝野欽風華夷慕義所
冀鴻飛漸陸還登盤木之游豈其鵩集成災遂軫（軫）長
沙之慘以麟徳二年十一月九日遘疾終於私第春
秋七十有七嗚呼哀哉夫人中山趙氏令淑斯屬蘋
藻克脩恨起孀居同鏡鸞之絶影魂飛化合等簫鳳
之排霄即以咸亨四年十一月十日合葬於柳城西
北九里之原禮也嗣子文德罔極纏哀奉超庭而□
血愼終在念符擇兆以疏塋將恐沴起滔天災生變

海恋庶披文以相質記徳音而斯在其詞曰
堯年膺籙漢日標英神功蓋代雄略従横聲華佳冊
業盛前緒壮氣雖泯餘風尚清其一爰逮後昆嗣滿前
軌職分三異風宣百里武窮七徳文該四始珪璧連
耀芝蘭播美其二梁摧疊起蘭敗災生還随落照遽奄佳城薤哥聲切萬□風□勒
貞□□□□□無

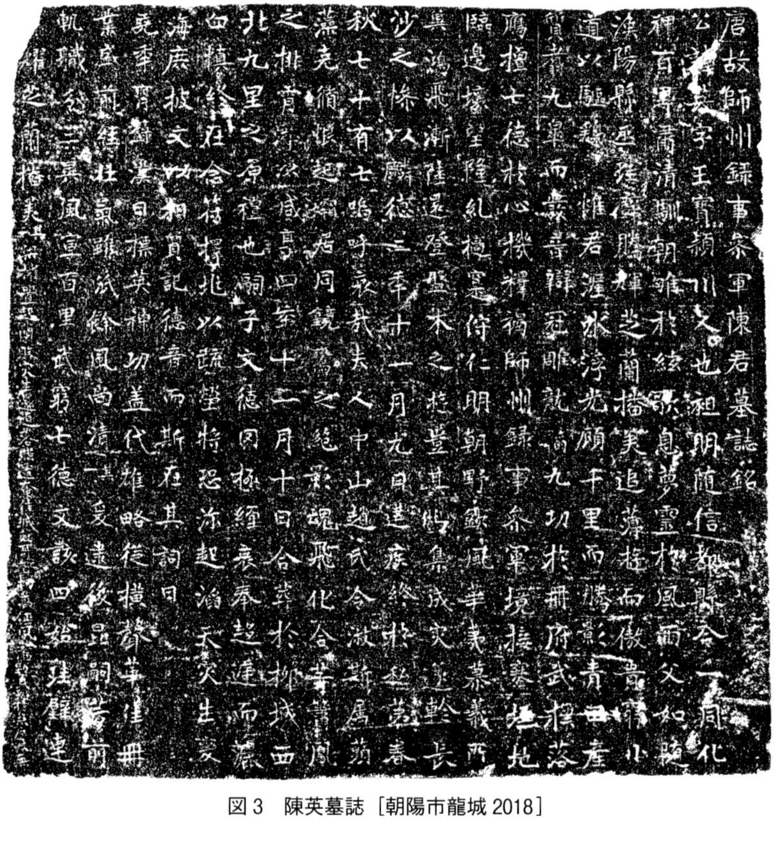

図3　陳英墓誌［朝陽市龍城 2018］

陳英は麟徳二（665）年に77歳で、営州城内の自宅で亡くなっているので、隋の開皇九（589）年の生まれということになる。本貫は潁川を称している。祖父と父はそれぞれ、隋の信都県令、漁陽県丞となったと記される。陳英は、師州録事参軍に「釈褐」したという。「釈褐」とは初任官に就くことをいう。墓誌によれば、この後、陳英が他の官に就いたことは書かれておらず、また誌題にも「唐故師州錄事參軍陳君墓誌銘」と刻されているので、終身、このポストにあったのだろう。

ところで、この師州というのは、貞観三（629）年に契丹を置いた羈縻州である[8]。興味深いことに、師州が置かれたのは、営州城の東北にあった廃楊師鎮である。おそらく隋以前にあった楊師鎮が廃されていた城郭聚落を再利用したのだろうが、同時にこの場所には、奚を置いた羈縻州の崇州も置かれていた。劉祖墓誌の項でも確認したように、もともと、奚の可汗部落を置いた饒楽郡都督府を武徳五（622）年に崇州・鮮州に分け、このうち、崇州は廃楊師鎮に置かれた。その後、崇州は貞観二（628）年もしくは貞観三（629）年から貞観八（634）年までの間、北黎州という名になる。上述した孫則は、この北黎州昌黎県令となっていた。つまり廃陽師鎮には、奚の崇州（北黎州）と契丹の師州が「同居」していたという興味深い羈縻州の現状があったのだが、これに関する分析はここでは控えておきたい。

陳英が就いた師州録事参軍とは、唐朝内地の正州の四等官に対応するもので、検勾官の職にある。では、陳英は師州に置かれた契丹人の一人であり、この録事参軍も羈縻州下における単なる名目的なものであったのだろうか。この点、近年、中国人研究者から異なった観点が出されている。それは、唐朝から羈縻州に官人（多くは漢人）が派遣され、羈縻統治に参加していたというものである。このことを主張する代表的な見解は、宋卿［2009］と王義康［2015］の二人である。彼らは墓誌を利用し、「華官参治」がひろく羈縻府州にみられることを指摘している。とすれば、この陳英もその「華官参治」の一例なのであろうか。

ところで、陳英は「私第」で没し、「柳城西北九里之原」に夫人とともに合葬されたと墓誌にある。この「私第」が営州城内にあったのか、「師州」にあったのかは判然としない。が、師州がおかれた営州管内で亡くなり、営州城の西北の地に葬られたことは間違いない。ところが、我々は陳英以外に師州録事参軍となった人物の情報を、石刻史料からえることができる。

それは王岐である。「王岐墓誌」[9]には次のように見える。

> 君諱岐、字太嶷、太原人也。因官宅土、今爲河南人□。……以明經擢第、釋褐施州録事参軍、又授師州録事参軍。……以貞觀十八年廿七日因使終於漁陽郡官舍、春秋五十五。夫人京兆孫氏、隨州録事之女。……以文明元年五月二日終於私第、春秋八十二。即以其年八月五日合葬于北邙山之平樂郷界、礼也。……

王岐は明経出身である。その卒年と年齢から、明経擢第の年代は武徳年間のはじめと推測されている[10]。彼の初任地である施州は、おおよそ現在の湖北省恩施土家族苗族自治州におかれた州であり、その後、師州、すなわち唐代の営州都督府の管轄下にあった契丹系羈縻州の録事参軍として赴任し、漁陽郡官舎でなくなっている。彼の経歴からすれば、宋卿や王義康がいう「華官」である可能性は非常に高い。

彼が無くなった「漁陽郡」は、よくわからない。「王岐墓誌」の制作年代は、夫人との合葬の時であろうから、文明元（684）年のころだと推測できる。この時の地方行政区画の呼び方は州であり郡ではない。かりに、旧称を使っていたのならば、「漁陽郡」は薊州にあたり、現在の天津市薊県である。営州のある遼寧省朝陽市ではない。このことが何を意味するのかは、今後、別のケースと比較する必要があるが、たとえば、亡くなる直前、病気か何かの理由で漁陽郡の官舎へ移動してきた可能性がある。あるいは、羈縻州の統治に参加していた華官は、その現地に赴くことなく、正州にとどまって、遠隔的に文書行政に関わったとも考えることができる。

これとくらべると、陳英は、おそらく営州城内に「私第」を構えていたと推測でき、王岐と異なり、現地において羈縻州の実務にあたっていたと推測できる。ただし、陳英が「華官」なのか、現地の羈縻州民のなかから選ばれた者なのかについては、今後の課題として残したい。

結びに代えて――羈縻州と「華官参治」――

以上、この十年以内に遼寧省朝陽市で新たに発見された墓誌3点について、その内容を紹介しつつ、問題点を指摘してみた。

朱寿と劉祖については、羈縻州に置かれたと推測できる折衝府の軍職に就いていたことから、森部［2015］で網羅的に紹介した営州都督府下の羈縻州に見える折衝府の事例の補足になる。ただ、「濱海府」の事例を追加することはできたものの、その実態については今まで以上に考察が進められたわけではない。

「陳英墓誌」が示唆する内容は、今後、より深く吟味すべき課題である。すなわち、羈縻州への「華官」の参入は、実態として存在していたことなのか、あるいは羈縻州民の名目的任官であったのか。もし、「華官」の参入が認められるとするならば、それは営州都督府隷下の羈縻州のみにみられる特殊な現象なのか、あるいは唐朝が影響を及ぼした空間に置いた羈縻州すべてにみられるものなのであるか。この点、中国大陸の研究者たちの見解も分析しつつ、今後の課題としたい。

注

1）『新唐書』巻43下「地理志・羈縻州条」（1119-1120頁）

唐興，初未暇於四夷，自太宗平突厥，西北諸蕃及蠻夷稍稍内屬，即其部落列置州縣，其大者爲都督府。以其首領爲都督・刺史，皆得世襲。……大凡府州八百五十六，號爲羈縻云。

2）朱寿墓の発掘報告および墓誌については、白燕培［2017］および朝陽市考古

［2017b］を参照されたい。

3）「弘道」は、高宗最後の年号である。高宗の病が悪化した永淳二（683）年十二月丁巳に弘道と改元し、まもなく崩御した。ついで中宗が即位し、年を超えた正月甲申の朔日に嗣聖と改元している。とすれば、「弘道元年正月」は、唐暦の上では存在しない。ただ、朱寿は、亡くなった後、およそ十年余り後の延載元（694）年十月十六日に埋葬されていることから、墓誌の作成もそのころと判断できる。その墓誌作成時点で過去をさかのぼって日時をしるしたことから、「弘道元年正月」の表現が出てきた可能性はあり、実際は「永淳二年正月」を指すものと考えることができる。

4）劉祖墓の発掘報告および墓誌については、朝陽市考古［2017a］を参照されたい。

5）『旧唐書』巻39「地理志・河北道」（1522-1523頁）

崇州。武徳五年、分饒樂郡都督府置崇州・鮮州、處奚可汗部落、隷營州都督。舊領縣一。……昌黎。貞觀二年、置北黎州、寄治營州東北廢楊師鎮。八年、改為崇州、置昌黎縣。（後略）

『新唐書』巻43下「地理志・羈縻州・河北道・奚条」（1126頁）

崇州。武德五年析饒樂都督府之可汗部落置。貞觀三年更名北黎州、治營州之廢陽師鎮。八年復故名。後與鮮州同僑治潞之古縣城。縣一。昌黎。

6）張沛2003にも未収録である。

7）陳英墓の発掘報告および墓誌については、朝陽市龍城［2018］を参照されたい。

8）『旧唐書』巻39「地理志・河北道」（1523頁）

師州。貞觀三年置、領契丹室韋部落、隷營州都督。……陽師（県）。初、貞觀置州於營州東北廢陽師鎮、故號師州。（後略）

『新唐書』巻43下「地理志・羈縻州・河北道・契丹州条」（1127頁）

師州。貞觀三年以契丹・室韋部落置、僑治營州之廢陽師鎮。（後略）

現行の新旧『唐書』地理志の標点は引用の通りであり、師州に置かれたのが契丹の中の室韋部落であったのか、契丹と室韋が混ざっていたのかよくわからない。譚其驤［1990］は後者の説をとるが、筆者は前者で解釈しておきたい。

9）「唐故師州録事参軍王府君墓誌銘并序」、周紹良（主編）・趙超（副主編）『唐代墓誌彙編』（上海古籍出版社、2007年版）718-719頁（文明008）。

10）孟二冬［2003］、1266頁。

文献一覧

【日本語】

森部豊 2015「唐前半期の営州における契丹と羈縻州」『内陸アジア言語の研究』30, 131-157頁

——— 2016「唐代奚・契丹史研究と石刻史料」『東西学術研究所紀要』49輯,

105-126 頁
——— 2017「遼寧省朝陽市発見孫姓墓誌群に関する一考察 ── 唐代羈縻支配下の契丹の研究」，玄幸子編著『中国周辺地域における非典籍出土資料の研究』，関西大学東西学術研究所，196(1)-151(46)頁（逆頁）
——— 2018「唐代前半期における羈縻州・蕃兵・軍制に関する覚書 ── 営州を事例として」，宮宅潔編『多民族社会の軍事統治 ── 出土史料が語る中国古代』，京都大学学術出版会，311-326 頁
【中国語】（ピンイン順）
白燕培 2017「唐朱寿墓志析」『黒竜江史志』2017-12，35-38 頁.
寇玉峰・于俊玉 2005：「遼寧朝陽養路費徴稽処北魏唐代墓葬」『辺疆考古研究』第 3 輯，科学出版社，311-325 頁
遼寧省 2012 遼寧省文物考古研究所・日本奈良文化財研究所編『朝陽隋唐墓葬発現与研究』，科学出版社
劉　統 1998『唐代羈縻府州研究』，西北大学出版社
洛陽市 2013 洛陽市文物考古研究院「唐代張文俱発掘報告」『中原文物』2013-5，4-16 頁
孟二冬 2003：徐松撰・孟二冬補正『登科記考補正』，（全 3 冊），北京燕山出版社
宋　卿 2009「唐代東北羈縻府州職官考」『北方文物』2009-1，66-69 頁
——— 2013「唐代営州研究総述」『東北史地』2013-4，50-54 頁
——— 2015「唐代営州軍事設置探究」『中国辺疆史地研究』25-3，57-68 頁
譚其驤 1990「唐代羈縻州述論」『紀念顧頡剛学術論文集』(下)，巴蜀書社，555-569 頁（再録『長水集続編』，人民出版社，1994，133-155 頁）
王義康 2012「《新唐書・地理志》羈縻府州補闕」『中国文化』2012-2，239-249 頁
——— 2015「唐代中央派員出任蕃州官員吏員考」『史学集刊』2015-6，51-59 頁
朝陽市博 2012 朝陽市博物館「朝陽唐孫則墓発掘簡報」『朝陽隋唐墓葬発現与研究』，科学出版社，7-18 頁
朝陽市考古 2017a 朝陽市文物考古研究所「遼寧朝陽市文明路四座唐墓」『北方文物』2017-3，10-16 頁
朝陽市考古 2017b 遼寧省朝陽市文物考古研究所「遼寧朝陽肖家唐墓発掘簡報」『黄河．黄土．黄種人』2017-24，23-27 頁
朝陽市龍城 2018 朝陽市龍城区博物館「遼寧朝陽七道泉子唐墓発掘簡報」『文物』2018-6，18-36 頁
張沛 2003『唐折衝府滙考』，三秦出版社

付記　本研究は JSPS 科研費 JP16K03100 の助成を受けたものである。

新羅禅僧の諡号（師号）について

篠 原 啓 方

はじめに

新羅の禅宗は９世紀以降、特に唐で南宗禅を学んだ新羅僧の活躍が顕著となり、大いに発展した。彼らは主に地方に寺院を開創し、時に在地の有力者や中央の高官、さらには国王とも親交を深めた。高名な禅僧が亡くなると、国家は諡号を贈賜し、彼らの浮屠（僧塔）と顕彰碑を建立した。こうした事業は、以前にはほとんど見られなかったものであり、国家が、禅僧（禅宗）に大きな関心を寄せていたことを示唆している。

国家は禅宗にどのような価値を見出し、位置づけようとしていたのであろうか。筆者はかつて、建塔・立碑事業の過程について考察したが[1)]、この事業の起点となるのは、禅僧への諡号・塔号の贈賜であった。諡号に関する研究は多くない。その理由の一つは、従来の研究が禅僧の生前の活動に注目し、諡号や建塔・立碑といった死後の対応にさほど関心を示してこなかった点にある。

本稿では、特に禅僧に贈賜された諡号の変遷を整理し、その意味について考える。

1　新羅の諡号と禅僧

諡号とは、死者に対し、君主や国家から与えられる名や称号である。『三国史記』によると、新羅における最初の諡号は、智証王（在位500～514）の「智証」であり、これ以降、新羅の歴代王をはじめ、王の血縁者に対し、諡号が贈られたとある。だが7世紀前半までの諡号の多くは、実際には生前に用いられていたことが他の資料から確認でき、これらを諡号と認めてよいかどうかについては、さらに検討が必要である。死後の名や称号としての諡号が本格的に登場するのは、7世紀半ば以降である[2)]。

一方、僧侶に対する諡号の贈賜については、管見の限りでは禅僧に対するもののみであり、その時期は9世紀以降である。中国においては、僧侶に対する諡号・塔号の贈賜は、唐代に入って頻繁に行われたようであり、新羅がこうした唐の例を参考にした可能性は高い。本稿で扱うのは、この禅僧に対する諡号である。

新羅禅僧の諡号に関する資料は、ほとんどが禅僧自身の碑文である。新羅の禅僧の碑は、僧侶の墓ともいうべき浮屠（僧塔）に附随し、僧を顕彰する塔碑である。建塔と立碑においては、これに先立ち国家から諡号と塔号が贈賜された。塔と塔碑の製作にもまた、国家が関与していたものと考えられる[3)]。

これら碑文の中には、碑が現存せず、文献史料に碑文の一部のみが伝わるものもある。これらは書写や翻刻の過程で用語や内容が書き改められた可能性があり、必ずしも原文に忠実であるとは言えない。そこで本稿では、諡号が登場し、かつ碑や拓本によって碑文が確認できる資料を対象に考察していく。これらを立碑年の順に整理すると、表1の通りとなる。

表１　碑文に登場する諡号

法名	立碑年	位置	諡号の表現
神行	813	冒頭文	海東故神行禅師之碑
		本文	なし
慧徹	872	額	寂忍禅師
		冒頭文	武州桐裏山大安寺寂忍禅師碑頌
		本文	賜諡曰寂忍名塔曰照輪清浄
体澄	884	額	迦智山普照禅師碑銘
		冒頭文	新羅国武州迦智山宝林寺諡普照禅師霊塔碑銘
		本文	定諡曰普照塔号彰聖寺額宝林
利観	886	額	弘覚禅師碑銘
		冒頭文	故弘覚禅師碑銘
		本文	賜諡曰弘覚禅師塔号為禅鑒之塔
慧昭	887	額	唐海東故真鑑禅師碑
		冒頭文	有唐新羅国故知異山双谿寺教諡真鑒禅師碑銘
		本文	追諡真鑒禅師大空霊塔
大通	890	額	判読不可
		冒頭文	□□□□□江府月巖山月光寺詔諡円郎禅師大宝禅光霊塔碑
		本文	追諡円郎禅師塔号大宝光禅
無染	892以前	額	判読不可
		冒頭文	有唐新羅国故両朝国師教諡大朗慧和尚白月葆光之塔碑銘
		本文	追諡曰大朗慧塔曰白月葆光
不明	905	額	楞伽宝月塔記
		冒頭文	有唐新羅国良州深源寺□□□□国師秀澈和尚楞伽宝月霊塔碑銘
		本文	贈諡曰秀澈塔号楞伽宝月
審希	924	額	故真鏡大師碑
		冒頭文	有唐新羅国故国師諡真鏡大師宝月凌空之塔碑銘
		本文	贈諡真鏡大師塔名宝月凌空之塔
道憲	924	額	判読不可
		冒頭文	大唐新羅国故曦陽山鳳巖寺教諡智証大師寂照之塔碑銘
		本文（陰記）	賜諡智証禅師塔号寂照
折中	944	額	故澄暁大師碑
		冒頭文	有唐新羅国師子山□□□□□教諡澄暁大師宝印之塔碑銘
		本文	贈諡曰澄暁大師塔名宝印之塔
行寂	954	額	判読不可
		冒頭文	新羅国故両朝国師教諡朗空大師白月棲雲之塔碑銘
		本文	贈諡曰朗空大師塔名白月栖雲之塔

備考：碑文には法名のほか、法諱、法号などの表現が見られるが、いずれも出家後の名を指すもので、特に意味の違いを見出せないため、法名の語で統一している。

表には12基の碑を挙げているが、実際に諡号が確認できるのは、冒頭に掲げた神行（禅師碑）を除く11基である。神行禅師については、これを諡号とする見方があるが[4]、碑文には「諡」の語が登場せず、他の碑において諡号と共に登場する塔号も、神行禅師碑には見られない。また碑文の撰者においても、他の碑文は「奉教撰」と王命による撰述であることが明記されているのに対し、神行禅師碑は「皇唐衛尉卿国相兵部令兼修城府令伊干　金献貞撰」とあるのみで、王命によるものではない。こうした点から、神行禅師碑は国家の命によって製作されたものではなく、したがって諡号の贈賜もなかったと考えるべきである。

では表1の諡号について見ていく。まず諡号が登場する碑文上の位置である。諡号は主に、螭首の中央に刻まれた額、碑身の冒頭文、碑の本文に登場する[5]。

螭首の額は、大きさの制限もあって諡号と塔号のすべてが入る例はない。碑身の冒頭文（一行目に登場する碑文の題）は、諡号、塔号の両方が記されるものが多いが、そのほかにも国名や地名、山名や寺名、生前の称号（国師など）など様々な名称が登場する。碑文の本文（序）においては、碑の主人公である高僧が寂滅した後、王が諡号と塔号を贈賜する場面で登場する。

諡号の表現も様々である。まず挙げられるのが、師号の種類である。冒頭文には、禅師、和尚、大師といった師号が登場する。また額や冒頭文には師号が明記されているが、本文には諡のみが記され、師号がないものがある。道憲のように、冒頭文（大師）と本文（禅師）の師号が異なる例も見られる。諡号を贈る際の表現も、賜諡、定諡、贈諡、追諡などが見られる。

このように諡号の表記は様々であるが、諡号の変遷を考えるにあたって重要なのは、どの表記を基準に、あるいは優先的に分析すべきか、である。上記の額、冒頭文、本文はいずれも撰者の叙述を介して表現されてはいるが、諡号が贈賜された際の表現に最も近いものがどれであるのか、検討しておく必要がある。

禅僧碑文には、高僧の寂滅（死亡）後、立碑（あるいはその要請）に先立ち、弟子や門人らが高僧の行状を提出する例が多く見られる。撰者はこの行状を基本資料として高僧の行跡を文章化していくわけであるが、諡号は王の命令（教・詔）によって出されるものであるから、撰者は、王命にかかわる記録や文書も参照することになる。

額、冒頭文、本文に登場する諡号は、すべてこれを参照したものであるが、一部のみが記された額や、寺名や山名など諡号と無関係なものが含まれた冒頭文は、諡号にかかわる記録や文書をそのまま反映しているとは言いがたい。一方で本文は、いずれも「諡…、塔…」という必要最小限かつ定型化した文であることから、諡号を贈賜する際の表現（文書）の原形をとどめている可能性が高い。こうした理解に基づき、本稿では、本文中の諡号の表現を分析対象とする。

もう一つ考慮すべき点は、「諡号」という語が示す範疇もしくは概念である。現存する新羅の禅僧碑にはすべて「諡」とのみあり、「諡号」の語が文献や金石文に登場するのは高麗時代以降である。

「普照禅師」を例に取ってみると、諡号は主に、それぞれの僧侶に対し個別につけられる名（寂忍）と、僧侶としての地位や立場をあらわす名称（禅師）で構成されている。後者は某「師」の名称が用いられることから師号とも呼ばれるが[6)]、新羅禅僧碑に見られる「諡」には、この師号が含まれる場合と、そうでない場合があり、「諡」が示す範囲が明確でない。本稿で扱うのはこの「諡」に含まれる師号であり、個別につけられる名とは区別しておく必要がある。

そこで本稿においては、通称としては諡号を用い、それぞれの僧に贈られた固有の名のみを指す場合は諡を、禅師、和尚、大師の語のみを指す場合は師号を用いることにする。

2　贈賜時期の検討

禅僧碑文によれば、高名な禅僧が寂滅し、葬儀が行われた後、諡号の贈賜や立碑の許可、撰者の任命などが行われ、碑文が完成した後、碑が立てられるが、寂滅から立碑に至る期間はそれぞれ異なる[7)]。碑文の本文（序）には、これらの年代が明確でないものも多いが、時系列で記載するという序の体裁は守られていると判断できるため、諡号の贈賜は、寂滅から立碑までの間に行われたと見て問題ない。以下では、碑文の叙述や語句を手がかりとして、諡号の贈賜時期を特定していく。

2-1　寂忍禅師

①時春秋七十有七、咸通二年春二月六日、無疾坐化、支体不散、神色如常、②卽以八日、安厝於寺松峰、起石浮屠之也…、③上聞禅師始末之事、慮年代久而其跡塵昧、④以登極八年夏六月日、降綸旨、碑斯文以鏡将来、仍賜諡曰寂忍、名塔曰照輪清浄、則聖朝之恩遇足矣、禅師之景行備矣…、⑤咸通十三年歳次壬辰八月十四日、立[8)]

寂忍禅師は咸通二年（861）二月に寂滅し（①）、その二日後に埋葬が行われ、次いで浮屠（僧塔）が建てられた（②）。その後年月が経ち、景文王の八年（868）六月、碑文の撰述が許され、諡号と塔号が贈賜された（④）。碑文の撰述は、立碑を前提とするものであり、立碑は禅師を顕彰することが目的であるから、諡号の贈賜もまた同時期に行われたと考えて問題ないであろう。立碑はその四年後となる咸通十三年（872）八月である（⑤）。

2-2　弘覚禅師

弘覚禅師碑は、いくつかの碑片と、既に失われた碑片の拓本数種が現存するが、権悳永がこれらを用いて碑文の全体像の復元を試みている[9]。欠落部の文字数などには検討すべき点もあるが、本稿でも同論文を参考とした。

> ①広明元年冬十月廿一日［欠落］今法縁営尽、汝等勉旃守道、是日奄然遷［欠落］夏五十、嗚呼、生為救俗、亡以示滅、寂寞玄関［欠落］宸衷□悼、万姓悲涼、忍草凋衰、慈雪惨絶［欠落］徒興追痛之哀、②弟子梵龍使義等百人［欠落］側□□□恩命中官争刻焉、来年［欠落］③賜諡曰弘覚禅師、塔号為禅鑑之塔、巍□［欠落］蘧衣冠末流、風塵冗吏□□□誉藝匪揚［欠落］④陳紀述、雖文多簡略、事不繁書、蓋春秋一字之…、⑤大唐光啓二年［欠落］丙午十月九日、建

弘覚禅師は広明元年（880）十月二十一日に弟子らに遺言し「この日に突然、遷…（是日奄然遷）」した（①)。「遷」は遷化など寂滅を指す言葉と考えられ、弘覚禅師の寂滅は880年と見て間違いない。

後続の内容については、欠落部が多いが、判読可能な文字から、高僧の寂滅により人々が悲しみに暮れたこと、多くの弟子が何らかの行動をしたこと（②)、そして（恐らくは王が）中官に命じて「争刻」させたこと、などが分かる。そして「来年」になり、諡号・塔号の贈賜が行われ（③)、碑文の撰述とおぼしき内容（④）が登場する。

欠落部のうち文脈から内容を推測できるのは②である。寂滅後の弟子・門人の行動として碑文に登場するのは、葬儀もしくは立碑の請願であるが、寂滅の直後に行われるのは葬儀である。一次葬（仮殯など）は寂滅から数日以内に行われ、さらにその数年後、二次葬が行われることもある[10]。また立碑の請願は、葬儀から一定期間が過ぎた後、弟子らが作成

した行状を都に持参して行われることが多い。「弟子…等百人」以下の欠落部に入る内容は、上記のいずれかであろう。

②の後半部に登場する「争刻」は「時間を争う」の意で、王が官に命じて何らかの行為を急がせたことと解釈できるが、後続する諡号の贈賜や、碑文の撰述とおぼしき内容から見て、「争刻」は、弘覚禅師碑の立碑のための手続を急がせる内容であった可能性が高い。

贈賜の時期（③）については、碑文の「来年」が手がかりとなろう。この「来年」は、登場する位置から見て、上記で述べた一連の手続の次の年を指すことはほぼ疑いない。また来年の語は、それ以前に基準となる紀年が存在することが前提となる。この「来年」にかかわる紀年として現存する拓本から確認できるのは「広明元年」のみであり、これに基づくならば諡号の贈賜は広明二年（881）に行われたことになる。弘覚禅師の寂滅（880年10月21日）から2カ月余りで、一連の手続が行われたとするには疑問が残り、「広明元年」以外の年号が欠落部に入る可能性もあるが、現時点では諡号贈賜の上限として881年を想定しておく。諡号の贈賜は憲康王の在位中（875～886.7）に行われたから、諡号の贈賜時期は881年以降、886年7月以前となる[11)]。立碑は光啓二年（886）十月である（⑤）。

2-3　普照禅師

広明元年三月九日、告諸依止曰、吾今生報業尽、就木兆成、汝等當善護持、無至隳怠、①至孟夏仲旬二日、雷電一山、自酉至戌、十三日子夜、上房地震、及天暁右脇臥終、享齢七十有七、僧臘五十二、於是弟子英恵清奐等八百餘人、義深考妣、情感乾坤、追慕攀号、声動渓谷、②以其月十四日、葬於王山松台、壘塔安厝…、③中和三年春三月十五日、門人義車等、纂輯行状、遠詣王居、請建碑銘、用光仏道、④聖上慕真空之理、憫厳師之心、教所司、定諡曰普照、塔号彰聖、寺額宝林、褒其禅宗礼也、⑤翌日、又詔微臣、修撰碑讃、垂裕後人、臣兢惶承命、直筆為詞…、⑥中和四年歳次甲辰、季秋九月戊午朔旬有九日丙子、建

普照禅師は広明元年（880）四月十三日に寂滅し（①)、翌日に葬儀が行われた（②)。3年後となる中和三年（883）三月十五日、門人らが行状を携えて都を訪れ、立碑を要請した（③)。これに対し「聖上」（憲康王）は担当の官庁に命じて諡号と塔号を定めさせ（④)、その翌日に碑文の撰述を命じた（⑤)。「翌日」の基準となる日付は、③の「三月十五日」である。③から⑤に至る一連の行為が二日間で終了したとする碑文の記述には疑問も残るが、883年に行われた内容と考えて問題なかろう。碑は中和四年（884）に立てられた（⑥)。

2-4　智証禅師

至冬抄既望之二日、趺坐悟言之際、泊然無常、嗚呼、星廻上天、月落大海、終風吼谷、則声咽虎溪、積雪摧松、則色侔鵠樹、物感斯極、人悲可量、信而假殯于賢溪、其日而遂窆于羲野

智証禅師は、中和壬寅暦（882）の「既望之二日」、つまり12月17日[12]に寂滅した。その「信」（二泊）の後、賢渓山にて仮の殯が行われた。碑文は続けて「其日」に羲野で「窆」すなわち葬ったとある。「其日」は同日の意であるが、賢渓山と羲野は別の場所であり、また「窆」は「仮殯」とは別の葬儀、すなわち二次葬を指すと考えられるため[13]、同年の同日の行為とはなり得ない。これについては「（一年後の）同日」とする解釈もあるが[14]、他の碑文の例から見れば2年後以降の可能性もある。

一方、陰記には、諡号の贈賜や立碑に関する内容が伝わる。

①特教菩薩戒弟子建功郷令金立言、慰勉諸孤、②賜諡智証禅師、塔号寂照、③仍許勒石、俾録状聞、④門人性蠲・敏休・楊孚・継徽等、咸得鳳毛者、斂陳迹以献、⑤至乙巳歳、有国民媒儒道嫁帝郷、而名掛輪中、職攀柱下者、曰崔致遠…、上命信臣清信者陶竹陽、授門人状、賜手教曰…、⑥有門人英爽、來趣受辛、金口是資、石心弥固、忍踰刮骨、求甚刻身、影伴八冬、言資三復…、⑦龍徳四年歳次甲申六月日、竟建

陰記によると、禅師の寂滅後、王が使者を遣わして門人らを慰労し（①)、諡号と塔号を定め（②)、立碑を許可し、門人に禅師に関する行状の作成を命じた（③)。門人が行状を献上すると（④)、王は「乙巳歳」すなわち885年に、唐から帰国した崔致遠を撰者に任命したが（⑤）[15]、彼は8年かけてようやく碑文を完成させた（⑥)。

諡号の贈賜は、この①と⑤の間に行われた。まず①は禅師の寂滅後、正確には寂滅の報を受けた直後の行動とすべきであるが、①が行われた後に②が別途に行われたのか、あるいは①と②が同時に行われたのかがはっきりしない。禅師の仮の殯（一次葬）が行われた時点で、882年は残り十日余りであった。この十日余りで、寂滅の報に始まり、慰労の準備、使者と諡号の決定、使者の派遣に至るすべてが行われたと見るのは無理があり、①と②が同時に行われたとしても、諡号の贈賜は883年以降である可能性が高い。贈賜時期の下限は、崔致遠が撰述を命じられた885年である。立碑は龍徳四年（924）六月である（⑦)。

2-5　円朗禅師

①中和三礼仲夏、羣虵出穴、遍谷盈山、叱口悲号、垂頭泣血、禅師謂門人曰、生也有涯、吾豈無尽、汝等當無隳怠、勉力修行、以其年十月五日、儼□□□、□年六十有八、僧臘三十九…、②門人融奐

等、以其年二月十日、奉遷神柩、葬于北院、永訣慈顔、不勝感慕、③門人等、慮陵遷谷徙、天拂海田、有忘先師法乳之恩、欲以仰陳攀慈之志、爰集行状、□□□□□□居、請建鴻碑…、④仍追謚円朗禅師、塔号大宝光禅、又詔微臣、修撰碑讚…、⑤龍紀二年歳次庚戌九月十五日、建

円朗禅師は中和三礼（883）十月五日に寂滅し（①）、「其年二月十日」に葬儀が行われた（②）。碑文に「二月」とあるのは十月の誤りと思われ、葬儀は883年と見て間違いない。続いて行状の作成、立碑の要請があり（③）、諡号の贈賜が行われた（④）。碑文では一連の行為が短くまとめられており、883年の出来事のようにも見えるが、行状の作成に要する期間をはじめ、一連の手続が同年のうちに完了したとは考えられない。少なくとも諡号の贈賜は、884年以降と考えて問題なかろう。

③と④の間には王の名が登場しないが、数文字からなる欠落部があり、そこに王が登場した可能性が高い。ただこの間、新羅の王は憲康王（875-886）、定康王（886-887）、真聖王（887-897）と三度交代している。諡号の贈賜は憲康王代もしくは定康王代の可能性が高いと思われるが、明確な根拠がないため、立碑が行われた龍紀二年（890）（⑤）を下限としておく。

2-6　真鑑禅師

①大中四年正月九日詰旦、告門人曰、万法皆空、吾将行矣、一心為本、汝等勉之、無以塔蔵形、無以銘紀跡、言竟坐滅、報年七十七、積夏四十一…、②霊函幽隧、預使備具、弟子法諒等、号奉色身、不踰日而窆于東峯之冢、遵遺命也…、③越三紀、門人以陵谷為慮、扣不朽之縁於慕法弟子、内供奉一吉干楊晉方、崇文台鄭詢一、断金為心、勒石是請、④献康大王、恢弘至化、欽仰真宗、追謚真鑑禅師、

大空霊塔、仍許篆刻、以永終誉…、⑤光啓三年七月日、建

真鑑禅師は大中四年（850）正月に寂滅し（①）、弟子らは数日内に塚を造って葬儀を行った（②）。また①によると、禅師は自分の塔や碑を造らないよう遺言していたが、三紀（36 年）が過ぎ、門人が立碑の請願を行った（③）。禅師が寂滅した年を 1 年目とすれば、36 年が過ぎた年は 886 年となる。この請願を受けて憲（献）康王は諡号と塔号を贈賜し、崔致遠に碑文の撰述を命じた。憲康王は 886 年の 7 月に亡くなるため、諡号の贈賜は 886 年の初頭から同年 7 月以前となる。立碑は光啓三年（887）七月である（⑤）。

2-7　朗慧和尚

①易元以文徳之年、暢月月缺之七日、日蘸咸池時、海東両朝国師禅和尚、盥浴已趺坐示滅…、②門人詢乂等号奉遺躰、假殯禅室中、上聞之震悼、使駛弔以書、賻以穀、所以資浄供而、贍玄福、③越二年、攻石封層冢、声聞玉京…、④遂與門人昭玄大徳釈通賢、四天王寺上座釈慎符、議曰、師云亡、君為慟、奈何吾儕人灰心木舌、缺縁飾在弍之義乎、迺白黒相應、請贈諡曁銘塔、⑤教曰、可…、⑥余以有大行者授大名、故追諡曰大朗慧、塔曰白月葆光

朗慧和尚は文徳元年（888）十一月に寂滅した（①）。門人は一次葬を行い（②）、2 年後に石で塚を造って遺骸を納めた後（③）、門人らが相談して諡号の贈賜を請い（④）、王がこれを許可し（⑤）、諡号が贈賜された（⑥）。したがって諡号の贈賜は、890 年以降ということになる。

贈賜時期の下限については、同碑文にそれをうかがわせる内容が見られないが、前述の智証禅師碑には、朗慧和尚碑の立碑に関する記述が見られる。

東帰則前所敍北山義、南岳陟、而降大安徹国師、慧目育、智力聞、双渓照、新興彦、涌岩体、珍丘休、双峰雲、孤山日、両朝国師聖住染、菩提宗、徳之厚為父衆生、道之尊為師王者、古所謂逃名名我隨、避声声我追者、故皆化被恒沙、蹟伝豊石…

碑文には、北山義（道義）、南岳陟（洪陟）をはじめとする新羅の高名な禅僧の名が挙げられているが、その中に「両朝国師聖住染」すなわち朗慧和尚の名が登場する。さらにこの文の最後には「蹟伝豊石」、つまり彼らの行跡が石碑に伝わるとあり、智証禅師碑が撰述された時には朗慧和尚碑が存在していたことを示している。智証禅師碑は924年の立碑であるが、碑文は892年に完成したとあるため（前述）、諡号は890年～892年の間に贈賜されたことになる。

2-8　秀澈和尚

①景福二年蕤賓四日、召其徒曰、死将至矣、吾欲行焉、諸子勉旃、宜遊仏庭、其□風狂、雨□浮雲坐聚散、須知朗月行西東、言已化去、享齢七十九、歴夏五十八…、②譲王顧不慭遺、哭諸門外、以伝□春宮官奉食郎王輅、飛教慰問…、③贈諡曰秀澈、塔号楞伽宝月、其後齋営八会、礼備十旬…、④門人款休、逐日踰海、故能雲□、眼界霞綻、毫端状龍、聖亀神示…

【碑陰】天□二年龍□乙丑十月之望建（⑤）

秀澈は景福二年（893）の「蕤賓」（五月）の四日に寂滅した（①）。真聖王は都で哭礼を行い、臣下を派遣して慰問し（②）、諡号を贈賜して齋会を施した（③）。④の文はやや抽象的であるが、「門人」の登場する文脈である点から、「毫端状龍」は行状、「聖亀神示」は立碑に関する内容である可能性が高い。

諡号の贈賜は、文脈から見れば早い段階で行われたようにも思われるが、時期がはっきりしない。真聖王代に行われたため、下限は真聖王が譲位した897年6月である[16]。立碑は天祐二年（905）十月である（⑤）[17]。

2-9　澄暁大師

> ①至于乾寧七年三月九日詰旦、忽告門人曰、三界皆空、万縁倶寂、吾将行矣、汝等勉旃、守護禅門、無隳宗旨、以報吾恩也、言訖坐滅、報年七十五、積夏五十六…、②效天竺拘尸之法、荼毘於石室之西、拾得舍利一千粒…、③以天祐三年、高起石墳、安其金骨…、④伝法弟子如宗・弘可・神靖・智空等一千来人、倶慮石城、共憂陵谷、抗表而趍於闕下、陳情而請竪豊碑、⑤孝恭大王、夙仰華風、常欽仏理、贈諡曰澄暁大師、塔名宝印之塔、⑥仍命翰林学士・前守礼部侍郎・朴仁範、撰碑文也、其仁範、纔惟奉命、且未修文…、⑦是門人、所恐芳塵稍歇、貞石無刊、勤露□誠、□陳行状、誠乃雲飛觸石、鶴唳聞天、⑧今上神器伝華、宝図受命、継其先志、将示後来、俾命下臣、式揚高烈、仁滚才非吐鳳、学媿亡羊…、⑨龍徳四年歳次甲申四月十五日、文已成…、⑩天福九年歳在甲辰六月十七日、立

澄暁大師は乾寧七年[18]（900）三月に寂滅した（①）。一次葬は火葬で行われ、二次葬が天祐三年（906）に行われた（②、③）。その後、弟子らが立碑を請い（④）、孝恭王（在位897～912）が諡号を贈賜し（⑤）、朴仁範に碑文の撰述を命じた（⑥）。したがって諡号の贈賜は、二次葬が行われた906年から、孝恭王が亡くなる912年4月までの間に行われたことが分かる。その後、朴仁範は碑文を完成させられず、「今上」によって新たに崔仁滚が撰述を命じられ、龍徳四年（924）に碑文を完成させた（⑦～⑨）。立碑は高麗時代となる天福九年（944）六月である（⑩）。

2-10　朗空大師

①貞明元年春…、至明年春二月初、大師覚其不悆、称染微痾、至十二日詰旦、告衆曰、生也有涯、吾将行矣、守而勿失、汝等勉旃、趺坐縄床、儼然就滅、報齢八十五、僧臘六十一…、②至十七日、敬奉色身、假隷于西峯之麓、聖考大王、忽聆遷化、良惻仙襟、特遣中使、監護葬儀、仍令吊祭、③至三年十一月中、改葬於東巒之頂、去寺三百来歩、全身不散、神色如常、門下等重覩慈顔、不勝感慕、仍施石戸封閉…、④弟子信宗禅師・周解禅師・林侃禅師等五百来人…、請樹豊碑、⑤今上克纘洪基、恭承宝籙、欽崇禅化、不異前朝、贈諡曰朗空大師、塔名白月栖雲之塔

【後記】⑥今白之所記者□以、大師、於唐新羅国景明王之天祐年中、化縁畢已、明王諡号銘塔、仍勅崔仁滚侍郎、使撰碑文、然以世雑人猾、難為盛事、是以年新月古、未立碑文、至後高麗国、几平四郡、鼎正三韓、⑦以顕徳元年七月十五日、樹此豊碑於太子山者、良有良縁者乎

朗空大師は貞明二年（916）二月十二日に寂滅し（①）、十七日に一次葬が、翌年の十一月に二次葬が行われた（②、③）。そして弟子ら五百人が立碑を請願し（④）、「今上」の代に諡号の贈賜が行われた（⑤）。

①～③は紀年から神徳王代（912～917）であることが分かる。問題は諡号の贈賜を行った「今上」であるが、⑥に「景明王之天祐年中…、明王諡号銘塔…、使撰碑文」とある。この天祐は唐の年号で、唐では904～907年まで使用されたが、碑文では景明王代（917～924）に対して用いられている。碑文でこの年号をなぜ使用したのかは不明であるが、⑥の記述から、⑤の「今上」が景明王であることが分かる。したがって諡号の贈賜が行われたのは、二次葬（917）から景明王が亡くなる924年8月までの間である。立碑は新羅時代にはかなわず、高麗の建国後、

顕徳元年（954）7月に実現した（⑦）。

2-11　真鏡大師

①龍徳三年四月二十四日詰旦、告衆曰、諸法皆空、万縁倶寂、言其寄世、宛若行雲、汝等勤以住持、慎無悲哭、右脅而臥、示滅於鳳林禅堂、俗年七十、僧臘五十…、②門人等、号奉色身、假殯于寺之北嶺、③寡人忽聆遷化、身惻慟情、仍遣昭玄僧榮会法師、先令吊祭、至于三七、特差中使、賚送賻資、又以贈諡真鏡大師、塔名宝月凌空之塔…、④伝法弟子、景質禅師等五百餘人、皆伝心印、各保髻珠、倶栖宝塔之旁、共守禅林之門、遠陳行状、請勒貞珉、寡人才謝凌雲、学非対□、柔翰敢揚其禅徳、菲詞希播其道風…、⑤龍徳四年歳次甲申四月一日、建

真鏡大師は龍徳三年（923）四月二十四日に寂滅し（①）、門人らが一次葬を行った（②）。一次葬の日付は碑文に見えないが、他の碑文の例から見て数日以内に行われたものと思われる。この寂滅の報に接した「寡人」、すなわち碑文の撰者である景明王は、栄会法師を遣わして吊祭を行わせ、「至于三七」つまり21日目に都から使者を遣わして賻資を贈り、また諡号を贈った（③）。その後、弟子らは行状を作成して立碑を請願し、「寡人」（景明王）自身が撰者となった（④）。諡号の贈賜時期ははっきりしないが、碑が立てられた龍徳四年（924。後梁では921年から923年まで使用）四月（⑤）以前である。大師の寂滅から立碑までの期間が1年足らずと極めて短い点や、王が撰者である点など、特殊な経緯を持つ。

以上、11基の禅僧碑文から、諡号の贈賜が行われた時期を検討した。次章では、この内容を整理し、その変遷と意味について考える。

3　諡号の変遷とその意味

前章において検討した諡号の贈賜年代を表で整理すると、表２の通りとなる。

表２　禅僧への諡号贈賜の変遷

	通称もしくは諡号（法名）	死亡年月	諡号の贈賜時期	贈賜の表記	贈賜時の師号表記
1	寂忍禪師（慧徹）	861.2	868（景文王代）	賜諡	なし
2	弘覚禅師（利観）	880.10	881-886（憲康王代）	賜諡	禅師
3	普照禅師（体澄）	880.4	883（憲康王代）	定諡	なし
4	智証禅師（道憲）	882.12	883-885（憲康王代）	賜諡	禅師
5	円朗禅師（大通）	883.10	884-890（憲康、定康、真聖）	追諡	禅師
6	真鑑禅師（慧昭）	850.1	886（憲康王代）	追諡	禅師
7	朗慧和尚（無染）	888.11	890-892（真聖王代）	追諡	なし
8	秀澈和尚（法名不明）	893.5	893-897（真聖王代）	贈諡	なし
9	澄暁大師（折中）	900.3	906-912（孝恭王代）	贈諡	大師
10	朗空大師（行寂）	916.2	917-924（景明王代）	贈諡	大師
11	真鏡大師（審希）	923.4	923-924（景明王代）	贈諡	大師

諡号の贈賜時期は、1、3、6以外は年代に幅がある。表は、便宜的に贈賜時期の上限を基準に配列しているが、順序が入れ替わる可能性を考慮しておく必要がある。

注目されるのは、そうした順序の入れ替えを考慮してもなお、時期別に共通性が見られる点である。一つは、贈賜の表現である。1、2、4は賜諡、5～7は追諡、8～11は贈諡と、時期によって共通の表現が用いられている。もう一つは贈賜時における師号の有無および師号の種類である。1と3には師号がなく、2、4～6は禅師、7と8には師号がなく、9～11は大師、というように、やはり時期別に共通した表現が見られる。

筆者は1章において、碑文の本文が、諡号を贈賜する際の王命（文書）の原形をとどめている可能性が高いと述べたが、これは碑文撰述の過程を考えてもある程度首肯される。

碑文にもあるように、撰者は僧侶の行状に基づき、漢籍や詩文を参照しつつ碑文を撰述する。一方で彼らは、王に任命された撰者であり、諡号の贈賜のみならず、高僧に関する様々な文書の内容を確認し、正確な叙述に努める義務があった。撰者の創作性は詩文において遺憾なく発揮されるとしても、諡号や贈賜にかかわる王命（文書）が恣意的に改変、もしくは創作される可能性は低いと考えられる。従って碑文の本文は、贈賜に関する文書の表現を反映していると見て問題ない。むしろこの共通性こそが、変遷を裏づけるものとも言えよう。

次に、この変遷が意味するものが何であるのか、考察してみたい。

まず贈賜時における師号の有無である。1と3には師号がなく、2と4～6には禅師が師号として登場する。別稿で指摘したように、この1と3は、建塔・立碑の手順が、その後の禅僧に対するものとは異なっており、国家事業としての建塔・立碑が確立する以前の段階であったと考えられる[19]。1と3に師号がなく、その後「禅師」号の贈賜が継続している点も、そうした背景との関係をうかがわせる。無論、表においては1と3の間に2があり、上記の説明とは矛盾しているようにも見えるが、これはあくまで師号贈賜の上限に基づく配列に過ぎない。むしろ師号の有無を基準とし、3の贈賜が2よりも後に行われた可能性を考慮すべきであろう。

禅師号の贈賜がしばらく続いた後、7と8に至って再び師号がなくなり、そして最後に大師号が登場する。時代が下るにつれて大師号が増加するのは既に多くの先学が指摘しているが、問題は変化の意味である。ここでは師号の性格から考えてみたい。

禅師とは、いわゆる仏教的な座禅や瞑想法に秀でた者、あるいはその指導者としての意味を持ち、必ずしも禅宗の僧侶のみを指す言葉ではない。新羅の碑文には、禅師をはじめ、法師や律師の語が、生前の僧侶の師号として登場している。諡号としての禅師が禅僧の意であり尊称であることは間違いないが、「禅」の指すものが宗派であれ技能であれ、その概念によって限定されていることには変わりない。

これに対し「大師」とは、そうした特定の知識や技能、宗派よりも、地位の高さや指導者としての意味に重きが置かれている。従来の諡号が禅僧に対する尊称であったとすれば、大師には禅宗という枠組を超え、広範な仏教界における尊称としての意味が込められていた可能性が想定される。

この点を考える上で注目されるのが7と8である。7と8は、碑文の冒頭文には「某和尚」と表記されているが（表1を参照）、本文（序）には某「師」の語が存在しない。つまり諡号が贈賜される際、師号は含まれていなかったのである。

師号がないという点では、1と3も同様であるが、彼らは冒頭文において「禅師」と表記された。これは彼らが禅宗の僧侶であったことに起因するものであろう。だが7と8においては、それまでの慣例であった「禅師」という師号を削除し、さらに冒頭文では禅師ではなく「和尚」の語が用いられた。師号の削除と和尚の使用は、慣例を破ったという意味のみならず「意図的に禅師を使用しない」という点で、共通している。

では、禅師と和尚にはどのような違いがあるだろうか。和尚は通常、弟子を養育する師を意味する語とされるが、特定の宗派や技能を表す表現が含まれていない。こうした点から見ると、和尚は禅師よりも大師に近い語と言えよう。禅師に代わる師号の模索から、大師号の採択に至る過程を示すものとして注目される。

こうした想定は、贈賜の表現が賜諡から追諡へ、そして贈諡へと変化している点とも相応している。諡号に対する表現として追や贈は特殊な語ではないが、当初は賜であったものが追、そして贈へと変化し、またそれが禅師から大師へと師号が変化していく過程と軌を一にしているのは、敬意を示す表現として意識されていったことを示唆する。この中で3のみが「定諡」と特殊であるが、これは「教所司、定諡曰普照、塔号彰聖」と諡号を定める過程を叙述したものであり、贈賜の文書を反映した表現ではない。他の碑文の例や、贈賜の変遷を参考にすれば、3の文書にも「賜諡」の語が用いられていた可能性は高い。

このように、禅師から大師への変化は、禅僧に対する認識の変化、具体的には国家の評価が高まっていったことを反映していると言えるが、興味深いのは4の智証禅師（大師）である。彼は陰記には「賜諡智証禅師」とあるが、冒頭文や本文においては「大師」号が用いられている。贈賜の時期や師号の変遷から見れば、彼に大師号が贈賜された可能性は低く、陰記の「禅師」が贈賜時の諡号であると見てほぼ間違いない[20]。冒頭文の師号は本来、智証禅師とされるべきものであったのである。

では、冒頭文に大師号が登場した理由は何であろうか。これを考える上で注目されるのが、智証禅師碑の立碑年代である。智証禅師碑は892年に碑文が完成していたが、立碑は30年以上経った924年に行われた。表にもあるように、当時の諡号に見られる師号は、大師号が主流であった。この大師号は、立碑時の諡号に対する認識が反映している可能性が高い。

だとすれば、この冒頭文は、崔致遠の撰述時には「禅師」と記されていたが、歳月が流れ、立碑段階（書写、刻字の過程を含む）になって「大師」に改められた、ということになる。ただ崔致遠の撰述という点についても、疑問がないわけではない。表2の6と7、そして崇福寺碑[21]は、智証禅師碑と合わせ崔致遠の四山碑として著名であるが、智証禅師碑は冒頭文の最初が「大唐」であるのに対し、他の３碑は「有唐」の語が用いられており、表現が異なる。これを根拠に冒頭文が崔致遠の作ではないとするのは無理があるが、立碑の段階になって何者かが冒頭文を新たに作成した可能性も排除できない。いずれにせよ冒頭文の「大師」号は、碑文の撰者の手によるものではなく、立碑段階の作である[22]。

諡号における大師号は高麗にも受け継がれ、高僧としての地位を象徴する語として重視されたという[23]。諡号としての大師号が新羅末期の禅宗に対する認識を背景に登場し、その後も受け継がれていった点は興味深い。

おわりに

本稿は、禅僧への諡号の贈賜の変遷から、国家の禅僧に対する認識がどのようなものであったのかについて考えた。諡号の変遷としては、①諡号を贈る際の表現（賜諡　→　追諡　→　贈諡)、師号の有無、③師号の種類（禅師　→　大師）などが確認された。この変遷から、国家の彼らに対する認識が、当初は禅宗という一宗派の高僧であったものが、次第に新羅仏教全般における高僧へと変化していったと解釈した。これは禅僧（禅宗）に対する国家の評価が向上していったことを意味するものであるが、これは認識にとどまるものではなく、地方を中心に普及していった禅宗が、歴史的・地域的基盤を築きつつ、新羅仏教界において地位を向上させていったことを反映しているものと考えられる。

本稿で考察したのは碑や拓本が現存する碑文のみであり、文献史料に伝わる禅僧碑文の諡号については、対象外とした。これらの分析については今後の課題としたい。

注

1）篠原啓方「統一新羅の禅僧と王権」『唐代史研究』18、2015

2）篠原啓方「『三国遺事』에 보이는 君主名과 君主号 —— 新羅君主의 事例를 中心으로 ——」『三国遺事의 世界』、세창出版社、2018

3）篠原啓方、前掲論文（2015）、57 ～ 58 頁

4）厳基杓「新羅時代浮屠와 塔碑가 建立된 僧侶들의 地位와 活動」『先史와 古代』31、2009、248 頁および 249 頁の表 2

5）撰者の詩文（銘、詞、頌）に登場することが稀にあるが、資料として相互比較するのが困難であるため、省略した。

6）師号は諡号だけでなく、生前の僧侶に対しても用いられる。

7）篠原啓方、前掲論文（2015）、57 頁

8）寂忍禅師碑は、碑身・碑文の拓本が現存せず、久礼の華厳寺に碑文の写本のみが存在するが、題（冒頭文）・序（本文）・頌（詩）で構成される全文が残されており、史料としての価値が認められるため、本稿では分析対象に含めた。

9）権悳永「新羅 弘覚禅師塔碑 原形 探求」『新羅文化』32、2008

10）朗空大師の二次葬は一次葬から 1 年後、朗慧和尚は 2 年後である（後述）。

11）『三国史記』巻 11、新羅本紀 11、憲康王。「十二年…、秋七月五日、薨、諡曰憲康、葬菩提寺東南」

12）崔英成は「二日後」つまり 18 日とするが（『崔致遠全集 1 —— 四山碑銘 ——』、亜細亜文化社、1998、330 頁）、二日目と解釈すべきである。

13）筆者は以前の論考で智証大師には二次葬がなかったとしたが（篠原啓方、前掲論文、2015、54 頁の表 4）、これは誤りであるため、訂正しておく。

14）韓国古代社会研究所編『訳註韓国古代金石文』（第 3 巻、駕洛国史蹟開発研究院、1992）、208 頁および崔英成『崔致遠全集 1 —— 四山碑銘 ——』（亜細亜文化社、1998）、330 頁。筆者も 2015 年の論文で 1 年後と解釈したが、明確な根拠はない。

15）『三国史記』巻 11、新羅本紀 11 によると、崔致遠の帰国は 885 年 3 月である。「（憲康王）十一年…、三月、崔致遠還」

16）『三国史記』巻 11、新羅本紀 11、真聖王。「十一年夏六月、王謂左右曰、近年以来、百姓困窮、盗賊蜂起、此孤之不徳也、避賢譲位、吾意決矣、禅位於太子嶢」

17）정선종（チョン・ソンジョン）「実相寺 秀澈和尚塔碑의 陰記와 重建에 대하여」『仏教文化研究』11、2009）が新たに「□□二年龍集乙丑十月之望建」と判読し、筆者も「天□二年龍□乙丑十月之望建」の文字を確認した（篠原啓方、前掲論文、2015、62 頁）。

18）唐では 898 年まで乾寧が使用され、900 年は光化三年であった。新羅には改元の情報が伝わっていなかったのであろう。

19）篠原啓方、前掲論文（2015）、55 頁および 57 ～ 58 頁

20）厳基杓、前掲論文（2009）、248 頁

21）崇福寺碑は、崔致遠が王命を受けて大崇福寺の沿革を撰述したもので、碑文は896年に完成した。若干の碑片のみが現存し、碑文は『四山碑銘』などに収録されている。

22）智証禅師碑の本文に、智証禅師（道憲）を指す語として登場する「大師」も、崔致遠が碑文を撰述した際には「禅師」であった可能性が高い。

23）朴胤珍「高麗初 高僧의 大師 追封」『韓国史学報』14、2003、36頁

遼使の西夏派遣時における外交儀礼について

――遼「秦徳昌墓誌銘」を手掛かりに――

毛　利　英　介

はじめに

10～13世紀のいわゆる東アジア[1]は、多国分立によって特徴付けられる。その結果、当時の東アジアでは対等ないし対等に近い国家間関係が各所で出現した。これに伴い外交儀礼上の紛争も各所で出現し、清・趙翼『二十二史劄記』巻25「宋遼金夏交際儀」以来研究対象となってきた。その中で遼・西夏間の外交儀礼、特に遼使の西夏派遣時の儀礼についてはこれまであまり検討の対象となっていない。正確には、古く「宋遼金夏交際儀」以来『金史』に基づき金使の西夏派遣時の先例として言及はされるが、それ自体の検討は行われて来なかった。かかる状況の背景としては、ひとえに史料の欠乏がある。しかし僅少ではあるが、石刻史料中にその欠を補うものがある。それが、本稿で主に検討の対象とする遼「秦徳昌墓誌銘」である。

秦徳昌は、その墓誌銘によれば生没年は997～1074、武階官の漢人として遼興宗（在位1031～1055）の側近的な存在であったとされる[2]。そのため墓誌銘では、宋・高麗・西夏という遼の周辺各国に使者として派遣された実績があると記され、実際に宋への派遣については『遼史』や『続資治通鑑長編』（以下『長編』と略記）にその事実が確認できることが先行研究で指摘されている[3]。

その秦徳昌の墓誌銘は既に1995年に発表されており[4]、また本論で言及するように先行研究においても遼夏関係に関する史料としても把握されているため、決して新出史料というべき存在ではない。ただ、筆者はそこになお分析の余地があると考える。本稿は、同史料を手がかりとして、当時の東アジアの外交儀礼に関する検討を一歩進めようとするささやかな試みである。

ここであらかじめ本稿の構成について述べておくと、第一章で『金史』に述べられる遼使の西夏派遣時の儀礼について確認した上で、第二章で「秦徳昌墓誌銘」所載の西夏関係記事について検討して第一章での想定と併せ考え、更に第三章でそれを宋使の西夏派遣時の儀礼と比較・対照することとしたい。

1 『金史』に見える遼使の西夏派遣時の外交儀礼

本章では、従来遼使の西夏派遣時の西夏王との対面のあり方がどのように想定されて来たかを確認する[5)]。この論点に関しては、「はじめに」でも言及したように『金史』に関連記事が存在し、以下に示す二条はいずれも先行研究で指摘されているほか、特に後者はつとに「宋遼金夏交際儀」でも引用されているものである。

それではまず『金史』巻134西夏伝の記事を見ていく。

> これより先、王阿海らが金太宗の誓詔（＝盟約を結ぶ際に用いる下行文書）を西夏に下賜しようとすると、李乾順は契丹との旧礼によって使者と対面しようとしたが、阿海は認めず、「契丹は西夏とは舅と娘婿の関係だったので、（西夏の）国王は座ったままで（文書を）受領し、（契丹の）使者は然るべき礼をもって進上した。今、金は西夏と君臣関係であるから、大国（たる金）の使者と対面するに際しては当然通常の儀礼に則るべきである」と言った。数日間議論は

決せず、ようやく（李乾順は）起立して（誓詔を）受領した。[6)]

本記事は、1124年に西夏が従来の遼との友好関係に終止符を打って金との間で盟約を結ぶ際、金使と西夏王の対面の儀礼が問題となったことを述べている。

次に『金史』巻83張汝弼伝の記事を見ていく。

陛下（＝金世宗）が「高麗と西夏はどちらも臣下と称しているが、（我が）使者が高麗に訪れた際には（高麗の）王と抗礼して（＝対等に振る舞って）いるのに、西夏の王は起立の上で使者の拝礼を受けているのは何故なのか」と下問された。左丞の完顔襄がお答えして「かつての遼は西夏とは舅と娘婿の関係だったので、西夏の王は公主（を娶っていると）の理由から、（遼からの）使者の拝礼を受けていたのです。本朝（＝金）は西夏と和を約するに当たり、遼の旧礼を用いることとしたので、そのためこのようにしているのです」と申し上げた。張汝弼は、「（西夏との）誓書（＝盟約を結ぶ際に交わす文書）に『全て遼国の旧礼を遵用する』と記しており、今すでにこのやり方を四十年にわたって行っているので、変更することは出来ないのです」と申し上げた。陛下は「そなた等の言うことは尤もである」とおっしゃった。[7)]

本記事は金世宗期において、金使の西夏派遣時に高麗派遣時と異なり西夏王に対して拝礼をすることが問題となったことを述べる史料である。

以上の史料の内容を要するに、金使が西夏に派遣されて文書を授与する際には、西夏王は起立の上で使者の拝礼を受けており、これは基本的に遼代の儀礼を踏襲したものだった。そしてその遼代の儀礼は、西夏王が遼帝の娘婿であるとの関係性による特別待遇であった。ただし遼代には西夏王は坐したままで文書を受領しており、その格式は金代に比してより高いものであった。

なお『大金集礼』巻25宣命「送宣賜生日」原注には、「遼代に皇帝の使者を迎える儀礼としては、使者は正坐して拝礼を受け、……」とあり[8)]、上述のような遼帝の使者を迎えての西夏王の振る舞いは、遼国内の通常のあり方とは立場が正反対であったことが知られる。

遼使の西夏派遣時の儀礼に関する史料は、上引の『金史』の二条の記事がほぼ全てであり史料的価値は高い。ただし次章以下で論じる本稿での関心からは、以下の二点が不明確なものとして残る。

まず第一点は、西夏王が遼帝の娘婿であるという関係に基づく特別待遇が何時開始したかが不明なことである。具体的には、遼の公主の降嫁を受けた西夏王は李継遷・李元昊・李乾順の三人であり[9)]、そのいずれであるかが問題となる[10)]。

この三名についてそれぞれ検討すると、まず李継遷からと考えれば、初めて公主降嫁が行われた時であって分かりやすい。ただし、李継遷期の西夏はまだ弱小であり、遼が特別待遇を与える対象としては不十分に感じる。

李元昊と考えれば、西夏が強大化した時期であり、特別待遇にも納得は行く。ただし、李元昊期には次章でも言及するように遼夏間では戦争が起こっており、その点では疑問が残る。

李乾順と考えれば、遼はその最末期に金軍の攻撃を受ける中で李乾順を擁する西夏に対して救援要請をしており、その頃から特別待遇が付与されたとしても不思議ではない。ただし、そうであれば特別待遇は極めて短期間のことであり、西夏側が先例として主張するには弱く感じる。

以上のように、三つの候補は一長一短であり、疑問が残るのである。

第二点は、西夏王と金使（および遼使）の面位に言及がなく不明であることも、次章での検討との関係では問題である[11)]。

この第二点について考える際には、金使の西夏派遣時の儀礼が高麗派遣時と対比されていることが重要である[12)]。つまり、金使の高麗派遣時には国王との間で「抗礼」（≒対等の礼）であったことが前提となっていることである。これに関連しては、『高麗史』巻65礼志・賓礼「迎北朝詔使儀」に基く遼使の高麗派遣時の儀礼に関する先行研究の蓄積があり、遼使が高麗に派遣されて詔書を授与する際に、遼使は南面した一方で高麗国王は西面したことが明らかとなっている[13)]。そして詔書授与の後には遼使は東面しており、この場合は高麗国王と東西面で向き合うこととなる。これは、遼使が遼帝の代理として振る舞う場合は南面し、個人としては東面したものと理解可能である。このうち高麗国王と東西面に向かい合う状況は「抗礼」と称すべきものである[14)]。そして、金使の高麗派遣時の状況も大よそこれと同様であったと想定されている[15)]。

無論、『高麗史』礼志の規定はあくまで高麗側におけるあるべき理念を表したものであり、それがそのまま実行されたことには直結しない。だが『金史』張汝弼伝に言う「抗礼」と重なるところがあることからは、ひとまず概ね規定どおりに行われたと考えて大過なかろう。即ち、『金史』に言う「抗礼」が具体的に指すものとして、金使の高麗国王との東西面での席次が想定可能である。

ただし、『金史』で主に問題視しているのは文書を授与する際のことである。金使の高麗派遣時においても、遼使同様に詔書の授与の際は南面が想定され、それは「抗礼」とは称しがたい。すると、金世宗の発言は概括的なものであったと見做しうる。

以上のように考えたとき、金世宗が金使の派遣時に西夏王がその「拝を受ける」ことを問題視したのは、「拝を受ける」ことに代表される西夏王の上位者としての振る舞い全体を問題視したと看做すのが妥当と考える。

そうすると全くの推測だが、金使更には遼使の西夏派遣時に、西夏王が南面して使者は北面していた可能性を視野に入れて良いのではないか。

以上のような疑問点を残しつつ、次章では本稿の主題である「秦徳昌墓誌銘」所載の西夏関係記事について検討して、遼使の西夏派遣時の儀礼について理解を深めたい。

2 「秦徳昌墓誌銘」所載西夏関係記事について

本章では、本稿の主題である「秦徳昌墓誌銘」に対する検討を行う。その際、第一節で「秦徳昌墓誌銘」に関する基礎的な情報を提示した後、第二節で「秦徳昌墓誌銘」所載の西夏関係記事を提示して簡単な検討を加え、更に第三節で当該記事に出現する「正坐」・「并坐」[16]という表現に対する検討を行った上で、遼使の西夏派遣時の儀礼に関する理解をより深めることを図る。

2-1 「秦徳昌墓誌銘」について

本節では「秦徳昌墓誌銘」の内容の検討に先立ち、その基礎的情報について提示する。

• 出土地点・時間等

中国遼寧省朝陽市建平県三家郷五十家子村で1990年に盗掘によって出土した（李1995）。同地は遼寧省でも最西部に当たる内モンゴル自治区に隣接する地域に位置し、遼代当時で言えば中京に近い地点である。なお同墓誌銘が刻されたのは、誌文によれば1078年のことである。

• 寸法等

碑石の寸法は縦90.3cm×横83.5cmで、材質は石灰岩。行数は39行で、満行47字である（李1995）。

• 拓本写真について

管見では、李1995に掲載されるのみである。しかし同論文掲載の拓本写真には、版形が小さいという致命的な問題が存在する。そのため、下記の録文と照合すればある程度は字配りや文字の判読が可能であるが、拓本写真のみから独自に録文を作成することや、録文の疑問点を拓本写真から解決することも困難である。

• 録文について

墓誌銘全文の録文は、筆者の知る限りでは李 1995・王 2002・向等 2010 に掲載される。これらの録文には以下のような一長一短が存在する。

李 1995　改行・空格が明示される。ただし簡体字表記で、標点は施されない。

王 2002　空格は示されないものの、改行は明示される。文字表記は正字だが、ただし標点は施されない。文字に関しては、李 1995 と多少の異同が存在する。

向等 2010　改行・空格とも示されず、簡体字表記で、かつ文字は王 2002 と全く同じである。以上の点では独自の価値がない。ただし標点が施される点には一定の価値があるが、信頼性には疑問符がつく。

全文の録文は以上であるが、その他に都・田 1995 等の個別の研究において標点を施した上で部分的に引用を行う場合がある。結果、次節での検討においては、文字は改行・空格を含めて李 1995 に基づきつつ、王 2002 との異同を必要に応じて示し、標点は都・田 1995 に依拠した上で、一部拓本写真に基づき空格を加えた。

上述のように、「秦徳昌墓誌銘」の既発表の拓本写真は詳細な検討に堪えない。そのため、本稿では「秦徳昌墓誌銘」の検討に当たって既存の録文に依拠せざるを得ない状況にある。その点で個々の文字の正確性は万全ではない。よって、それに基づく検討も暫定的なものとならざるを得ないことをあらかじめ告白しておく。

2-2　「秦徳昌墓誌銘」所載西夏関係記事の原文及び日本語訳案

本節では「秦徳昌墓誌銘」所載の西夏関係記事の原文を引用した上で、

試訳を提示し、その上で簡単な検討を加える。

【原文】

其間出使者三、于東韓・南宋皆備常禮而已。重熙中、
☆興宗問罪于西夏、遣公召夏王李元昊、奉□□命既嚴、乃曰、「李王據虎狼之國、不可以柔而致。」遂直詣其廳之前以下馬、入庁廳內見之。<u>李王欲正坐、□公請幷坐</u>、曰、「何得倨見上國使臣、及辱
☆萬乘、親征行鑾咫尺而不朝見、毋恃小小土疆、至如十倍于此、亦不勞瓦解。」李王慍色、殊無禮待。□公曰、「草芥之身、直如亡命、亦且無憾。」李王遂朝。[17)]

- 備考：☆は敬意表現としての改行平出、□も敬意表現としての空格を示す。
なお「奉□□命」の「□□」は拓本写真に基づき毛利が追加した。
- 校異：「備」・「芥」を王 2002 は「循」・「莽」に作る。いずれも、どちらであっても文脈に影響は無い。

【現代日本語訳案】

その間に三度外国に使者として派遣されたが、東韓（＝高麗）・南宋（＝北宋）に対してはいずれも通常の礼を全うするだけだった。重熙年間（1032 ～ 1055）に、興宗皇帝が西夏に対して討伐を行った際、公（＝秦徳昌）を派遣して夏王李元昊を召し出させると、（公は）皇帝の命を厳格に奉じたので、そこで「李王（＝李元昊）は虎狼の国（＝侵略的な国の比喩）に割拠しており、穏かなやり方では呼び出すことはできない」と言って、そのまま真っ直ぐその政庁まで行って下馬し、政庁のしきいの中に入って対面した。<u>李王は「正坐」しようとしたが、公は「并坐」を要請して</u>、「どうして上国（＝遼）の使者と傲慢に対面したり、（遼の）皇帝に親征のお手間をか

> けるようなことができるのか。（遼の）皇帝が目と鼻の先までお出ましになりながら朝見しないが、狭小な領土を頼みとするな。この十倍だとしても、滅ぼすのは容易いことだ」と言った。李王は不満な様子であり、全く（公に対して）礼遇しなかった。公は「取るに足らぬわが身など、たとえ命を失ったとしても、思い残すことはない」と言った。李王はこうして朝見した。

上引の「秦徳昌墓誌銘」所載の西夏関係記事に関しては、先行研究でも遼夏間の外交関係に関わる史料として言及・引用はされているが、特段の分析はなされない場合が多い[18)]。その中で最初期の研究である都・田 1995 では、『遼史』の記述に基づいて、本記事の「重熙間」が具体的には遼夏間において戦争が勃発していた重熙 13（1044）年 10 月頃を指し、秦徳昌が李元昊と対面したのは出陣先のオルドス方面においてのことであると指摘している。筆者もこれに同意するものである。

実のところ、ここで記される具体的な遣り取りが細部まで現実のものであるかは微妙であり、墓誌銘という史料の性格上、秦徳昌を顕彰するためにその活躍を誇張したものとなっている可能性は高いと考えざるをえない[19)]。だが例えば日本語訳において強調した部分のように、西夏王である李元昊が「正坐」を求めるとそれは遼から見て不遜であり、それに対して遼使たる秦徳昌が「并坐」を求めるのがあるべき対応であるというような描写は、当時の国際関係の何らかの現実を反映していると考えてよいだろう。よって、この部分に注目して検討を深めることとしたい。

2-3 「正坐」及び「并坐」についての検討

本節では、前節で提示した「秦徳昌墓誌銘」所載の西夏関係記事に出現する「正坐」及び「并坐」という表現について検討していく。

これらの表現は、文脈から秦徳昌と李元昊との対面時の席次に関わる表現であり、更に「正坐」は西夏に有利（遼からは「倨」）、「并坐」は相対的に遼に有利な席次であることまでは間違いない。だが手近な辞書類を見る限りでは、「正坐」と「並坐」の儀礼上の術語として相応しい意味が掲載されない。

例えば「正坐」は、『大漢和辞典』では「威儀を正して座る」とされるが、「秦徳昌墓誌銘」での用例に対する説明としては不十分である。また「并坐」は、『漢語大詞典』では第一に「因牽連而一并治罪。」（=「連坐」）とされるが、これは当然当てはまらない。「相挨着坐。」ともされ、「くっついて坐る」という程度の意味とは思うが、典拠が郭沫若であり、ここでの用例の説明としてはやはり不適切である。よって、当時これらの表現が外交儀礼上使用された場合における具体的な状況やその含意については、未詳とせざるを得ない。よって以下では二項に分けて、「正坐」・「并坐」それぞれについて時代と文脈の近い用例を挙げて考察した上で、その理解を第一章での想定と併せ考えてみたい。

2-3-1　正坐について

「正坐」については、『長編』から1074～76年に遼宋間で行われた現在の山西省方面における国境画定交渉に関する史料を用例の検討の対象としたい。

まずは『長編』巻258熙寧七（1074）年十一月壬戌条を見ていく。

> 河東路商量地界の劉忱らが上言するには、「遼側は、……さらに<u>不遜に振る舞い「正坐」しようとし、賓主の位置に着こうとしなかったが</u>、幸いにして朝廷が従わなかったため、その邪心を沮むことができました。……。」[20)]

上引記事は、上記交渉中の1074年に両国官員が現地共同調査を行った際の席次に関する内容を記す。

本稿の関心で注目されるのは、「正坐」なる表現が出現し、それが「賓主」と対比されている点である。ここでは「正坐」が「賓主（の礼）」と対で「不遜に振る舞うこと」（=「僭礼」）と看做されており、君主に代表される上位者としての振る舞いの可能性が高い。

更に次に示す『長編』巻256熙寧七（1074）年九月戊申条では、同一の事実がやはり「賓主」と対比されつつ「正南面坐」と表現される。

> これより先、蕭素は平章事であることから「正南面坐」しようとし、……このことを朝廷に報告すると、国信所から、「至和元（1054）年に、国信使（=遼使）の蕭徳は平章事の称号を帯びていたが、（接待役である）館伴使・接伴使との騎馬での移動や（儀礼での）坐次は、みな賓主の位置に着いた」との報告を受けたので、蕭素と梁頴に通知した。[21)]

ここでの「正南面坐」について、筆者は文法構造まで含めて正確に解することは出来ていない。だが先引『長編』巻258の記事に同一の事実を指して「正坐」とする表現が見られることから、ここでの「正南面坐」は「南面正坐」とほぼ同様の意に解して大過なかろう。すると、単に南面して坐するだけでは「正南面坐」とする必要はないことから、「正南面坐」とは単独で南面して坐すことを指すことと理解する。つまり『長編』巻258での「正坐」も、具体的には単独で南面して君主のごとく振舞うことであると考えるのが妥当である。

さらに、『長編』巻262熙寧八（1075）年四月丙寅条に引かれる宋の対遼国書における同一事実への言及を見ていく。

> 遼帝に回答する国書に以下のようにあった。「……（遼側が）中央に単独で坐して、（宋側の）座位をわざわざ臣下（の位置）に改め、

横都で席次を設定する際に、さらに賓主（の位置）を拒もうとするに至った。……」[22]

雅文のためやや難解ではあるが、『長編』巻258の「正坐」や同書巻256の「正南面坐」がここでは「當中獨坐」（中央に単独で坐す）とされ、まさに「単独で」南面して坐すことという先の想定を裏付ける。またそれが臣下の位置と対となっていること、更にはここでも全体として賓主の位置と対照されていることから、それが君主のごとき振る舞いを意味するとの想定も裏書される。

すると、「秦徳昌墓誌銘」の「正坐」も同様の意味であり、単独で南面しようとした、即ち君主のごとく振る舞おうとしたことを指すと考えるのが自然であることとなる。そしてその遼からすれば「不遜」であった「秦徳昌墓誌銘」の記事における李元昊の振る舞いは、明記はないが秦徳昌に対して北面を要求したことまで含んだ叙述である蓋然性が高いと考える。

2-3-2　并坐について

本項では、前項で「正坐」について検討を行ったのに続いて「并坐」について検討する。その際、次の『三朝北盟会編』巻4宣和二（1120）年十一月二十九日条所引馬拡「茆齋自叙」の記事を提示したい。

阿骨打はその妻である大夫人と炕の上で金で装飾された交椅二つを設け「并坐」していた。[23]

これは、宋の馬政が使節として金に派遣された際に息子の馬拡がそれに従って金に赴き、結果的に金太祖・完顔阿骨打が主催する正月の儀礼に列席することとなった際の見聞を示した中の一節である。ここで言う「并坐」とは、まさしく並んで座っていたことを指すものだろう。宋人の馬拡としては、臣下が集まり外国の使節も参加するような正月の儀礼の場に皇后（＝大夫人）がいるだけでなく、皇帝と皇后が並んで座っていることが奇異に感じられ、このような記録を残したものと考える。そして、ここでの「並んで座る」という表現をより具体的に想像すると、同じ方向を向いて横並びで坐していることを指すものと推定する。そしてその姿は、両者が同格の立場にある印象を与えるものとなろう。

これに関連し、外交儀礼ではないものの『大金集礼』巻22「別廟」孝成旧廟では、『後漢書』祭祀志を引用してではあるが、「父は昭として、南を向き、子は穆として、北を向き、父子は并坐しない」24)との表現が見られる。この表現から、「并坐」が同じ方向に向いて坐すことを指すのが明確である。

このように、「并坐」とは同じ方向を向いて横並びに坐していることを指すものと考える。そして、それは両者が同格であることを示すことにつながると理解する。すると「秦徳昌墓誌銘」で述べられていた状況は、前項で示した「正坐」に対する理解と併せれば、以下のようなものとなろう。

李元昊が単独で南面（＝正坐）して秦徳昌を北面させることで君主のごとく振る舞おうとしたのに対し、秦徳昌は自らも南面の位置に李元昊と横並びに坐して（＝并坐）、同格の立場として振る舞おうとした。

すると秦徳昌が并坐を要求したのは、并坐であること自体に意味があるというよりは、李元昊が既に正坐しようとしている（＝単独で南面する）状況を前提に、そこから対等な席次に持ち込むためにその真横に並ぶことであったと理解しうる。

さて以上を踏まえたときに重要なのは、「秦徳昌墓誌銘」に見える李元昊の「不遜」とされる態度は、第一章で可能性として示した西夏が遼・金の使節を受け入れるときの特別待遇たるあり方に、面位において近似していることである。そして両者が同一であると考えたとき、想定される可能性は以下の二つになる。

1、秦徳昌の西夏への派遣以前から既に西夏王に対する娘婿としての特別待遇は開始されていた。

この場合、李元昊が通常通りに振る舞おうとしたにもかかわらず、秦徳昌は遼に抗う李元昊の態度を咎めようとして、敢えて特別待遇を否定する態度をとったこととなる。

2、秦徳昌の西夏への派遣時に李元昊が示した「不遜」な振る舞いが、その後事後的に娘婿としての特別待遇として正当化された。

この場合、李元昊がそれ以前とは異なる態度をとろうとしたのに対し、秦徳昌はそれを咎める形で強硬な態度に出たこととなる。

後者の場合、遼に抗った李元昊に対して、既に1038年に亡くなっていた興平公主との婚姻関係をもとに新たに特別待遇を付与したこととなり、違和感を禁じ得ない。そもそも公主が李元昊と不和であり、公主の死もそれと関係があることが暗示され[25)]、それが当時の遼夏間の不和の一因となったことを踏まえると尚更である。無論、遼からしても対西夏関係は重要な対外関係の一つであることから、高度に政治的な判断が行われた可能性は否定できないが、他方で積極的に採用すべき可能性とも考えられない。よって、相対的に前者の可能性が高いと判断する。その場合には、さらに二つの可能性が考えられる。

1、李継遷の時期から特殊待遇が与えられていた。

2、李元昊の時期から特殊待遇が開始した。

このどちらの可能性が高いかは特に判断する根拠がないが、李元昊は即位前の時点でそれも遼興宗の即位当年に公主の降嫁を受けていることや[26)]、先に注釈に史料を示したように公主が死去した際には詰問の使者が来るほどに興宗がその公主に近しい感情を抱いていたと伺わせることから、しばらく後者であると考えておきたい。

3　宋使の西夏派遣時の席次について

本章では、前章までで検討した遼使の西夏派遣時の儀礼の歴史的位置づけを考えるために、宋使が西夏に派遣された際の儀礼について検討したい。その際、以下に『長編』から二条の史料を提示するが、これらはいずれも『宋史』所載の同内容の記事がつとに「宋遼金夏交際儀」で引用されており、その点で既知の史料である。

それではまず『長編』巻111明道元（1032）年十一月癸巳条を見ていく。

> 李元昊に特進・検校太師・兼侍中・定難軍節度・夏銀綏宥静等州観察処置・押蕃落使・西平王を制授するのに、司封員外郎・判開拆司の楊告を旌節官告使とし、礼賓副使の朱允中をその副使とした。李元昊は爵位を継承すると、ただちに裏で叛逆の計をめぐらせた。当時（宋では）「明道」（1032～1033）と改元したが、李元昊は父の諱（＝徳明）を避けるとして、勝手に（西夏の）国内で「顕道」と称し、なお朝貢はしたものの、僭号の兆しは既に現われていた。当初（李元昊は宋の）使者と対面するに当たり、席次の設定が尊大だったが、楊告は座席を移動させて賓位に着席し、屈服しなかった……。[27]

これは、宋が使者を派遣して李元昊に対して「西平王」への冊封を行った記事である。ここでは、西夏王の李元昊は席次設定において「尊大」であり、宋使の楊告が自らの席次を「賓位」に変更したとされる。ここでの「尊大」な席次とは、李元昊が自らは南面して宋使に北面させようとしたものと想定され、楊告はその状況から「賓位」、即ち東面に席を移動させたものと考えられる。結局李元昊の席の面位がどのようになったかは明示されないが、文脈からは、この場合には、宋側は脅迫により南面を黙認したものと理解する。

以上から分かるのは、明言はされないものの、元来西夏王と宋使は賓主として東西面に向き合って坐しており、李元昊は称帝以前のこの段階において自らが南面して宋使を北面させるように変更しようとしていたが、宋使は従来同様に東西面であるべきと見なしていたということである。

次に、『長編』巻153慶暦四（1044）年十二月乙未条を見る。

> 李元昊に冊命して夏国主とし……、朝廷（＝宋）が使者を派遣して西夏の都に赴かせた際には、賓客の礼で対面することとした。……しかし朝廷が使者を派遣して行かせる度に、宥州で留められ、とうとう（都である）興州や霊州まで至ることはできなかった。[28)]

本記事は、宋と西夏の間でいわゆる慶暦の和議が結ばれた際の諸条件が記される部分である。本稿の関心で重要なのは、そのうち宋使が西夏王と「賓客の礼」で対面することが規定されたことである。これは、具体的には東西面での対面が規定されたことを意味しよう。ただし、実際には宋使は宥州（＝宋夏国境の西夏側の都市）までで引き返し、西夏の首都たる興慶府（＝興州）一帯まで赴くことはなく、宋使と西夏王との対面に関する規定が現実化することはなかったのである。

先に見たように、1032年の段階では宋は東西面での対面を、李元昊は南北面での対面を志向したと考えられる。すると、東西面で対面すると定められた慶暦の和議における条件は、宋の要求に沿って規定が定められたと評価できる。だが李元昊は希望に反する儀礼を行うことを願わず、その結果、西夏王と宋使の面会を行わないことで両者の対立を棚上げするという「現実的」な対応がとられたこととなる。

以上を前章までで述べたことと併せて概括すると、遼・宋という「上位の国」が西夏に使者を派遣して来るに当たり、李元昊は遼使に対しては皇帝の娘婿という立場により南面することが出来たと想定される。それに対し、宋使に対しても南面しようとしたもののそれは実現できず、結局慶暦の和議の条件により李元昊の希望は断念せざるを得なかったが、希望に反する儀礼も行わないという選択がとられた。このことにより、以後の西夏王は国内的には外国の使節が到来した際も含めて常に上位者として振る舞うことが出来るようになったと考えられるのである。

おわりに

以下、本稿で述べたことについてまとめる。

まず第一章では、『金史』に見える金使の西夏派遣時における特殊な儀礼、即ち西夏王が金使の拝礼を受けることが、遼代において西夏王が遼帝の娘婿とされたことによる特別待遇としてのあり方の踏襲であることを確認し、それが高麗派遣時の「抗礼」と対照されることから、明記はされないが西夏王が南面するものであった可能性を想定した。

第二章では、「秦徳昌墓誌銘」所載西夏関係記事に見える「正坐」・「并坐」という表現への検討を主に行い、李元昊が求めた正坐が単独で南面して君主のごとく振る舞うこと、秦徳昌が求めた并坐は同じ方向を向いて横並びに坐ることで同格の関係を表すものであろうことを述べた。そして、李元昊が求めた正坐は第一章で可能性を想定した西夏王の遼帝の娘婿であるとの関係による特別待遇に近似することを踏まえ、確言は難しいながら、李元昊の即位時点からその特別待遇は認められていたと想定した。

第三章では、『長編』に見られる宋使の西夏派遣時の記事について検討し、元来西夏王と宋使は東西面で向かい合って坐したと考えられること、李元昊はそれを自らが南面して宋使を北面させるあり方に変更しようとしたが実現しなかったこと、慶暦の和議においては宋側の主張に基づき東西面で向かい合うことが規定されたが現実には実行されなかったことを述べた。その結果、第二章までの検討で李元昊以降の西夏王は遼使に対しては遼帝の娘婿であるとされることによる特別待遇によって南面することが可能であったと想定したことと併せ、以後西夏王は外国使節を迎える場合も含めて国内では常に上位者として振る舞えるようになったと考えた。

本稿で述べた内容は以上である。率直に言って、仮定と推測を重ねた部分が多いことは否めないが、実のところ「秦徳昌墓誌銘」所載の西夏関係記事を紹介すること自体が本稿の大きな目的であった。当該の時代の東アジアの国際関係に関する研究は、近年日本で比較的盛んになって来ているように思うが、日本で同記事に言及する研究をまだ知らないため、紹介の価値があると考えたことによるものである。

そして、そもそも遼代の石刻史料において概して西夏への言及は少なく、また一般に外交交渉に関わる内容がかかる分量で述べられることも例外的である。その点で、本稿で示した「秦徳昌墓誌銘」所載の西夏関係記事は異例と言ってよい。逆に言えば、なぜ「秦徳昌墓誌銘」にのみそのような記述が見られるか、それ自体が議論の対象となりうる。筆者もその答えを有するわけではなく、ひとまずは秦徳昌の人生におけるハイライトであったからという程度に考えておくしかないが、同記事がそれ程に貴重な史料であることを確認して本稿を終えたい。

注

1）本稿で言う「東アジア」とは、遼（契丹）・北宋・金・南宋・元（大元ウルス）・高麗・西夏などを想定して緩やかな意味で使用されるものである。なお、本稿では「遼」と「契丹」を特に意識せず、便宜的に「遼」を中心に使用する。南宋は登場しないため、単に「宋」と言えば北宋のことである。また、李継遷時代から「西夏」と称することとする。

2）同墓誌銘に関する研究については後述。

3）都・田 1995。

4）李 1995 は墓葬に関する考古学的報告、都・田 1995 は墓誌銘に対する検討である。

5）廣瀬 2014 第二章参照。

6）初、王阿海等以太宗誓詔賜夏國、乾順以契丹舊儀見使者、阿海不肯曰、「契丹與夏國甥舅也、故國王坐受、使者以禮進。今大金與夏國君臣也、見大國使者當如儀。」爭數日不能決、於是始起立受焉。

王阿海は金の使者、李乾順は時の西夏王。なお原文の「以禮」を本文では「然るべき礼をもって」と訳したが、以下での議論と併せ考えれば、具体的には拝礼することを指すものか。

7）上問、「高麗・夏皆稱臣。使者至高麗、與王抗禮。夏王立受使者拜、何也。」左丞襄對曰、「故遼與夏為甥舅、夏王以公主故、受使者拜。本朝與夏約和、用遼故禮、所以然耳。」汝弼曰、「誓書稱一遵遼國舊儀、今行之已四十年、不可改也。」上曰、「卿等言是也。」

以上の『金史』のテキストは中華書局標点本に依拠しているが、一部標点を変更した。

8）遼時迎待天使之儀、天使正坐受拜受酒、略不起避、頗似御筵進酒、非人臣所可當。

「正坐」に関しては後述する。

9）他の時代におけるいわゆる和蕃公主がしばしばそうであるのと同様に、いずれも実際には皇帝の実の娘ではない。

10）明確な根拠は有さないが、歴代の西夏王がみな公主の降嫁を受けた訳ではないものの、皇帝の娘婿としての特別待遇が開始されてから後には、実際には娘婿ではなくとも娘婿格としての待遇を受けたものと想定している。

11）なおこの問題の前提として、金夏及び遼夏間における儀礼を中華的な概念で理解すべきかという疑問もあろうが、坐礼と立礼の区別の存在や、中華的なあり方を一定踏まえているであろう対高麗儀礼と後述のように対比されていることからも、その点は問題なかろう。

12）双方を視野に入れて検討を行う研究として、井黒 2013 や豊島 2017 終章がある。

13）奥村 1984。

14）東西面が賓主の関係における面位であることは岡安 1983 参照。本稿では、これを一般化して考えることとする。なお、一連の儀礼の中で遼使と高麗国王が殿門でも東西に向かい合ったことが奥村 1984 で指摘されている。

15）廣瀬 2014 第二章。

16）なお、以下漢文原文では「幷坐」、現代日本語訳及び地の文では「并坐」と表記し、「ならぶ」の意味では「並」を使用する。

17）誌文は更に以下のように続くが、秦徳昌の帰還後のことであるので注釈での引用に止める。

初在閤門、囑□公以簡其禮及不呼名、□公盡依常禮通名喝拜、李王左右掩耳聲苦、皆欲奮劍而刺之。

18）李 2009、陳 2012、張 2016。

19）そもそも『遼史』には秦徳昌の西夏派遣に関する記述は存在しないのだが、そのような単純な事実レベルでの虚偽までは想定しなくてよいと考える。

20）河東路商量地界劉忱等言、「北人盗侵横都谷、邊臣觀望、不即驅逐。七月中、又侵據大黄平、雖移書詰問、偃蹇自如。又欲僭禮正坐、不以賓主、賴朝廷不從、稍沮奸慝。今已設次於車場溝、頗有順從之意、似當稍以聲勢乘之。北人常以姑息期我、一旦見形如此、彼必動心、與之會議、庶有可合。欲乞朝廷暫令郭逵以巡邊為名、權駐代州、協力應副疆事。」不報。

劉忱の肩書である「河東路商量地界」は、国境画定交渉における宋側の現地実務者のこと。

21）初、（蕭）素以平章事欲正南面坐、自云北朝使相有此廟坐儀、餘乃序官坐、仍欲以墩分高下、（劉）忱等皆不從、移文詰難、自七月至於是月。事聞、乃得國信所言、「至和元年、國信使蕭德帶平章事、與館接使行馬坐次、皆分賓主以報。」素・（梁）穎。（舊文云遂以賓主相見、今改云乃不爭。樞密時政記十月五日云、素與忱等文移往返數十次。事聞、國信所勘會到蕭德故事、劄與忱等。忱等牒素、請只依九月六日所議坐次、早約日相見、素辭屈、乃依賓主禮相見。九月六日所議、蓋賓主相見禮也。相見則在十月五日以後、并十二月末。）

蕭素と梁穎はそれぞれ国境画定交渉における遼側の正副の現地責任者、国信所（＝主管往来国信所）は北宋の対遼外交実務担当部門。

22）答遼主書曰、「……至欲當中獨坐、位特改於臣工。設次横都、席又雖於賓主。……」

横都は、国境画定交渉現地の地名。

23）阿骨打與其妻大夫人者於炕上設金裝交椅二副並坐。

テキスト及び現代語訳は、京都大学人文科学研究所共同研究班「前近代ユーラシア東方の戦争と外交」における『三朝北盟会編』会読に際しての検討を参考にしている。

24）父為昭、南向、子為穆、北向、父子不並坐。

日本語訳は渡邉等 2012 を参照した。

25）以興平公主薨、遣北院承旨耶律庶成持詔問夏國王李元昊、公主生與元昊不睦、沒、詰其故（『遼史』巻 18 興宗本紀一重熙七年（1038）四月己巳）。

26）『遼史』巻 18 興宗本紀一景福元年（1031）是歲条。

27）制授元昊特進・檢校太師・兼侍中・定難軍節度・夏銀綏宥靜等州觀察處置・押蕃落使、西平王、以司封員外郎・判開拆司楊告為旌節官告使、禮賓副使朱允中副之。元昊既襲封、即陰為叛計。時改元明道、而元昊避父名、輒稱顯道於國中、雖亦貢奉、然僭已萌矣。初對使者、設席自尊大、而告徙坐即賓位、不為屈。又聞屋後有數百人鍛聲、知其必叛、獨畏懦不敢言。

28）冊命元昊為夏國主、更名曩霄。其冊文曰、「……（中略）……」仍賜對衣・黄金帶・銀鞍勒馬、銀二萬兩、絹二萬匹、茶三萬斤。冊以漆書竹簡、凡二十四、長尺一寸、褾用「天下樂」暈錦。賜金塗銀印、方二寸一分、文曰「夏國主印」、龜鈕錦綬。金塗銀牌、長七寸五分、闊一寸九分。緣冊法物、皆銀裝金塗、覆以紫繡。約稱臣、奉正朔、改所賜敕書為詔而不名、許自置官屬。使至京、就驛貿賣、朝廷遣使至其國、相見以賓客禮。置権場於保安軍及高平寨、第不通青鹽。然朝廷毎遣使往、館于宥州、終不得至興・靈焉。

文献一覧

【日本語】
井黒忍「受書礼に見る十二～十三世紀ユーラシア東方の国際秩序」(平田茂樹・遠藤隆俊編『外交史料から十～十四世紀を探る』汲古書院、2013)
岡安勇「中国古代史料に現れた席次と皇帝西面について」(『史学雑誌』92-9、1983)
奥村周司「使節迎接礼より見た高麗の外交姿勢 —— 十一、十二世紀における対中関係の一面」(『史観』110、1984)
豊島悠果『高麗王朝の儀礼と中国』汲古書院、2017
廣瀬憲雄『古代日本外交史 —— 東部ユーラシアの視点から読み直す』講談社、2014
渡邉義浩・池田雅典編『全訳後漢書』第五冊、2012
【中国語】
陳瑋「遼代漢文石刻所見遼夏関係考」(『北方文物』2012年第4期)
都興智『遼金史研究』人民出版社、2004
都興智・田立坤「遼秦徳昌墓志考」(『遼海文物学刊』1995年第2期、都2004第五章第一節に再録)
李波「建平三家郷遼秦徳昌墓清理簡報」(『遼海文物学刊』1995年第2期)
李華瑞『宋夏関係史』河北人民出版社、1998
李宇峰「碑志所見遼代外交使臣考述」(『遼寧省博物館館刊』2009年)
王晶辰主編『遼寧碑志』遼寧人民出版社、2002
向南・張国慶・李宇峰『遼代石刻文続編』遼寧人民出版社、2010
楊浣『遼夏関係史』人民出版社、2010
張国慶「遼朝"使臣""駅館"史事雑考 —— 以石刻文字所見為主」(『浙江学刊』2016年第3期)

付記　本研究は、日本学術振興会の科研費（19K01028）の助成をうけたものである。

唐宋時代の門状
──使用範囲の拡大と細分化

山本孝子

古代中国では、訪問の際に自身の姓名や用件を記したものを持参し、それを門番などに手渡して取り次ぎを願い、謁見を請うた。このような書き付けは、時代によって「刺」や「名謁」、「名刺」、「名紙」、「名帖」、「門状」、「牓子」などと呼ばれ、使い分けられてきた。本稿では、主に唐から宋にかけて用いられた「門状」に焦点を当てる。

1　門状に関する先行研究とその問題点

門状の起源や用途・機能については、すでにいくつかの先行研究が存在する。まずは、その要点を簡単に紹介し、問題の所在を明らかにしておきたい。

比較的早い時期に、書儀に見られる門状に着目したのは［周一良 1995］（初出は 1982）である。祝賀やあいさつに用いられた門状は、中唐以降に流行し、晩唐には確実に存在していたとする。「刺史書儀」、司馬光『書儀』の門状および『資暇集』『北夢瑣言』『石林燕語』などの記事から、古代の刺が唐代の門状に発展したこと、また門状が簡素化して牓子となったと述べる。そして、牓子と名刺・名紙の関係については、用紙の大きさに違いがあるかもしれないが、内容にはほとんど差がないとの見解を示す[1)]。各資料の記述が一致しないことを指摘しつつも、『石林燕語』のいう「公状」と「刺史書儀」の門状、司馬光『書儀』の大狀が同じものであると見做しており、疑問が残る。

［張小豔 2004］もまた唐から宋にかけての筆記小説や敦煌文書をもとに、議論を展開する。自身の身分・姓名を相手に知らせ、面会を求める際に用いられた文書の起源を漢代の刺まで遡る。それはもともと竹・木を削って姓名を記したものであったが、後に名紙に改められ、さらに唐代李徳裕の頃から門状が使用されるようになったことを指摘する[2)]。主に門状と同じ用途・機能を持つ書式について、時間軸に沿ってその変遷を追っている。しかしながら、実際には古い書式が新しい書式に完全に取って代わられることはなく、門状が使用されていた時期にも、いくつかの別の書式が併用されていた。敦煌の書儀ではS.6537v 鄭餘慶『大唐新定吉凶書儀』「典史起居第七」およびP.2622『新集吉凶書儀』（大中年間）「口弔儀」に名紙の使用が確認できる。司馬光『書儀』では巻一に「名紙」、巻九「慰大官門狀」「慰人名紙」を収録しており、宋代以降にも使用が確認できる。書儀の用例を見る限りでは、名紙は相手に自身の身分・姓名を知らせるために用いられるもので、門状は清・王士禎『香祖筆記』巻五に「唐宋啓事用門狀、即今士大夫彼此拜謁之名刺也、上書某官謹祗候某官」とあるように、「啓事」、つまり用件を述べ伝えることに重きが置かれていたのではないかと思われる。

張氏はまた書式についても言及し、門状が本来公状に属するものであったとの考えを示し、両者を比較対照して、定型句・書式の一致を指摘する。門状と公状の書式に関連が認められることは間違いないが、ただ、その論拠とする文例が適切であるとは言いがたい。P.2985は公状ではなく、S.76v-7やS.529を門状と見做すことについても慎重を要する（結論から言うと、前者は小状、後者は大状である。詳しくは後述する）。司馬光『書儀』に見られる大状とは門状のことであるとの結論についても、議論の余地がある。

［王使臻 2014］は主に敦煌発見の資料に基づき、分析を加える。王氏もまた門状と名刺、名紙との関連を指摘するが、それだけでなく、起居

状など唐代に用いられた実用文から発展したものであるとの見解を示す。門状はもともと私人が拝謁の際に用いた起居状であり、唐代には末尾に「謹状」と記されていたと述べる。五代から宋代になると、「牒件状如前」といった公状の用語が取り入れられ、官人の長官に対する礼儀となっていたという。唐末五代から宋にかけての門状の性質に変化が見られることは確かであるが、「謹状」の使用範囲は広く、起居状に限らない。また、起居状は訪問時に持参するものではなく書面でのあいさつであり[3)]、門状とは用途・機能が異なることからも、両者の関係については首肯しかねる。

全体として、唐から宋にかけての門状の性質の変化を認識しつつも、時代ごとに書式や内容面からの定義付けが十分になされていない。門状と大状や公状との関係についても、具体的な議論がなされないままに、同じ書式であると結論付けられており、もう少し細やかな分析が必要であろう。本稿では、先行研究において参照されることのなかった『五杉練若新学備用』を検討対象に加え、門状の書式の正確な復原を試み、関連する書式との比較を通して、使用される場面や対象を明確化する。それにより、公文書であるのか、私信であるのか、その性質についても自ずと見えてくるものと期待する。

2　門状と類似の文例

2-1　書儀に見られる門状

上述のように、先行研究では門状であるか否か不確実な材料に基づき考察が進められてきた。まずは、書儀の中から門状の標題が附された文例を抽出し、その共通点を整理することで、書式の復原を試み、その特徴を把握したい。

敦煌発見の資料のうち、門状の標題を持つのはP.3449「刺史書儀」

の一例のみである。

　參賀門狀
　具銜ム。右ム謹詣台屏祇候賀。伏聽處分。云云。

「刺史書儀」とほぼ同時代の文献である『五杉練若新学備用』巻中にも一例収録される。

　門狀
　具銜某。右某謹詣台庭祇候起居相公。伏聽處分。牒、件狀如前。謹牒。 年　月　日具銜某牒。
　或尋常大狀只云、「謹祇候起居某人」。

宋代の例として司馬光『書儀』巻九より引用する。

　慰大官門狀
　某位姓某。右某謹詣門屏祇慰某位。伏聽處分。謹狀。 年　月　日具位某狀。

「刺史書儀」では「云云」と末尾に省略が見られるほか、定型句に若干の差があるものの、基本的な構成は同じであり、次のようにまとめることが可能である。

　〔官銜〕+某。右某謹詣+〔場所〕+〔事由〕。伏聽處分。(牒、件狀如前。※)
　謹牒（／狀）。 年　月　日〔官銜〕+某+牒（／狀）。
　※「牒、件狀如前」の使用については、時代による違いである。詳しくは後述する。

門狀を構成する要素のうち、〔事由〕の部分には「賀」「起居」「慰」といった語が挿入され、吉儀・凶儀問わず用いられていたことが確認できる。上に示した文例はいずれも当時の人びとが門状であると見做していたことが確実であり、これが門状の基本的な書式であったといえる。

2-2 門状と類似する文例

2-2-1 書儀に見られる様々な「状」

書儀の中には門状と同じ要素を具えながらも、標題には別の名称が附された文例が確認できる。例えば、P.3449「刺史書儀」からは、先に挙げた「參賀門狀」のほかに四例見出すことができる（表1）。そのうち、「正衙謝狀」をここに示す。

正衙謝狀
具全銜ム乙。右ム蒙恩、除授前件官、謹詣正衙祇候謝。伏聽處分。
牒件狀。年月日下具銜ム牒。

「右某（／ム）」と「謹詣＋〔場所〕＋〔事由〕」の間に「蒙恩、除授前件官」が挿入されている点を除けば、復原した門状の書式と一見大きく異なるところはない。しかし、残る三点を含めて照らし合わせて比べてみると、「參賀門狀」の宛先が「台屏」であるのに対し、それ以外の「～狀」の標題が附された文例では「正衙」あるいは「衙」となっていることに気づく。

表1 「刺史書儀」に見られる門状と類似の書式

標題	謹詣＋〔場所〕	事由
參賀門狀	台屏	賀
正衙謝狀	正衙	謝
正衙辭狀	正衙	辭
辭本道節度使狀	衙	辭
〔標題なし〕	×	賀

次に、『五杉練若新学備用』巻中について検討する。先に引用した「門状」の文例の最後には「大状」に関する注釈が附されている。別に項目を立てず、注釈で処理されていることから、両者は同じ用途・機能を持つ書式であったと判断できる。注釈から「大状」の書式を復原すれば、

具銜某。右某謹祇候起居某人。伏聴處分。牒、件状如前。謹牒。
年　月　日具銜某牒。

となろう。また、「門状」に続けて「平交人小状」が収録されている。

具銜位某。右某謹祇候起居某人。謹状。

「門状」「大状」「平交人小状」の順に少しずつ簡略化されていることがわかる。三者の構成要素の違いをまとめたのが表2である。

表2 『五杉練若新学備用』巻中に収録される「門状」「大状」「平交人小状」の比較

標題	謹詣＋〔場所〕	受取人	伏聴處分。 牒、件状如前	事由
門状	台庭	相公	○	起居
大状	×	某人	○	起居
小状	×	某人（＝平交人）	×	起居

受取人に注目したい。「門状」に見られる「台庭」「相公」はいずれも「宰相」に関わる語であり、「刺史書儀」「參賀門状」中の「台屏」とも矛盾がない。「大状」「平交人小状」ともに受取人は「某人」である。「大状」にその身分・差出人との関係を明示する語は含まれていないが、「平交人小状」はその標題にもある通り、「平交人」つまり差出人と対等な関係にある人物である。

「大状」については、司馬光『書儀』巻一「私書」にも見える。一方、

「小狀」の名称は見られず、「大狀」とともに収録されるのは「平狀」である[4]。

謁大官大狀

具位姓某。右某謹詣門屏祗候起居參謝・賀・辭・違隨事。己欲他適往辭人、曰「辭」。人欲他適己往別之、曰「攀違」某位。伏聴處分。謹狀。舊亦云、「牒件狀如前。謹牒狀」。末姓名下又云、「牒」。元豐改式、士大夫亦改之。　年　月　日具位姓某狀。

謁諸官平狀

具位姓某。右某祗候世俗皆云「謹祗候」。按「謹」、即「祗」也。語涉複重、今不取。起居謝・賀・辭・違隨事。按「祗候某人起居」、乃語自唐末以來皆以云「祗候起居某人」、今從衆某位。謹狀。月　日具位姓某狀。

標題に「大狀」とあるものの、相手は「大官」で訪問先は「門屏」であり、吉凶の違い、訪問の目的による「起居」と「慰」の語の入れ替わりを除けば、「門狀」と何ら異なる点はなく、両者に『五杉練若新学備用』のような違いは確認できない。また、巻九には先に引用した「慰大官門狀」のあとに続けて「慰平交」が見られる。

慰平交

某位姓某。右某祗慰某官。謹狀。　月　日具位姓某狀。

書式の名称は附されていないものの、その構成・用語は「平狀」そのものであり、『五杉練若新学備用』の「小狀」ともほぼ一致する（「謹」字の不使用については、司馬光自身が注釈で述べる通りである）。どちらも「平交」に対して用いられることからも単なる名称の違いに過ぎず、実質は同じであると考えて問題ないであろう[5]。

表3　司馬光『書儀』に収録される「門状」「大状」「平状」の比較

	謹詣＋〔場所〕	受取人	伏聴處分	事由
謁大官大狀	門屏	大官	○	謝・賀・辭・違
謁諸官平狀	×	諸官	×	謝・賀・辭・違
慰大官門狀	門屏	大官	○	慰
慰平交	×	平交	×	慰

2-2-2　敦煌発見の文書

敦煌発見の手紙の中にも門状と内容・形式が似通ったものが残されている。ここでは、首尾完存する三点を示す。

ひとつは、［張 2004］で門状と見做されている S.529-2（924 年）である。

1　定州開元寺僧歸文。
2　　右歸文謹詣
3　　衙祗候
4　　起居令公。伏聽　處分。
5　牒、件狀如前。謹牒。
6　　　　同光二年六月　日定州開元寺僧歸文牒。

つぎに、S.76v-1（934 年）である。

1　行首陳魯脩。
2　　右魯脩謹在
3　　衙門隨例祗候
4　　賀。伏聽
5　　處分。
6　牒、件狀如前。謹牒。
7　　　長興五年正月一日行首陳魯脩牒。

最後に、BD01904v（995年）である。

1 奉宣往西天取經僧道猷等
2 　右道猷等謹詣
3 　衙祇候
4 　起居
5 　賀。伏聽　　處分。
6 牒、件狀如前。謹牒。
7 　　　至道元年十一月二十四日霊圖寺寄住

いずれの文書も「刺史書儀」や『五杉練若新学備用』と同じ10世紀に書かれている。書儀と比較してみると、宛先は「刺史書儀」の「～狀」と同様に「衙」あるいは「衙門」となっている。S.529-2では4行目に記されている通り、受取人は「令公」である。加えて、書儀からははっきりと読み取ることのできなかった差出人の情報も得ることができる。『五杉練若新学備用』が禅僧を対象として編纂されたものであるだけでなく、S.529-2やBD01904vといった実例から、これらの書式を僧侶らも使用していたことが裏付けられる。

また、先に挙げた小状や平状のように、「謹詣＋〔場所〕」に該当する文言の見られない文例もS.76v-7、P.2292に確認できる。

S.76v-7
1 鄉貢進士劉　■
2 　　右謹祇候頂
3 　　謁
4 　　尊師。謹狀。〈知，十八日，謇。〉
5 　　　　　　閏正月 日鄉貢進士劉 ■。

※　4行目〈　〉内は別筆。
※　他と比較すると2行目「右」のあとに差出人の「名」が抜け落ちている。

P.2292
1　［普賢］院主比丘靖通
2　右靖通謹祇候
3　起居陳
4　賀
5　院主大徳。謹状。
6　　　　　　　　正月　日普賢院主比丘靖通状

S.76v-7は差出人の名の部分が墨で塗りつぶされているが、〈　〉内に示した判語が別筆で記されており、草稿ではなく実際に使用されたものと考えられる。受取人は4行目冒頭に見える「尊師」で、これは道士への尊称である[6)]。P.2292は差出人・受取人ともに「院主」であることから、対等な立場、つまり「平交」に当たるだろう。

表4　敦煌発見の門状と類似する文書

文書番号	差出人	受取人	謹詣+〔場所〕	事由
S.529-2	定州開元寺僧歸文	令公	衙	起居
S.76v-1	行首陳魯脩	×	衙門	賀
BD01904v	道猷等	×	衙	賀
S.76v-7	劉　■	尊師	×	×
P.2292	普賢院主比丘靖通	院主大徳	×	賀

以上を踏まえた上で、次章では門状の宛先（場所・相手）、差出人について、さらに詳しく検討していきたい。

3　門状と大状・小状・平状・公状

書儀以外の資料から門状の使用範囲を知る手がかりとなる記述を順に

見ていくことにする。すでに先行研究において検討されている資料も少なくないが、改めて内容を精査したい。

3-1　門状の変遷――使用範囲に関連して

門状がどのような場面において、どのような人びとの間で用いられていたのか、上に挙げた大状・小状・平状との違いに注意しながら、考察を加える。まずは、宋・沈括『夢溪補筆談』巻一から引用する。

> 今之門狀稱「牒、件狀如前。謹牒」、此唐人都堂見宰相之禮。唐人都堂見宰相或參辭謝事、先具事因、申取處分。有非一事、故稱「件狀如前」。宰相狀後判「引」、方許見。後人漸施於執政私第。小説記施於私第、自李德裕始。近世諂敬者、無高下一例用之、謂之大狀。

> いま門状に「牒、件狀如前。謹牒」と称するのは、これは唐代の人が都堂（政務を執る広間）で宰相にまみえるときの礼である。唐人が都堂で宰相にまみえるのは、暇乞いや謝礼といった用件であり、まずは（門状に）その用件を述べて（謁見の可否について）その処分をもとめた[7]。用件はひとつではないので、「件状如前」と述べるのである。宰相がその状のあとに「引」と判語を書いて、はじめて目通りがかなう。後の人たちは次第に執政の私邸に赴く際にも門状を用いるようになった。小説に記録されるところでは、私邸に門状が送られるようになったのは李徳裕からである[8]。近頃では上の者にへつらって、（職位の）高下を問わず一様にこれを用い、「大状」と呼んでいる[9]。
>
> （訳文は［梅原 1981］116 頁を参考に適宜改めた。）

ここからは門状の変遷を読み取ることができる。特に、時代とともに使用対象が拡大していったことが確認できる。唐代には「都堂」という公的な場所において「宰相」に目通りを願って用いられるものであったのが、「私第」のような私的な空間へと普及し、北宋になると、身分を問わず目上の人物に謁見する際に使われ、その名称も大状と改められている。また、宋・周密『癸辛雜識』前集「送刺」には次のような記述がある。

今時風俗轉薄之甚。昔日投門狀、有大狀・小狀、大狀則全紙、小狀則半紙。今時之刺、大不盈掌、足見禮之薄矣。

いまの風習は甚だしく軽薄になってきている。むかしは門状を寄せるには大状と小状があり、大状は全紙、小状は半紙であった。いまの刺の大きさは手のひらにも満たず、礼が軽薄であることを見るに十分である。

この内容を見る限りでは、門状は大状や小状の総称であったととらえられる。

書儀と照らし合わせて見ると、「刺史書儀」（後唐）や『五杉練若新学備用』（南唐）の門状は、受取人として宰相を想定していたと考えられ、唐代の本来の門状を踏襲している。そして、『五杉練若新学備用』の小状については、すでに確認した通り、「平交」、つまり対等な相手に宛てたものであった。残る大状であるが、『夢溪補筆談』から察するに、目上の人物全般に対して用いる上行文書であったといえるだろう。受取人が「某人」でありながら、末尾が門状と同じ「牒、件狀如前。謹牒」の定型句で締めくくられていたこととも矛盾はない。少なくとも五代期には相手に合わせて門状・大状・小状の三種が使い分けられていた。一方の司馬光『書儀』では、表３の通り、「大官」に対しては門状・大状が、「諸官」に対しては平状が用いられていた。門状と大状が統合され、上行文書と平行文書の二分類となっている。周密のいうところの「昔日」の状況と完全に一致するわけではないが、宰相にのみ適用可能な書式が失われている点は共通している。

3-2　門状と公状――表現に着目して

宋・葉夢得『石林燕語』巻三にもまた門状の変遷が記録される。先に引用した『夢溪補筆談』と重複する嫌いがあるが、定型表現の変化についての情報はやや詳しく、関連する書式名称にも言及が見られる。よって、引用がいささか長くなるものの、煩を厭わず該当部分をすべて示すことにする。ここでは書儀やその他資料に基づき、順に補足的な説明を加えるかたちで、考察を進めていきたい。

> 唐舊事、門狀、清要官見宰相及交友同列往來、皆不書前銜、止曰「某謹祗候某官。謹狀」。其人親在、即曰「謹祗候某官兼起居。謹狀」。「祗候」「起居」不並稱、各有所施也。至於府縣官見長吏、諸司僚屬見官長、藩鎮入朝見宰相及台參、則用公狀。前具銜、稱「右某謹祗候某官。伏聽處分。牒、件狀如前。謹牒」、此乃申狀、非門狀也。元豊以前、門狀尚帶「牒、件狀如前」等語、蓋沿習之久、後雖去、而「祗候」「起居」並稱、猶不改。今從官而上、於「某官」下稱「謹狀」、去「伏候裁旨」四字、略如唐制、而具前銜、謂之小狀。他官則前銜與前四字兼具、而不言「謹狀」。不知有「牒、件狀如前。謹牒」七字、則「謹狀」字自不應重出、若既去此七字、則當稱「謹狀」、以爲恭而反簡。自元豊以來失之也。

唐のむかしのこと、(a)門状は、高級官が宰相にまみえるときや同僚らとの対等な付き合いにおいて、その冒頭に銜を書かず、末尾に「某謹んで某官に祗候す。謹状」と記した。(b)相手の親が居れば、「謹んで某官に祇候し、兼ねて起居す。謹状」という。「祇候」と「起居」はあわせて記さないのであって、それぞれに用いるべきところがある。(c)府県の官が長吏にまみえるとき、諸司の僚属が官長にまみえるとき、藩鎮から入朝して宰相や御史台の官吏にまみえるときについては、公状を用いた。(d)まず銜を記し、「右某謹んで某官に祇候す。伏して処分を聴く。牒す。件の状前の如し。謹牒」というのは、申状であって、門状ではない。(e)元豊以前は、門状に「牒す。件の状前の如し」といった表現が含まれており、長い間踏襲されてきたものの、のちに省かれた。しかし、「祇候」「起居」を連ねる点については依然として改められていない。(f)いま従官（皇帝の近臣）がたてまつる場合は「某官」の下に「謹状」といい、「伏候裁旨（伏して裁旨を候つ）」の四文字を取り除く。(g)おおかた唐の制度の通りではあるが、前銜を記したものを小状という。その他の官の場合は前銜と「伏候裁旨」の四文字のいずれも記すが、「謹状」とは言わない。「牒、件狀如前。謹牒」の七文字があれば、もちろん「謹状」の字は重複するべきではないが、この七文字を取り去るのであれば、「謹状」と記すべきであることを知らないので、敬意を表そうとしてかえっておろそかになってしまっている。これは元豊以来のまちがいである。

(a)：唐代の門状について述べる。「前銜」を［赤木 2003］では「以前の官位」と訳しているが、『五杉集』には「前銜書」（別名「状頭書」）が収録されること、(d)「前具銜、稱『右某謹祇候某官。伏聽處分。牒、件狀如前。謹牒』」、(f)「略如唐制、而具前銜、謂之小状」を踏まえ、ここでは「前銜」とは冒頭「具全銜ム」の部分を指していうものと解釈した。唐の早い時期の書儀に「具全銜ム」を伴う文例が見られないこととも一致する。ここで紹介される門状は、「宰相」だけでなく「交友同列往來」に対するものも含んでおり、『癸辛雜識』のように同種の書式全般を指す総称であろう。

(b)、(e)：「祇候」「起居」の使い方については司馬光『書儀』巻一「私書」「謁諸官平狀」の注釈にも指摘がある。

世俗皆云「謹祇候」。按「謹」、即「祇」也。語涉複重、今不取。

世の習いではみな「謹んで祇候す」というが、按ずるに、「謹」とはすなわち「祇」である。連ねると重複するので、いま採用しない。

謝・賀・辭・違、隨事。按「祇候某人起居」、乃語自唐末以來皆以云「祇候起居某人」、今從衆。

謝・賀・辞・違は用件に合わせる。按ずるに「祇候某人起居」は、唐末以来「祇候起居某人」と書かれてきた。いま衆に従う。

(c)：謁見の際に用いる公状は、他の文献には見えないが、これは司馬光『書儀』巻一「私書」「上尊官問候賀謝大狀」の注釈に言及のある「公牒」であると考えられる。

舊云、「謹錄狀上。牒、件狀如前。謹牒狀」。末姓名下亦云、「牒」。此蓋唐末屬寮上官長公牒、非私書之體。及元豐改式、士大夫亦相與改之。

ふるくは「謹録状上。牒す。件の状前の如し。謹牒状」といい、末尾の姓名の下にはまた「牒す」と記した。これは唐末に属寮が官長にたてまつった公牒であり、私書の様式ではない。元豊年間になって式が改められ、士大夫も連れ立って改めた[10)]。

司馬光は「公牒」とは、「唐末に属寮が官長にたてまつった」ものであり「私書の様式ではない」と説明しており、特徴が一致する[11)]。

「公状」は、現存する書儀では、S.6537v 鄭餘慶『大唐新定吉凶書儀』(元和年間)「典史起居第七」に見える。復原される公状は以下の通りである[12)]。

〔差出人の前銜・姓名〕狀上
用件を述べる〔ひとつひとつ箇条書きにする〕。
　右〔本文：先に述べた事書きのことについて〕
件狀如前。謹錄上。某月日某職姓名狀。

先に復原した門状と比較すると共通点が確認できる[13)](表5)。

表5　門状と公状

	門状	公状
冒頭行	〔前銜〕+〔姓名〕	〔前銜〕+〔姓名〕+狀上
事書き	×（用件は本文中に）	○
本文	右+〔名〕…（本文）…	右…（本文）…
末尾	牒件狀如前	牒件狀如前

また、宋・高承『事物紀原』巻二「門狀」には次のように見える。

又曰漢初未有紙、書名于刺、削木・竹爲之、後代稍用名紙。唐武帝時李德裕貴盛、百官以舊制禮輕、至是留具銜候起居之狀、至今貴賤通用、謂之門狀。稍貴禮隔者、如公狀、體爲大狀。

また漢の初めにはまだ紙がなかったので、名を刺に記した。木や竹を削って作ったものであった。そののちしだいに名紙が用いられるようになった。唐・武帝のとき、李徳裕が一世を風靡すると、百官

　は古い制度では礼が軽いと考えた。ここに至って銜を記したあいさつの手紙が出現し、いまでは貴賤を問わず用いられるようになった。これを門状という。ただ身分の高い者について礼が異なるのは、公状のようでありながら体裁は大状という点である。

ここからも門状は公状や大状と密接な関係があったことがわかる。

(d)：「前具銜」については(a)で触れた。(c)で引用した『事物紀原』により、古くから使われていたのではなくのちに加えられたことが裏付けられる。ここで示される文例は、(b)、(e)で指摘される「起居」の語の有無を除き、『五杉集』の大状とほぼ一致するものの、門状ではなく申状であるという。唐代に地方で用いられた申状は［呉麗娯 2010］74 頁に復原されるが、(d)との共通点を見出すことができず、同じ書式であるとは考えにくい。ここでは司馬光『書儀』巻一「公文」「申状式」を示す。

　某司（自申状、則具官封姓名）
　　某事（云云）（有事因、則前具其事。無所因、則便云「右某」。）
　右（云云）。謹具状申（如前列数事、則云「右件状如前」云云。）某司。謹状。（取處分、則云「伏候指揮」。）
　　　年月　　日。具官封姓名（有連書官、則以次列銜。）状。

注釈部分に拠れば、「司」からではなく個人からの場合は冒頭が「具官封姓名」、事書きを記さない場合の本文は「右某」から書き出されるらしい。(c)の記述と合わせて、門状の書式が公状や申状といった公文書の書式に由来することは疑いないようである。あるいは、「此乃門狀、非申狀也」の誤りか[14)]。

(f)：(d)の文例からの変更点を述べる[15)]。「伏候裁旨」を削除するとの説明は、「伏聴處分」を意図するものと推測される。現存する書儀に「伏候裁旨」と完全に一致する一文は見えないが、類似の表現として、(d)で引用した司馬光『書儀』「申状式」の注釈に、「取處分則云『伏候指揮』（処分を求めるならば「伏して裁旨を候つ」という）」、また、同巻「表奏」「奏状式」に「伏候勅旨（伏して勅旨を候つ）」[16]が確認できる。いずれも「処分を求める」「物事を処理するに当たり判断をあおぐ」といった意に解することが可能であり、相手に合わせて使い分けられた同義の表現であると考えられる。そうであるとすれば、ここでいう「小狀」は「〔前銜〕。右某謹祗候某官。謹狀」の組み合わせからなり、前文で繰り返し問題とされる「起居」の語の有無を除き、『五杉練若新学備用』「平交人小狀」および司馬光『書儀』「謁諸官平狀」に一致する。

3-3　門状とは

「刺史書儀」や『五杉練若新学備用』から司馬光『書儀』に至るまでの門状の変遷が見えてきた。門状が広まったのは9世紀半ば頃からであり、本来は政務を行う宰相を訪問する際に、用件を伝え謁見を請うためのものであった。いま仮にこれを狭義の「門状」と定義したい。次第に使用範囲が公的な場から私的な空間へと拡大するにつれて、大状・小状・平状といった門状を段階的に簡素化した書式が派生し、相手に合わせて使い分けられるようになったと考えられる。「刺史書儀」では大状や小状といった固有の書式名称は見られず、訪問先も「正衙」「衙」に限られており、分化の過渡期にあったのだろう[17]。やや遅れて『五杉練若新学備用』が編纂される頃には、門状・大状・小状が明確に区別されるとともに、禅僧らにも利用されていた。すでに、純粋な公文書ではなくなっていたことがわかる。

門状はもともと公的な場で使われていたことから、その表現の多くは公状から取り入れられたものであった[18]。とりわけ特徴的であった末尾の「牒、件狀如前」の文言が取り除かれたのは元豊年間のことで、司馬光『書儀』では完全に私的なものとして捉えられ、「私書」に分類・収録されている。それまでとは異なり、完全に私的なものであるが故に、凶儀に応用することが可能となったはずである。そして、この頃までには門状は宰相に限らず、「大官」ら目上の人物全般に対して用いる上行文書として、大状との差が曖昧になっていた。『癸辛雜識』の内容も考慮に入れれば、宋代以降に用いられた私邸訪問時に謁見を求め持参する書き付け全般を、あるいはそのうち上行文書を、広義の「門状」と呼ぶことができるであろう。相手に合わせて「大状」（上行文書）と「小状／平状」（平行文書）が使い分けられていた。

3-4　門状の書式

最後に、2-2 に挙げた門状と類似する文例をもう一度確認したい。

まず、『五杉練若新学備用』の大状については、「謹詣＋〔場所〕」に相当する表現の欠落が疑われる。司馬光『書儀』の「謁大官大狀」には該当部分が残されていることから、本来は「謹詣＋〔場所〕」が含まれていたと考えるべきであろう。つまり、門状と大状は、受取人と受取人の居る〔場所〕が異なるに過ぎず、基本的な構成は同じであったと思われる。よって、「刺史書儀」に収録される「正衙謝狀」「正衙辭狀」「辭本道節度使狀」はいずれも「～狀」の標題が附されてはいるが、「參賀門狀」とその構成に差がないことから、大状であると見做すことができる。同様に、S.529-2、S.76v-1、BD01904v も狭義の門状ではなく、作成年代から考えても大状に分類するのが相応しい。狭義の門状の実例は現存しないものの、2-1 で仮に示した門状の書式をもとに、この三写本および文献中の記録を参考にしながら、さらに正確を期して復原し、その特徴を示す。

【10世紀の門状（吉儀の復原書式)】

〔官位〕+〔姓名〕。

右〔名〕謹詣

〔場所〕+祇候

□。伏聽　　處分。

牒、件狀如前。謹牒。謹牒（／狀）。

年　月　日。〔官位〕+〔姓名〕+牒。

※　冒頭行には「〔官位〕+〔姓名〕」が記される。

※　行を改めて「右+〔名〕」ではじまる本文が続く。

※　本文の行頭は一律冒頭行より二文字分ほど下げられる。

※　□には「謝・賀・辭・違」といった用件が示される。

※　末尾の定型句「牒、件狀如前。謹牒」は、冒頭行とほぼ同じ高さあるいはやや上から書かれる。

※　最終行には「年　月　日。〔官位〕+〔姓名〕+牒」が、「牒」の文字を紙の下端に寄せて、本文と同じあるいはやや低い位置から書き始められる。

※　冒頭行および最終行は本文に比べて字間が狭く、差出人の〔名〕は一貫して文字が小さい。

残る「謹詣+〔場所〕」を含まない文例、つまり「刺史書儀」の標題のない一例およびS.76v-7、P.2292は、作成年代から平狀ではなく小狀と呼ぶのが適当であろう。管見の限り、判語が記された実例はS.76v-7のみである。『夢溪補筆談』では判語は「引」と記すとあったが、この文書から「知」の字も用いられていたらしいことがうかがえる[19]。但し、『癸辛雜識』において小狀は半紙であるとされていた点に関しては、S.76v-7が当てはまるか否か判断は難しい。現存するのは半紙ほどの大きさであるものの、貼り継いで二次利用されており、実際の訪問時に持参した本来の紙の大きさについてはいまとなっては知るすべもない。

おわりに

本稿では、書儀で標題に門状とあるものを軸として考察を加え、書式を復原し、類似の用途・機能を持つ大状・小状・平状との違いを明確にした。書儀は当時廣く一般に使われていた標準的な書式を示すものであり、また同時に書儀に収録されることによって、さらに多くの人への利用を促したに違いない。敦煌発見の書儀のうち、比較的早い時期のものに門状が見られないのは、もとは公的な場で限られた範囲で利用されていたものであったからだろう。のちに、官人のみならず僧侶や道士に至るまで、個人間の私的な交流に用いられるようになり、範囲の拡大とともに頻度も高くなったために、採録されたものと考えられる。そうして、用法が固定化し、本来の「門状」、上行文書である「大状」、平行文書である「小状」「平状」と、それぞれに名称が与えられ、区別がつけられていったのである。

注

1）［周 1995］55-57 頁。牓子については［山本 2019］参照。

2）先行研究においてその関連が指摘される書式について若干の補足をしておきたい。漢から晋の名謁・名刺については［呂・程 2011］が、出土した実物に基づき両者の形状・内容・書式・などの違いについて見解を示している。あざなの使用状況から、公的な場面で利用された名謁に對し、名刺の使用範囲が私的な空間に広がっていたことを指摘するが、この点に関しては議論の余地があるだろう。また、［岸本 1997］では、「中国における名刺（名紙、名帖）」を仮に「材質はなんであれ自分の名前を書いて、交際を求める目的で相手に差し出すもの」と定義し、この種の文書について特に明清以降の状況を詳しく紹介している。

3）例えばP.2646『新集吉凶書儀』「起居狀」に「限以卑守、不獲拜伏」と見える。

4）司馬光『書儀』にはここに引用する「謁大官大狀」とは別にもう一点「上尊官問候賀謝大狀」が「與平交平狀」とともに収録される。しかし、これは訪問の際に持参されるものではなく、用途が異なるため、考察の対象から外す。

5）なお、「平交」は敦煌発見の書儀では「平懐」と呼ばれる。司馬光『書儀』

巻一「上尊官時候啓狀」注釈にも「改平壞爲平交」と見える。

6）P.3442『書儀』「與和尚闍梨書」やP.2646『新集吉凶書儀』「俗人與道士書」「弟子與和尚尊師書」などの書儀において、僧に対する「和尚」に対応する道士への尊称として示される。

7）「唐人都堂見宰相或參辭謝事、先具事因、申取處分」の一文を［梅原1981］では「唐代の人が宰相にまみえると、挨拶、謝礼などから、先に事柄の原因をきちんとそろえ、処分を上申するなど、ことは一つではない」と解するが、ここでは「門狀」の用途や「伏聽處分」の定型句を踏まえ、「申取處分」は「門状を送り処分をもとめる」の意に解した。

8）これを含め、門状に関して言及のある資料（［張小豔2004］を参照）では、ほとんどが李徳裕に触れるが、『北夢瑣言』巻九「李涪尚書改切韻」では「大中年、薛保遜爲擧場頭角、人皆體倣、方作門狀」と、薛保遜の名が挙げられる。いずれにせよ、門状は9世紀半ば頃から流行した見て問題ないであろう。

9）現存する書儀では「大状」を送る対象は自身より目上の人物に限られており、目下の者への使用例は確認できない。自身と比較しての身分の高下ではなく、ここでは宰相・執政といった職位に関わらずの意と解した。

10）下線部(e)でも同様に、元豊年間に「牒、件狀如前」が削られたことを述べる。

11）「公牒」の語は、崔致遠『桂苑筆耕集』などの文献に見え、唐代に使用されていたことは疑いないが、管見の限り「公牒」そのものの文例は確認できていない。

12）［山本2014］171頁から若干の修正を加えた。実物をもとに書式の復原を試みた［赤木2008］77頁, 図2を参照した。
このあとには、続けて「如面見本部（郡）官長通名紙、亦准上（本郡の官長にまみえるときに送る名紙も上（＝公状）に準じる)」との文言があり、門状と関係の深い「名紙」もまた「公状」に倣ったものであったらしい。

13）本文の「右」字のあとに差出人の名が挿入される例は公状には見られない。語彙・表現・書式の大きな枠組みは唐代の公状に由来するものと捉えられるが、その発展の過程においては、他の書式からの影響もあったと推測する。例えば、皇帝への謁見を求めて用いられた「牓子」は「名」に代えて「臣」字が用いられ、「右臣」から書き出される。［山本2019］

14）この一文については、［王使臻2014］も、葉夢得の誤記を疑い、「申状」と呼ぶのは正確ではなく、門状の一種であり、公状の用語を援用したに過ぎないという（96頁）。

15）因みに、宋・洪邁『容齋三筆』第四巻（十五則）「從官事體」では従官の礼儀作法の特殊性に触れられており、書札礼に関わるところを抜粋すれば、知州に任じられたことを諸司に知らせるときの公状には銜を記さない、安撫監司序官との遣り取りには大状を用いるが年を書かない（なお、日付を記す際に年を省くのは牓子の特徴でもある。［山本2019］）といった点において、一般の官吏とは異なっていたようである。

16）同じ表現は「刺史書儀」「受恩命後於東上閤門祗候謝恩牓子」にも見える。
17）「刺史書儀」には別に「封門状［回］書　一通」「封門状回書　尊」「封門状迴書　平交」（同題計二通）が収録されており、これらは「尊」「平交」ともに「門状」となっている。
18）敦煌発見の書儀に頻繁に用いられる語の中には、古い用例は公文書（あるいは官人の間で交わされる公的性格を帯びた手紙）に限られ、時代が下るにつれて使用範囲が家書を代表とする私信に拡大したものが少なくない。その一例として「伏惟照察」が挙げられる。［山本 2012］176 頁。
19）なお、不在時の相手の訪問に対しては「封門状回書」により礼を述べる（注17 参照）。［王使臻 2014］は「封門状回書」の実例として、S.4571v-1 を示す。

文献一覧（アルファベット順）

赤木崇敏 2008：「唐代前半期の地方文書行政 ── トゥルファン文書の検討を通じて」『史学雑誌』117（11），75-102 頁
岸本美緒 1997：「名刺の効用 ── 明清時代における士大夫の交際」，木村靖二・上田信編『人と人の地域史』山川出版社，243-276 頁
呂静・程博麗 2011：（江村知朗訳）「漢晋時期における名謁・名刺についての考察」『東洋文化研究所紀要』第 160 冊，564-536 頁
梅原郁 1981：『夢渓筆談』平凡社
王使臻 2014：「敦煌遺書中的“門状”」『尋根』2014 年第 5 期，95 100 頁
呉麗娯 2010：「従敦煌吐魯番文書看唐代地方機構行用的状」『中華文史論叢』2010 年第 2 期，53-113 頁
山本孝子 2012：「書儀の普及と利用 ── 内外族書儀と家書の関係を中心に」『敦煌写本研究年報』第 6 号，169-191 頁
──── 2014：「公私書札礼と社会秩序 ── 書儀に見る〈おおやけ〉と〈わたくし〉」『敦煌写本研究年報』第 8 号，167-180 頁
──── 2019：「書儀に見られる『牓子』」『敦煌写本研究年報』第 13 号，277-288 頁
張小豔 2004：「敦煌文献中所見“門状”的形制」『文献』2004 年第 3 期，77-88 頁
周一良 1995：「敦煌写本書儀考（之一）」，周一良・趙和平『唐五代書儀研究』中国社会科学出版社，53-70 頁

付記　本稿は日本学術振興会科学研究費補助金「中国・朝鮮半島・日本における書儀の普及と受容に関する比較研究」（若手研究 B、17K13434）による研究成果の一部である。

敦煌遺書に見る西天取經の事蹟

高　田　時　雄

はじめに

佛教が中國に傳わったのは後漢の頃、西域の僧侶によってだが、やがて經典を求めてインドへ旅する中國僧が現れるようになる。法顯は東晉の隆安三年（399）六十五歳のとき、一念發起、正しい戒律を求めてインドへ赴いた。そして彼の地に滯留すること十四年、海路で歸國の途に就き、義熙八年（412）金陵（南京）に歸着した。その旅行記『法顯傳』は中國僧による最古のインド旅行記として今日まで讀み繼がれている。その後、北魏には宋雲・惠生がやはりインドへ行った。その旅行記の全帙は傳わらないが、一部が楊炫之『洛陽伽藍記』巻五に引用されて殘っている。こういった西天取經の試みはその後も絶えず行われたが、なかでも最も有名なものが唐初における三藏法師玄奘の旅行であることはいうまでもない。玄奘は貞觀三年（629）國禁を犯して出國、苦難の末に天竺へ到着した後、各地の佛蹟を參拜し、マガダ國のナーランダ學院で唯識の學を修め、多くの經本と佛舍利、佛像などを攜え、貞觀十九年（645）正月に長安へ歸着した。

中國から西天取經の旅に出るには、やや後の義淨のように海路による方法もあったが、やはり西域のオアシスを經由するのがより一般的な行程であった。そして陸路インドに向かおうとすれば、敦煌はその出入り口として必ず通過せねばならない地點であった。玄奘は出發の際には高昌國を經由したため敦煌へは足を踏み入れなかったが、その歸途コータンから中原に向かった旅行では必ずや敦煌に足を留めた筈である。

ところで義淨がその『大唐西域求法高僧傳』に立傳したのは、貞觀年間から同時代までの求法僧五十六名である。僅か六十年ほどのあいだにこれほど多くの求法僧が西天を目指したということ自體が驚くべき事實だが、ここに漏れている僧や、その後の求法僧を加えれば、唐一代だけでも非常な數に上ることが豫想される[1)]。

敦煌の地理的位置を考えると、この地がインドに往還する求法僧たちの據點となっていたであろうことも容易に推測される。しかも五代から宋にかけて、とりわけ宋初は西天取經がにわかに活氣づいてきた時代でもあった。中原各地からインドに赴こうとする僧侶が、先ず敦煌に到着して、ここで更なる行程の旅裝を整え、また苦難の末に西天取經の旅から歸った僧侶が、無事にここまで歸り着いてしばし安堵の刻を過ごしたのも、この敦煌オアシスであったと思われる。

今日、敦煌遺書の中にはこういった西天取經僧に關連する寫本が少なからず殘されている。小文では些かそれら忘れられた求法僧たちの面影を探ってみたい[2)]。

1　道圓

先ず取り上げるべき西天取經僧は道圓である。道圓は宋初乾德三年（965）に佛舍利や貝葉の梵經を攜えて西域より歸國したことが、『宋會要輯稿』、『宋史』、『續資治通鑒長編』、『佛祖統記』などに見えている。いま『宋會要輯稿』によって見ると、以下のようである。

> 宋乾德三年、滄州僧[3)]道圓自西域還、得佛舍利一、水晶器、貝葉梵經四十夾來獻。道圓天福中詣西域、在塗十二年、住五印度凡六年。五印度即天竺也。還經于闐與其使偕至。本（太）祖召問所歷風俗山

> 川道里、一一能記。四年、僧行勤等一百五十七人詣闕、上言願至西域求佛書、許之。以其所歴甘、沙、伊、肅等州、焉耆、龜茲、於闐、割禄等國、又歴布路沙、加濕彌羅等國、並詔諭令人引道之、開寶後天竺僧持梵夾來獻者不絶[4]。

すなわち道圓は五代後晉の天福年間（936-942）に西域に至り、乾德三年（965）于闐（コータン）の使節とともに京師に歸り着いたのである。太祖は道圓を召して、西域印度についての質問をされ、道圓は一々それに答えたという。『宋會要輯稿』にはそれだけだが、『續資治通鑒長編』などでは「上は喜び、賜うに紫衣及び金幣を以てす」とあって、厚く報奬に與ったことが書かれている[5]。

さて宋の太祖が崇佛の念に篤かったことは有名である。即位早々の建隆元年（960）長春節には童行八千人を度せしめ、後周世宗の排佛によって被害を受けた全國佛寺の修復を行わしめるなど、一連の政策を實行した。太祖はまた乾德四年（966）三月[6]、行勤等一五七人の僧が西域に佛書を求めんことを願ったとき、これを許すとともに、沿路の甘、沙、伊、肅州から、焉耆、龜茲、于闐、割祿（カルルク）などの國、また布路沙（プルシャ）、加濕彌羅（カシュミール）などの國に道案内を求める詔諭を出したのである。また各人に錢三萬を賜わるという優遇ぶりであった[7]。こういった積極的な求法僧派遣によって、開寶以降、天竺僧がひっきりなしに梵夾を持って來朝することになった。道圓が歸還したのはその前年の乾德三年（965）十二月のことであった。別の史料によれば、道圓歸國の一年前、乾德二年（964）にも三百人の僧に詔して天竺に送り出し、この一大デレゲーションの中には繼業という僧（俗姓を王と謂い、耀州（陝西）の人）も參加していたことになっているが[8]、乾德二年というのは或いは訛傳で、乾德四年の行勤一行ことをいうものかもしれない。年次も人數も異なってはいるが、二年の内にこのように大規模な派遣を行ったというのはいかにも解せない所である。

『宋會要輯稿』によれば、道圓は、在塗十二年、五印度に住まうこと六年とあるから、印度にいた期間よりも、印度以外の土地にいた期間のほうがずっと長いのが注意を引く。歸國に際して、于闐（コータン）の朝貢使とともに宋の東京（汴京）に至ったのだが、歸路にはコータンにかなり長く滯在したことがわかる。S.6264Versoは大寶于闐國（コータン）の迊摩（贊摩、Tib. Tsar-ma, Khot. Tcarma）寺において、天興十二年（961）二月八日、同國の曹清淨という在家信者に對して八關齋戒を與えた、その戒牒である（圖1）[9]。この時、道圓は「授戒師左街内殿講經談論興教法律大師賜紫沙門」という稱號を名乘っている。おそらくはコータン國で贈られた稱號であろう。またP.2893は料紙14枚を貼り繼いだ『報恩經』卷第四の寫本だが、卷末經題下に「僧性空與道圓雇人寫記」（圖2）とあるので、道圓が性空とともに人を雇って寫させた寫本と分かる。背面は全267行からなる寫本で、大部分（第32行～最後）がコータン文の醫學文獻で、各種の處方が書かれているらしい[10]。コータン文の書かれた面、第11張と第12張、及び第12張と第13張の紙縫部分に、「道圓」の署名がある（圖3）。したがって恐らくは漢文『報恩經』が先に書かれたもので、背面のコータン文はその紙背に書かれた蓋然性が高い。P.2893もおそらくはコータンで寫されたもので、やがて道圓によって敦煌にもたらされたものと思われる。いずれにせよ道圓はコータンから敦煌を經由して歸ったことが分かる。961年にコータンに居たことは上に見たとおりだが、ではコータンに何時やって來たかということは不明である。「在塗十二年」というのは當然ながら印度到達以前の年月も含まれるのであろうが、歸途におけるコータン滯在はかなり長かったのではないかという氣がする。さればこそコータン國で僧として高い地位を獲得しえたのではなかろうか。

さて道圓は太祖の時代に歸國したあと、「紫衣器弊（幣）を賜り、京寺に館す」とあるから[11]、そのまま都の寺院に止まったはずである。そして太宗の時代になって譯經院が置かれ（建物の完成は太平興國七年、982）、法天、天息災、施護といった天竺僧を中心として新たな經典翻譯が開始されると、道圓もまた詔をうけて證梵字に任じている[12]。

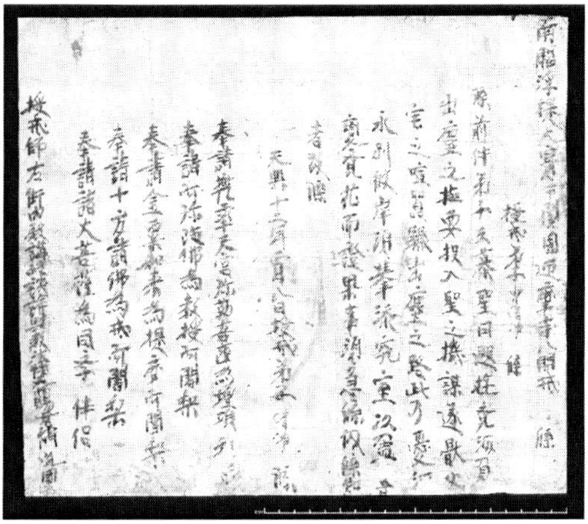
圖 1：S.6264Verso 八關齋戒牒

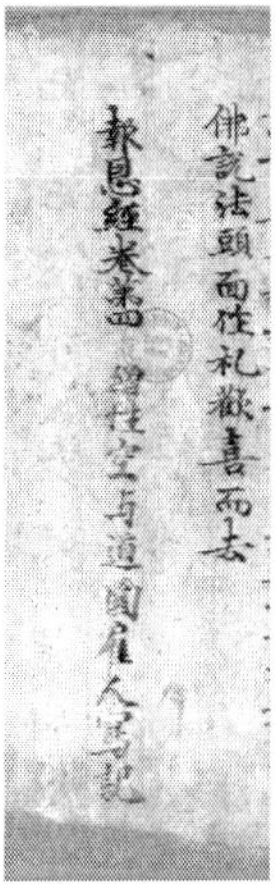
圖 2：P.2893 巻末題記

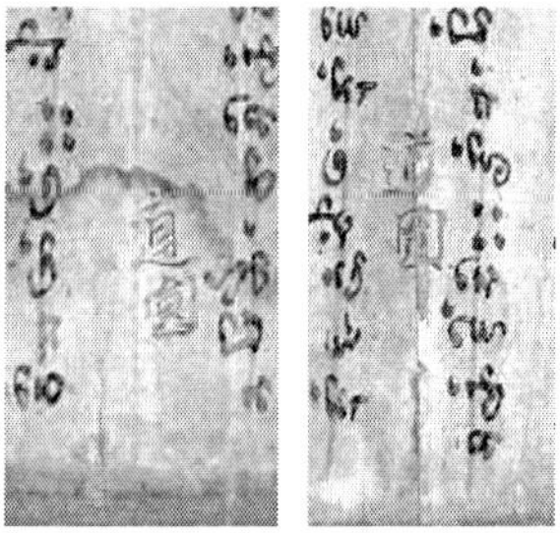
圖 3：P.2893 紙背
左：第 11、12 張紙縫
右：第 12、13 張紙縫

道圓は上に見たとおり、その事蹟が史乘に明らかな人物であるが、旅行記は殘っておらず、西域印度での様子を詳しく知る術がない。その意味では、いま僅かな痕跡ではあっても、敦煌遺書のなかに道圓に關わる當時の材料を見出す事ができるのは、かけがえのない幸運というべきである[13)]。

2　智嚴

智嚴は五代後唐の同光二年（924）の春、西天取經に出發すべく暫し敦煌に滯在していた。この智嚴に關係する敦煌文獻としては、S.5981「同光貳年智嚴往西天巡禮聖跡留後記」（圖4）、及び上博48の第28號『十二時普勸四眾依教修行』の卷末題記、そしてS.2659『大唐西域記』卷一の智嚴題記などがある。先ず第一の文獻を抄出しよう。

大唐同光貳年三月九日、時來巡禮聖跡、故留後記。鄜州開元寺觀音院主臨壇持律大德智嚴、誓求無上普願、救拔四生九類。欲往西天、求請我佛遺法、廻東夏。然願我今　皇帝萬歲、當府曹司空千秋、合境文武崇班、物願歸依三寶。一切土鹿（土庶）人民、息（悉）發無上菩提之心。智嚴廻日誓願、將此凡身、於五臺山、供養大聖文殊師利菩薩、焚燒此身、用酬往來道途護衞之恩。所將有爲之事、迴向無爲之理。法界有情、同證正覺[14]。

また、上博の題記には以下のようにある（圖5）。

時當同光二載三月廿三日、東方漢國鄜州觀音[15]院僧智嚴、俗姓張氏、往西天求法、行至沙洲、依龍光（興）寺憩歇一雨月說法、將此十二時來留教眾、後歸西天去、展轉寫取流傳者也。與敬念。

この二種の文獻によれば、智嚴は俗姓が張氏、陝西鄜州の開元寺觀音院主で、臨壇持律大德の稱號を有する高僧であったらしい。第一の文獻は、「欲往西天」[16]などの口吻より推して、出發前に西天取經を無事に達成できるように祈った願文と考えられる。當代の皇帝は後唐の莊宗李存勗、曹司空というのは曹氏歸義軍の初代節度使曹義金である。この願文を、西天取經の旅より歸った後の作成と見なす向きもあるが[17]、字句からはそのように讀むのは難しい。もし無事に歸還したら、五臺山に行き、身を焚いて文殊菩薩を供養し、道中の加護の恩に報いたいというのである。ともあれ智嚴は、西天取經の途次、雨月の一ト月を沙州の龍興寺に

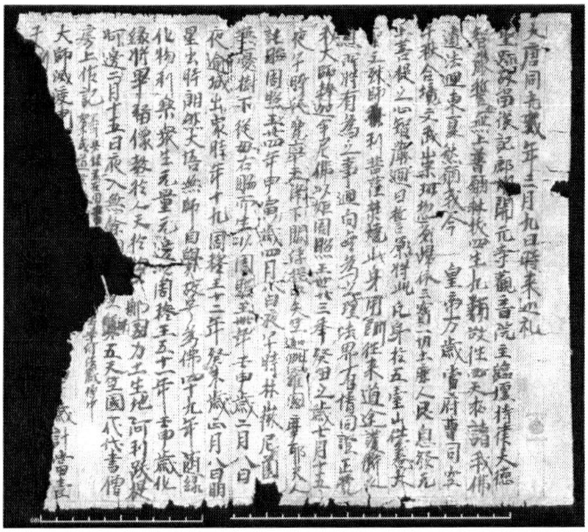

圖 4：S.5981「同光貳年智嚴往西天巡禮聖跡留後記」

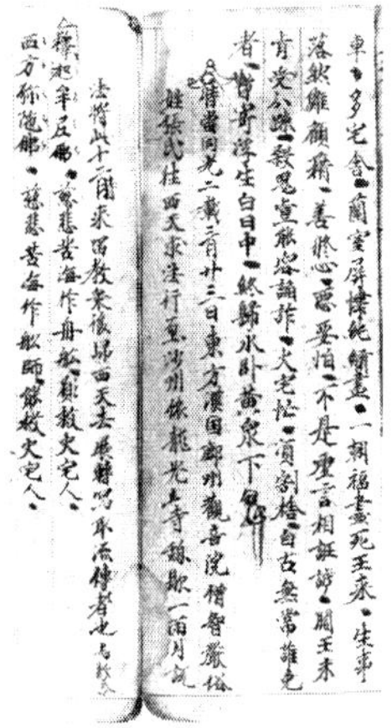

圖 5：上博 48(28)卷末題記

滯在して說法を行ったが、その時に用いたのが長篇の定格聯章「十二時」である。上博の題記に「後歸西天去、展轉寫取流傳者也」とあるのは、自分が西天に去った後も、展轉書き寫して世に流布して欲しい、との意である。「十二時」は繁簡異なるテキストが殘されているが、これは王重民のいう「大十二時」すなわち繁本である[18]。同じテキストの寫本としては P.2054、P.2714、P.3087、P.3286 が殘っているが、そのうちP.2054には「智嚴大師十二時一卷」の題簽（圖 6）が見え、末尾には「同光貳年甲申歲蕤賓之月、蓂彫二葉、學子薛安俊書」及び「信心弟子李吉順專持念誦　勸善」の識語が見える。智嚴の念願通り、人々によって鈔寫念誦されていたことが分かる。「蕤賓之月」は仲夏五月だが、その時智嚴は果たして既に西天に向かい出發していたであろうか。もちろん智嚴が「十二時」の原作者なのではない。說法の際に智嚴によって整理

圖 6：P.2054 題簽
「智嚴大師十二時一卷」

を加えられたテキストである。

S.2659は有名なマニ教『下部讚』だが、この寫本もまた智嚴と關係がある。『下部讚』の背面には『大唐西域記』巻一が鈔寫され、その後に續けて善導の「往生禮讚文」が書かれている。そして「往生禮讚文」の最終行の下に、本文とは異なる小字で「往西天傳一本」と書かれてある。この「西域傳」というのはおそらく『西域記』を指すものであろう。また本來どこに附いていたか不明ながら、一紙片に「往西天求法沙門智嚴西傳記寫下一卷」とあるのは（圖7）、智嚴自身が『西域記』を寫したものと解される。

圖7：S.2659 智嚴題記

序でに、この寫本の成り立ちを考えて見たい。いま假に『下部讚』の書かれた面を表とすると、表は『下部讚』の尾題まで書かれたところで斜めに紙が斷列しており、そこから後は懷素の『僧羯磨』寫本で繼いである。繼ぎ目の部分では『僧羯磨』の文字が隠れるように貼られているのだが、一方、背面の『西域記』はこの個所の文章が繋がっていることを考えると、『西域記』と善導「往生禮讚文」は、智嚴がどこからか工面してきた『下部讚』と懷素『僧羯磨』の古紙を貼り繼いで、その紙背を利用して書かれたものであることが分かる。これから西域の旅に上るに際して、旅行案内の役割を期待したものでもあろうか。ただ不審なのは、せっかく書き寫した『西域記』がなぜ敦煌に殘されたのかということだが、それは全く不明である。いずれにせよ、智嚴が西天取經の旅を終えて無事に歸國したかどうかについても分からない。

3　智堅（志堅）

S.3424『維摩詰經』巻上の紙背にかなり長い菩薩戒法に關するテキストが書かれている。テキストは亂雑に墨で塗抹されたり、刪去されたりしているものの、字句の訂正などは爲されていないので、別途全面的に書き改めるべく一旦取り消したものとも思われる。いずれにせよ、このテキストには巻首と巻尾に、本文と同じ手跡で西天取經僧志堅の書いた文字が見えている。巻首には「往西天取菩薩戒兼傳授菩薩戒僧 志堅 敬勸受戒弟子毎日早起夜頭二時行道焼香淨水供養」とあり、巻尾には「端供（拱）二年（989）九月十六日、往西天取菩薩戒兼傳授菩薩戒僧 志堅 狀」と書かれている（圖 8）[19]。すなわち、この志堅という人物は、西天に菩薩戒の經本を求めるべく、宋の端拱二年九月に敦煌に滞在していたものである。ところが、コズロフがロシアに持ち歸った黑水城（カラホト）文獻のなかに、どうも同じ人物が書いたと思われる寫本が見つかっているのである。それはB63という編號をもつ紙片（圖 9）[20]で、全文は以下のような内容である。

> 端供（拱）二年（989）歳次己丑八月十八日、其漢大師 智堅 往西天去、馬都料賽（塞）亭壯（莊）宿一夜、其廿日發去。其大師 智堅 俗姓董、其漢宋國人是也、年可廿四歳。其縁從大師二人、其法達大師俗姓張、其朔方人是也、廿可三十七歳。其法詮大師俗姓陽（楊）、年可廿八歳、朔方人是也。端供（拱）二年（989）歳次己丑八月十九日往西天取菩薩戒僧 智堅 記。

智堅は、他の二人、朔方人である法達、法詮とともに西天取經旅行の途次、端供二年（989）の八月十九日に馬都料の（管理する）塞亭莊に宿泊し、翌二十日に出立の豫定だというのである。この黑水城文獻については、早く李正宇氏の論考があり[21]、それによるとこの寫本は實際には敦煌文獻であって、何らかの理由で黑水城文獻に紛れ込んだものだとい

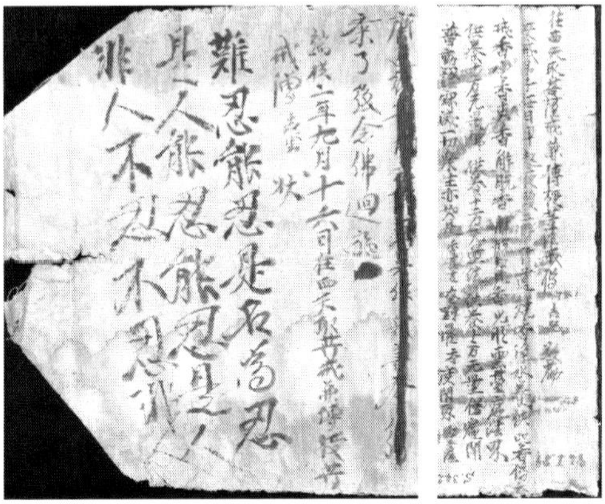

圖 8：S.3424V（右)巻首、(左)巻尾

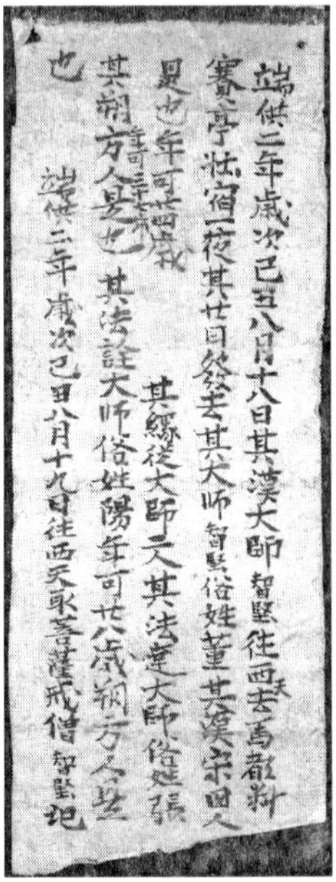

圖 9：俄藏黒水城文獻
B63 智堅題記

う。俄藏敦煌文獻中には間々吐魯番や黒水城の寫本が混入していることはよく知られているが、反對に黒水城文獻として整理されている中に敦煌寫本が混じっていることもあり得ることと思われる。筆者は李氏の觀點に同意するものである[22]。

李氏によれば、俄藏B63が實際には敦煌寫本だとする論據は三つある。先ず「都料」の語は、大工や左官、金工、繪畫や塑像の作成に從事する各種職人の頭（かしら）をあらわす語彙で、敦煌遺書に頻見すること。そして馬都料という人物自身も、非常に年代の近い太平興國七年（982）前後の文書[23]にその名が見えることが第一點。第二は、塞亭という地名が、敦煌城の西にある一村落の名稱であることである。塞亭は、塞庭、塞田とも書かれて[24]、敦煌遺書中に頻見することから、B63の塞亭莊が敦煌の塞亭に置かれたものであることを確認できる。第三は、S.3424の存在である。上に見たとおり、その紙背に書かれたテキストの首尾に「往西天取菩薩戒兼傳授菩薩戒僧」として志堅の名が見えることは、決定的な證據であると思われる。B63にも同じ「往西天取菩薩戒僧」として智堅が見えるからである。志堅と智堅では文字が異なるではないかという疑問は當然起こり得るであろう。しかし、ともに「往西天取菩薩戒僧」であること、また同じく端拱二年の八、九月の出來事であることからして、これが同一人物であることは間違いない。さらに、十世紀河西方言では、志と智とは同音であったことを指摘しておく必要があろう[25)]。「志」は齒音三等の章母字、「智」は舌上音の知母字であって、本來は異なる頭子音を持っていたが、この時代の河西音ではすでに合流して同じ聲母になっていたから、兩者の通用は十分にあり得たのである。韻母のほうも、ともに止攝開口去聲字であるから、こちらも同音になっている。志堅と云い、智堅と云っても、これは同一人物の名を書いたものであることは自明である[26)]。

さて俄藏B63文書には各人の俗姓と年齢、出身地が記されている。末尾には智堅一人の名前しか記されていないが、これは彼が代表として署名したものであろう。この文書の書きざまを見ると、これは旅行者が出境手續きのために提出した一種の通行許可申請書のようなものだったのではなかろうか。これと引き換えに公驗が交付されたのだと思われる。メンシコフ目録によれば、この紙片の上部には墨線が施され、また兩端に二つ穴が開けてあるという[27)]。その形狀から判斷して、もとは他の書類と一緒に綴じて保存されていたことを窺わせる。李氏もこれが公驗を得るためのものだとはするが、記載する内容が簡單にすぎるとして、正式な呈文そのものではなく、メンシコフ目録に從って智堅の「備忘録」(памятная запись) だと見なしている。しかし上に紹介したような墨線や穿孔という特徴からみて、筆者はやはり官衙に保管されてあったものと考えたい。「備忘録」だとして、そのような「備忘録」がどうして智堅たちに必要だったであろうか。また何故それが敦煌に殘されたのであろうか。

問題は、B63には端拱二年（989）の八月二十日には出發の豫定としながら、S.3424には九月十六日とあって、一ヶ月ほど敦煌に居座っている點だが、これは李氏もいうように、敦煌の信者たちに引き留められ菩薩戒を説くなどしていて出立が遅れたと解さざるを得ない。ともあれ智堅たちの目的が單なる西天取經ではなく「菩薩戒」を求めてのことだった點であり、當時「菩薩戒」に對して大きな關心と需要があったことを再認識させる。

4　道猷

北京國家圖書館所藏のBD01904背面は以下のような書面である（圖10）。

奉宣往西天取經僧 道猷 等
　右 道猷 等 謹 詣
　衙 祇 候
　起 居 ~~伏 聽 處 分~~
　賀 伏 聽　　處 分
牒件狀如前謹　牒
　　至道元年（995）十一月二十四日靈圖寺寄住

宋の至道元年（995）、西天取經僧道猷たちが許可を求めて、歸義軍の衙門に申請した文書である。彼らは敦煌の靈圖寺に止宿していた[28]。同じ道猷が歸義軍節度使（大王）に差し出した牒がもう一通殘っている（北大185、圖11）[29]。少し長いが、全文を引用しよう。

靈圖寺寄住僧 道猷
右 道猷 輙有卑事、上告
大王、事屬僭訣、不避罪責、竊以扶
危拔苦、佛佛皆傳、捨罪放僭、
官官盡有、釋門之事、道猷 合言、今因

齋日、特且訴陳、昨於　　有金光明寺令狐
僧正因於小事而相諍、致犯
條令而尤重、既觸
嚴科、理當過咎、蓋為自損、豈是於他、
不慎行藏、冒瀆
嚴駕、蒙
遷流歸於窟谷、受恕免郤返城隍、近
及一周、曾未參請、朝朝而憂愁似醉、
日日而驚怖如癡、具審三界、彷徨無
地。
王臣即莫覿其面、師長即永不聞名、欲
往東西、恐大王恠責、但 道猷 特呈卑狀、冒瀆
台顏、不避僭尤、敢施荒拙、謹於千僧之
會、望恕一人之殃、況有煞人在地、尚
猶放免殘生。今告
大王看議佛之面、放捨郤依舊位
或則別條式、唯將看讀之功上答
遐齡之筭、冒犯
威嚴、伏聽　　處分、謹錄狀上
牒件狀如前、謹牒

書き直しや字を補った個所などもあり、明らかに下書きである。詳しくは分からないが、何か條令に違反することがあって罪を蒙っていたことに對し、赦免を求める文面である。西天取經僧がしばらく敦煌に滯在しているあいだには、こういったアクシデントも間々あったものと見られる。またこの赦免請願と關係があるか否かは不明だが、この牒の前には、道猷が衙門の孔目官に贈った詩が録されている。

夫以因於閑暇採集巴句、幸寄孔目五言二十韻、
伏惟不阻為幸。 寄靈圖寺沙門 道猷 上。

多幸遭逢處、知交信有恩。偏承相見重、頻沐
厚光榮。眷戀常推許、人情毎普平。

二十韻と云いながら、三韻六句しかないのは、書き出したものの途中で止めたものか。道猷が何處の生まれかは不明だが、方音に據ったものか押韻も不正である。

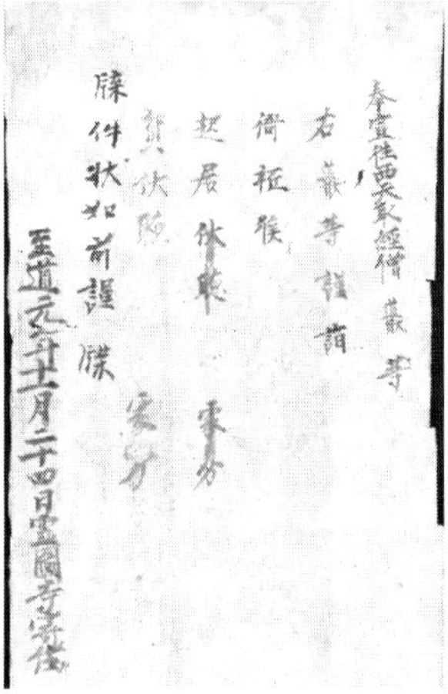

圖 10：BD01904V
至道元年道猷等牒

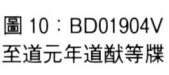

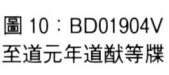

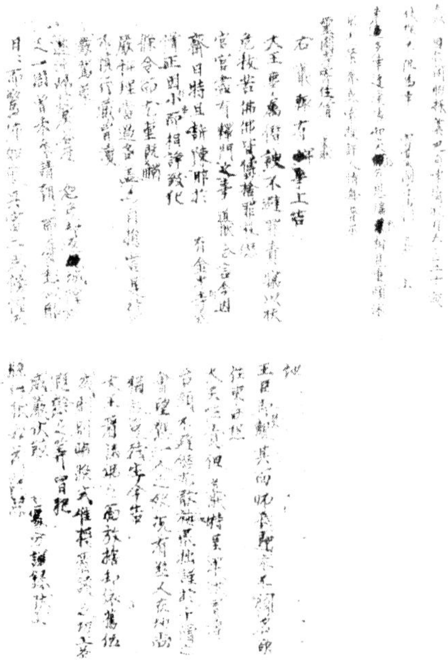

圖 11：北大 D185 Recto(上)、Verso(下)

5　繼從

この僧の名が見える敦煌遺書は二點ある。一は BD13802『法華經』卷第二の卷末題記であり、「西天取經僧繼從、乾德六年（968）二月日科記」と、はなはだ稚拙な文字（朱筆）で書かれている（圖 12）。實は

この寫本は大谷隊の持ち歸ったもので、もと旅順にあったが、現在は國家圖書館に上記の編號で架藏されている。いま一つはP.3023寫本で、末尾に「賜紫沙門 繼從 呈上」とあって、歸義軍節度使に獻呈したものである（圖13）。この時代の節度使は曹元忠、大王を名乘った人物である。寫本の内容はといえば、大乘基（632-682）の『妙法蓮華經玄讃』の序文をそのまま寫したものに加えて[30)]、『法華經』の威力による應驗譚が幾つか擧げてある。例えば、その一つは次のような話である。杜明福の妻は蓮經一部を日夜精進讀誦した結果、命果ててのち長安の賈相公の家に男として生まれ變わった。十八歳の時に本郡の節度使となって、滑州の南門を潛ったところ、前世の家を覺えていたので、邊りの人に杜明福は在宅かと聞くと、居るという。出て來た相手が私を御存じかと聞くので、答えて云うには、私はあなたの妻ですと。その後に續けて、「經之威力、故得如斯、伏惟　大王　採攬」で締めくくるのは、節度使に對して『法華經』を勸めているわけだが、果たしてご嘉納になったか否かはわからない。

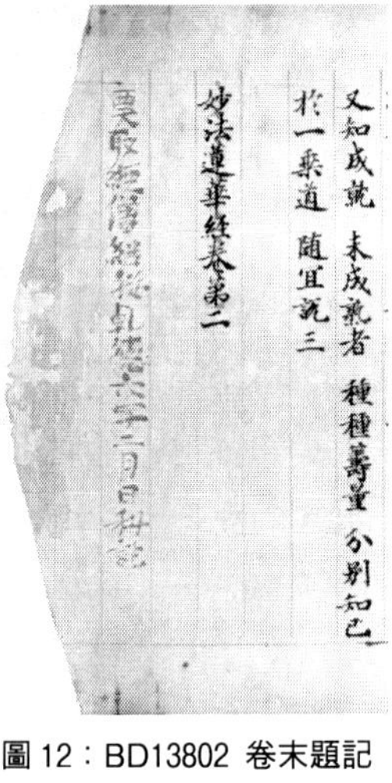

圖12：BD13802 巻末題記

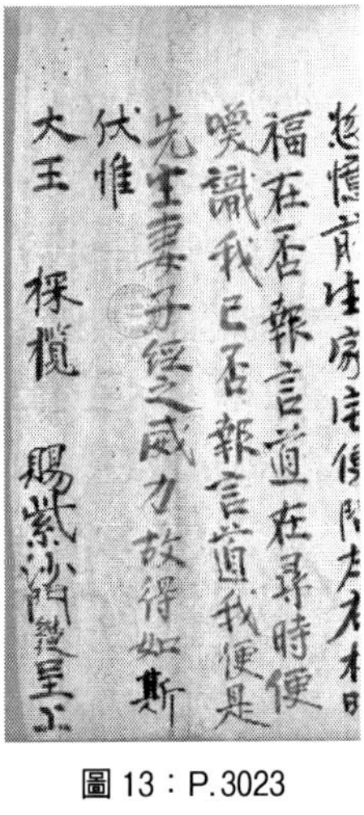

圖13：P.3023

6　歸文

英藏寫本S.529は計六通の書狀と牒とを連寫したものだが、すべて西天取經僧歸文が差し出したものである。もちろん原文書ではなく、寫しである。

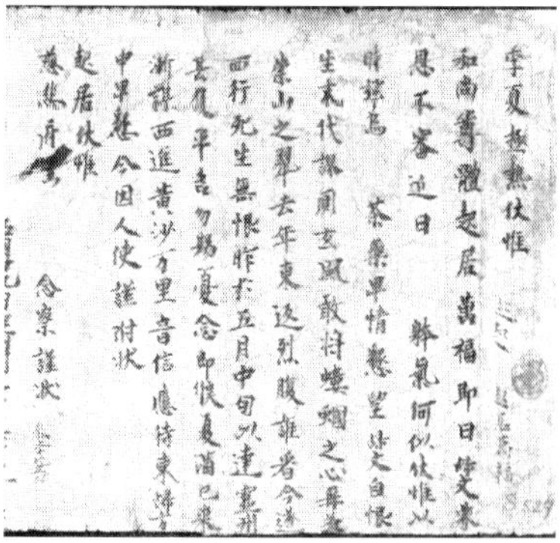
圖14：S.529(1)

書狀は書き止しのものも含めて四通。第一信（圖14）[31]は以下の通り。

季夏極熱、伏惟
和尚尊體起居萬福。即日 歸文 蒙
恩、不審近日　體氣何似。伏惟以
時強為　茶藥、卑情懇望。歸文 自恨
生末代、謬廁玄風。敢將螻蟈之心、再益
崇山之翠。去年東返，烈腹誰看。今遂
西行、死生無恨。昨於五月中旬、以達靈州、
甚獲平吉、勿賜憂念。即候夏滿已來、
漸謀西進、黄沙万里、音信應待東歸、方
申卑懇。今因人使、謹附狀。起居、伏惟
慈悲俯垂　念察、謹狀。
　　　　五月廿九日定州開元寺參學比丘 歸文 狀上。
和尚　案前
　　　謹空

第二信[32]は、評事に送った書信だが、特に注意すべき情報がないので省略する。第三信（圖15）[33]は途中で終わっているが、以下のように同行

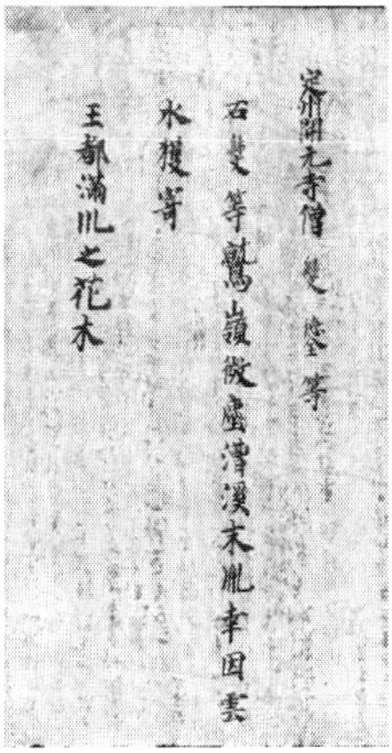

圖 15：S.529(4)

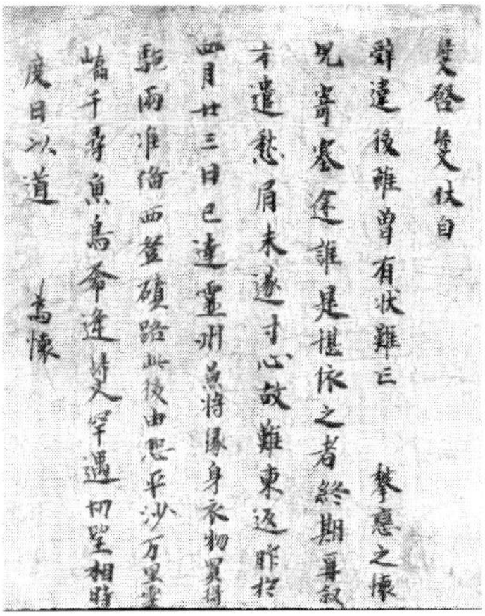

圖 16：S.529(5)

者徳全の名が記されている。

定州開元寺僧 歸文 德全 等
右歸文等、鷲嶺微塵、漕溪末胤、幸因雲
水、獲寄
王都、滿川之花木（下缺）

第四信（圖 16）[34]。

歸文 啟、歸文伏自
辭違後、雖曾有狀、難亡　攀戀之懷。
況寄塞途、誰是堪依之者、終期再敘、
方遣愁眉、未遂寸心、故難東返。昨於
四月廿三日已達靈州、兼將緣身衣物、買得
駝兩，准備西登磧路。此後由恐平沙万里，雲
嶠千尋、魚鳥希逢、歸文 罕遇、切望相時
度日、以道　為懷。

牒は二通ある。第一通（圖 17）[35]は歸義軍の衙門に提出したもので、以下の通り。

定州開元寺僧 歸文

右 歸文 謹詣

衙祇候

起居

令公、伏聽 處分。牒件狀如前、謹牒。

同光二年六月 日定州開元寺僧 歸文 牒

そして第二通（圖 18）[36]。

（前缺）

敕旨往詣西天取經。近屆

府庭、已經旬日。今因巡禮聖跡、得寄

貴封、於寶勝寺安下訖。謹專詣

衙祇候

起居

尚書。伏聽　處分。

牒件狀如前，謹牒。

同光二年五月 日定州開元寺僧 歸文 牒

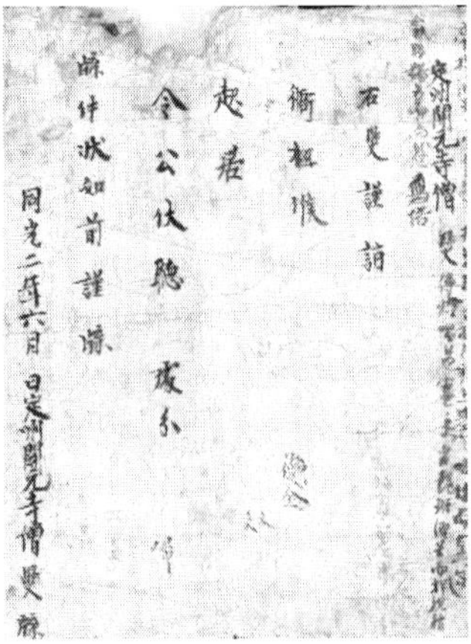

圖 17：S.529(2)

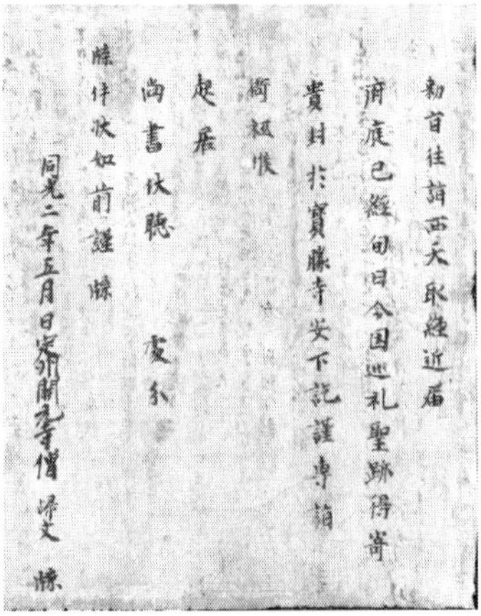

圖 18：S.529(6)

これらの材料から判明することは、歸文は河北の定州開元寺の僧で、同じく德全とともに西天取經を志し、同光二年（924）の五月、靈州を經て敦煌に到ったことが分かる。ただ靈州到着の日附が、第一信では五月中旬であるのに對し、第四信では四月廿三日となっており、大きな開きがあるのが氣になる。もし單純な間違いでないとすれば、何かこのように云う事情があったのかも知れない。

牒文のほうは、第一通が歸義軍の衙門に提出したもので、日附が六月になっていることを勘案すると、敦煌を出發するに際して公驗を求めたものと思われる。奇妙なのは第二通で、こちらは寶勝寺に宿ったというが、寶勝寺は敦煌の寺ではない。李軍・趙青山は、上掲書狀に見えるとおり、歸文が靈州を通過していることを根據として、靈州の寺院だとする[37)]。もちろん他の城市である可能性も完全には排除しがたいが、「府庭に着いてすでに旬日」とあって、旬日の滯在に値する町と云えばやはり靈州が相應しいと云わざるを得ない。いずれにせよ敦煌に到着する前の牒文の下書きを保存していたのである。

7　彥熙

P.2605「燉煌郡羌戎不雜德政序」（圖 19）は作者を「洛京左街福先寺講唯識百法因明論習修文殊法界観西天取經賜紫沙門彥熙述」とするように、洛陽福先寺の西天取經僧彥熙が執筆した文章である。この人物の手になるものとしては「常定政事樓廳」（P.3276V、圖 20）という文章もある。前者は「大王」の德政を讃える文章であり、後者にはこの廳舍が新築された年を「龍集於［赤］奮若」としていて、丑年を示している。これらはこの二つの文章、延いては彥熙の敦煌滯在の時期を特定する上で大きな手掛かりとなる[38)]。曹義金が大王を稱したのは長興二年（931）で、天福四年（939）に逝去、また曹元忠は乾德二年（964）年から大

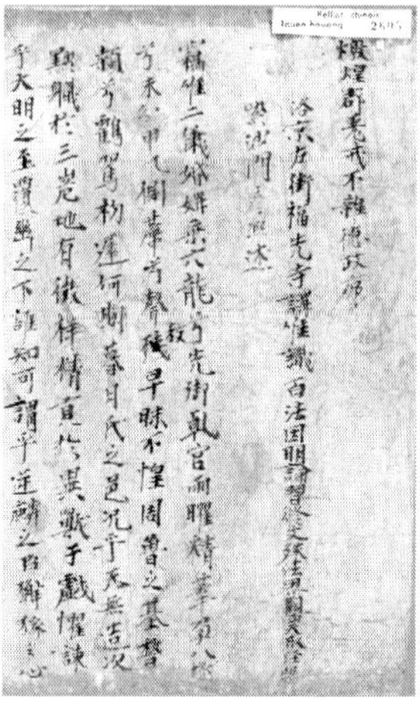

圖 19：P.2605
「燉煌郡羌戎不雜德政序」(首部)

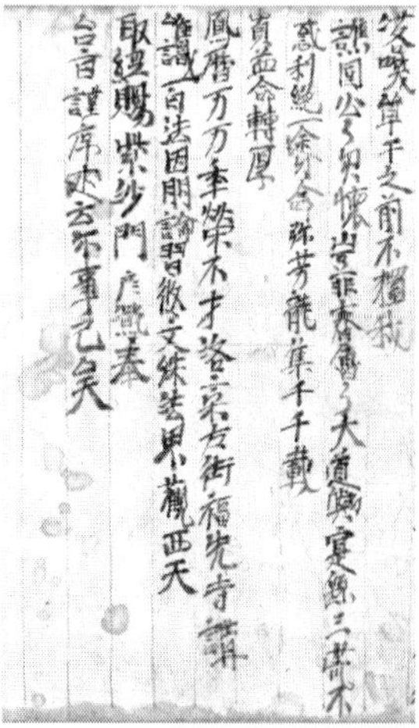

圖 20：P.3276V
「常定政事樓廳」(尾部)

王を稱している[39]。さらに曹延禄もまた太平興國九年（984）から敦煌王を稱している。彼らの在位中の丑年は、曹元忠の乾德四年（965）と曹延禄の端拱二年（988）、咸平四年（1001）年となって、曹義金の時代は除外せざるを得ない[40]。さらに「常定樓」という政事堂の竣工が曹元忠の時代であることは、別の文獻でも明らかである（P.2481V7）[41]。

8 善光

S.4537V（圖 21）に善光という僧が西天巡禮の目的で歸義軍の衙門に公驗を乞うた牒が殘されている。

(前缺)

太傅之恩，敢賀［

合，不犯威儀，先有鴻願之期，巡禮西天之境。今者

向西路龕般次往行，雖有此心，不能前進。伏望

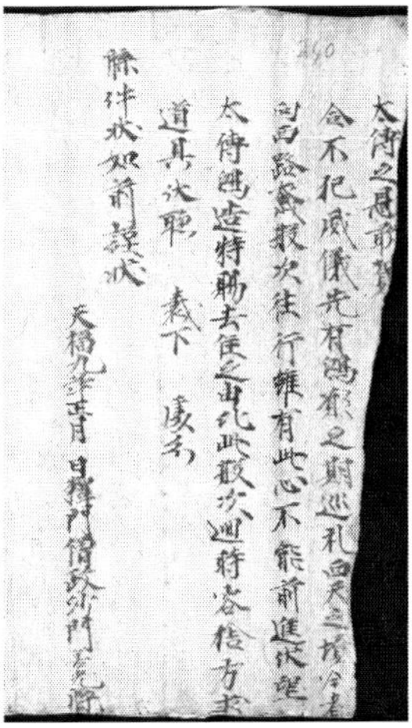

圖 21：S.4537V

太傅鴻造特賜去往之由，[42]此般次迴時，容捨方求

道具，伏聽　裁下 處分

牒件狀如前謹狀

天福九年（944）正月　日釋門僧政沙門 善光 牒

内地から敦煌を經由する僧は大抵自らの屬する寺院を明記するが、この善光は單に「釋門僧政」を名乘るのみである。僧政は歸義軍期の敦煌において、下級僧官として寺務を執り行う僧を指し、その數は隨分多い[43]。敦煌遺書中にはこの時代の前後に善光という僧政を見出すことは出來ないが、しかし彼が敦煌の僧侶で、西天取經を目指したと考えることは不可能ではない。

9　法宗

國家圖書館 BD02062『維摩經』の背面（圖 22）に、次の二行が書かれている。

大周廣順八年（958）歲次七月十一日西川善興大寺西院法主

大師法宗往於西天取經流爲郡主　大傅（?）…

この四川善興寺の僧法宗もまた印度に赴こうとした人である。ただ下書きの、しかも書き出しのみしか殘っておらず、詳細は不明である。

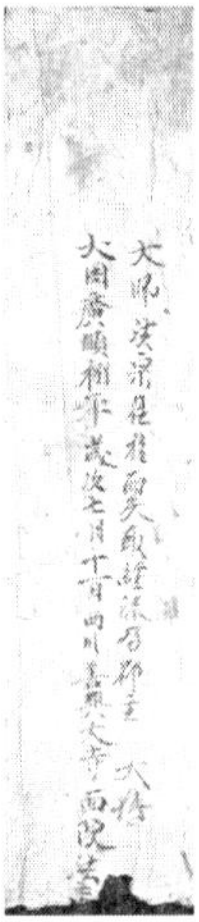
圖 22：BD02062V

10　永進

BD15387『佛說無常經』一卷には、以下の卷末題記が附いている（圖 23）。『無常經』はまた「三啓經」ともいい、題記に「三稽經」というのはもとより音通である。

大宋開寶四年（971）散此隨年無常三稽經四十卷。施主奉宣往西天取經僧永進，兼誦得此經，因為病重發願書寫，先願皇王萬歲，郡主千秋，國泰人安，時豐歲稔，然願夫人貴壽福樂百年，管內僧俗並皆樂業，法界有情，同登彼岸。

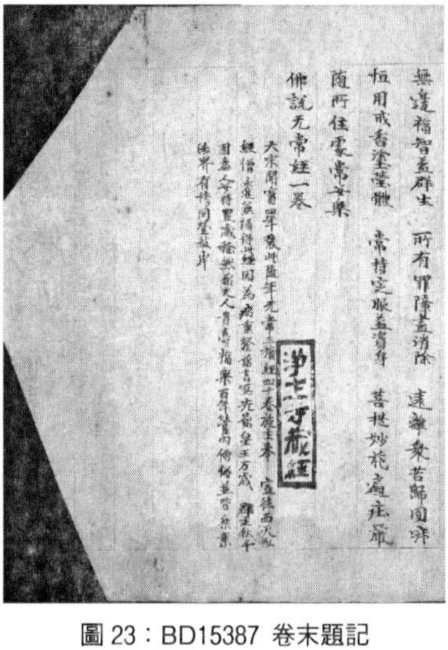
圖 23：BD15387 卷末題記

題記によれば、永進はこの經を四十巻散施したと言い、しかも「随年」というから一定程度長く敦煌に居住したことが窺える。また「病重」ともあって、これから長旅に出發するような風にも見えない。あるいはすでに西天取經を終えて、敦煌に定住した僧でもあろうか。

11　法堅

法堅の名はP.2726の「發願文」の作者として現れる。西天取經の語は見えないものの、文中の「昨奉聖命，西放（訪）遺形，叨習未來梵夾」及び「又蒙大王留連且住，未得西行」の語から（圖24）[44]、この人物もやはり西天取經僧の一人として敦煌に來たこと、そして「大王」から引き留められて、この時點では未だ出發しえていないことが分かる。「大王」以外に、「梁國夫人」の語も見え、歸義軍節度使曹元忠が「大王」を稱した時期、964-974年の文書であることがわかる[45]。その後、法堅が果たして初志を貫き、西天取經の旅に上ったかどうかは、據るべき材料がない。

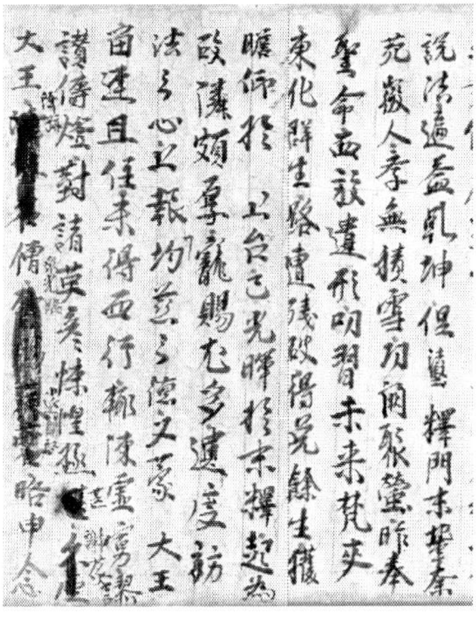

圖24：P.2726 關連部分

おわりに

以上、敦煌遺書中に見える西天取經僧を概觀した。すべて十一名。彼らの出身地を見ると、中には敦煌現地の僧と思われるものも居なくはないが、大抵は内地から一時的な經過地として敦煌に來ていることが知られる。しかも出發地は各地に亙っていて、西天取經の動きが全國の佛教界に擴がっていたことを示している。また彼らが敦煌に滞在した年代について言えば、智嚴と歸文がともに同光二年（924）で、例外的に早いが、十一名中七名、すなわち過半が960年の宋代以後であることが注目される。すでに小文の最初に觸れたように、宋初には西天取經が一種のブームになっていた。この時期には國家的奬勵もあり、多數の僧侶が印度を目指したのである。ただ人數が多くなると、個々の僧の資質にも問題の出てくることは避けがたい。『佛祖統記』に、真宗咸平六年（1003）のこととして、以下のような記述がある[46]。

> 知開封府陳恕言：“僧徒往西天取經者、臣嘗召問、皆罕習經業、而質狀庸陋、或往諸蕃必招輕慢。自今宜試經業察人材、擇其可者令往。”詔可。

無學で資質の劣る僧を外國に送り出しては、馬鹿にされるばかりなので、試驗を行った上で派遣すべきだという、開封知府陳恕の獻言を認可したというのである。それほど西天取經僧の數は多く、大抵はその資質に問題のあったらしいことが想像される。

以上、計十一名の西天取經僧の中では、最初に取り上げた道圓が史乘にその名を留めている以外には、傳世文獻には誰一人としてその影すら窺うことが出來ないのは、こういった事情が背景にあるものと思われる。ともあれ十世紀、とりわけその後半の五十年間の敦煌では内地からの西天取經僧でにぎわったらしい。

圖版の出處一覽

圖 1：S.6264Verso　國際敦煌項目（IDP）
圖 2：P.2893　フランス國立圖書館 Gallica
圖 3：P.2893Verso　フランス國立圖書館 Gallica
圖 4：S.4981　國際敦煌項目（IDP）
圖 5：上博 48(28)『上海博物館藏敦煌吐魯番文獻』②
圖 6：P.2054 題簽　フランス國立圖書館 Gallica
圖 7：S.2659　國際敦煌項目（IDP）
圖 8：S.3424Verso　國際敦煌項目（IDP）
圖 9：俄藏黑水城文獻 B63　©IOM RAS
圖 10：BD01904Verso　國際敦煌項目（IDP）
圖 11：北大 D185『北京大學藏敦煌文獻』②
圖 12：BD13802　國際敦煌項目（IDP）
圖 13：P.3023　フランス國立圖書館 Gallica
圖 14～18：S.529　國際敦煌項目（IDP）
圖 19：P.2605　フランス國立圖書館 Gallica
圖 20：P.3276Verso　フランス國立圖書館 Gallica
圖 21：S.4537Verso　國際敦煌項目（IDP）
圖 22：BD02062Verso　國際敦煌項目（IDP）
圖 23：BD15387　國際敦煌項目（IDP）
圖 24：P.2726　フランス國立圖書館 Gallica

注

1）もっとも唐の貞元以降には譯經も途絶し、勢い西天取經僧の數も減少したと思われるが、さりとて絶無であったとは思えない。少なくとも開元の頃までは、まま印度に赴く求法僧が存在した。例えば玄宗の開元七年には、長安罔極寺の沙門慧日が往返二十年、七十國を遍歷して歸國しているし、かの新羅の僧慧超が求法の旅を終えて、開元十五年に安西に到着している。

2）榮新江『華戎交匯 ── 敦煌民族與中西交通』（蘭州：甘肅教育出版社、2008年9月）中の「往來敦煌地區的求法僧人」（113-118頁）は關連資料の極めて有益かつ詳細な紹介である。小文も、同文に負うところが大きい。

3）道圓は滄州僧ということになっているが、實際には現在の山東省無棣縣の人である。元の于欽『齊乘』やそれを承けた『宋詩記事』などは無棣僧と書いているが、より古い史料はみな滄州僧としている。これは無棣は宋代には河北の滄州に屬していたからで、異なる出身地を指しているわけではない。

4）徐松輯『宋會要輯稿』、1936年、國立北平圖書館景印本，第197冊、蕃夷四、88頁。

5）〔南宋〕李燾『續資治通鑒長編』卷六、1979年、北京：中華書局、第2冊、

161 頁。

6）三月は『宋會要輯稿』による。その第 200 册、道釋二、5 頁「傳法院」の項。

7）同上。

8）〔南宋〕范成大『呉船録』巻上、寛政 6 年和刻本、第 20 葉：「（峨眉山牛心寺）此寺即繼業三藏所作。業姓王氏，耀州人，隷東京天壽院。乾徳二年詔沙門三百人入天竺求舍利及貝多葉書，業預遣中。至開寶九年（976）始歸，寺所藏涅槃經一函四十二卷，業於每卷後分記西域行程，雖不甚詳，然地里人略可考，世所罕見，録於此以備國史之闕。」この後に引かれる繼業の旅行記は、早くにフランスのジュリアンが注目して紹介している。Renseignements bibliographiques sur les relations de voyages dans l'Inde et les descriptions du *Si-yu*, qui ont été composées en chinois entre le Ve et le XVIIIe siècle de notre ère, *JA*, 1947, p.278. またシャヴァンヌはこれを佛文に翻譯した。L'itinéraire du pèlerin Ki-ye 繼業 dans l'Inde. *BEFEO*, 1902, 256–259.

9）この戒牒の道圓が乾徳三年汴京に歸着した道圓その人であるとしたのは井ノ口泰淳氏である。その「ウテン語資料による Viśa 王家の系譜と年代」、『龍谷大學論集』第 364 號、36 頁。のち同氏著『中央アジアの言語と佛教』（京都：法藏館、1995 年 11 月）に收録、その 235 頁。また張廣達・榮新江『于闐史叢考（増訂本）』（北京：中國人民大學出版社、2008 年 9 月）、28–29 頁。

10）R.E.Emmerick, *A Guide to the Literature of Khotan*, Second Edition（Studia Philologica Buddhica, Occasional Paper Series, III）, Tokyo: The International Institute for Buddhist Studies, 1992, p.45. 寫本全體の録文が H.W.Bailey, *Khotanese Texts*, Vol.III, Cambridge Univ. Press, 1969, pp.82–93 に見えている。また第 7 行～ 19 行ではコータンの八大菩薩が説かれ、その録文及び譯文が Bailey, Hvatanica IV, *BSOAS* 10, 1942, p.892–893 に見える。

11）『宋會要輯稿』、第 200 册、道釋二、5 頁「傳法院」の項。

12）〔宋〕贊寧『宋高僧傳』巻第三「論」、北京：中華書局、中國佛教典籍選刊本、1987 年 8 月、58 頁。

13）道圓の事蹟については、土肥義和「大宋の道圓三藏と西域旅行」『國學院雜誌』第 103 編第 10 號、32–33 頁、が短文ながら要領よくまとめてあるので、參照されたい。

14）この後に「我大師釋迦牟尼佛…」に始まる『付法藏傳』からの抄録があるが、智嚴の動向とは關係がないので省略する。

15）S.4793『大寶積經』巻一百一の紙背にも「時當同光二載三月廿三日，東［方］漢國鄜州觀音」の書き止しと思われる一行が見えるのは、上博題記の一部とみられる。牧田諦亮氏は、この一行を S.5981 と關係あるものと見なしたのは間違いではないが、より正確には上博 48–28 號に關連づけるべきである。牧田諦亮「五代宗教史年表」『五代宗教史研究』（京都：平樂寺書店、1971 年 3 月）、「同光二年」の條。のち『牧田諦亮著作集』第四巻（京都：臨川書店、2015 年 5 月）に收録、その 41 頁。

16）『敦煌遺書總目索引』（北京：中華書局、1983年6月）、233頁では、「故往西天」に作るが、誤り。

17）任半塘『敦煌歌辭總編』（上海古籍出版社、1987年12月）、下册、1583頁に「曾往西天求法」という。

18）王重民「説《十二時》」, 上海『申報』「文史」二十二期（1948年5月8日）、のち同氏『敦煌遺書論文集』（北京：中華書局、1984年4月）に收録、その158-163頁。

19）巻尾のさらに後にかなり大きな文字で「難忍能忍是為忍、是人能忍能忍是人、非人不忍不忍非人」と書かれているが、これは別人による落書きの類で、當面考慮の外に置いてよいと思われる。

20）『俄藏黑水城文獻』第6巻（上海古籍出版社、2000年）、65頁。

21）李正宇「俄藏《端拱二年八月十九日往西天取菩薩戒僧智堅手記》結疑」、甘肅敦煌學會、社科縦横編輯部合編『敦煌佛教文化研究：敦煌佛教文化研討會論文集』（蘭州：社科縦横編輯部、1996年1月）、3-11頁。

22）一體にロシアのコズロフ隊が黑水城（カラホト）から持ち歸ったとされる文獻のなかで、端拱二年（989）の紀年を有する本文書は、とりわけて年代の古いものである。この時點では西夏國未だ建國されておらず、黑水城の築城はおろか、西夏の勢力はまだこの地域に及んでいなかった。その意味から言っても、B63を黑水城文獻だと見なすには無理があるように思われる。

23）李氏S.6452(1)(2)「淨土寺破曆」を擧げる。

24）李氏は「亭」と「田」を同音通假とするが、この點は承服し難い。この「田」は文字どおり田地の意味に解すべきであろう。

25）拙著『敦煌資料による中國語史の研究』（東京：創文社、1988年2月）、76頁以下の「齒音二・三等及び舌上音の區別について」を參照されたい。

26）李正宇氏は、本來の法名は智堅だったが、出發が遅れたため、西天取經の意志を更に堅くするという意を込めて志堅に改名したのではないかとする。上掲論文7頁。一つの考え方として附記する。

27）Л.Н.Меньшиков, Описание китайской части коллекции из Хара-хото(фонд П.К.Козлова), Москва: Наука, 1984, с.401. 孟列夫『黑城出土漢文遺書敍錄』（王克孝譯、銀川：寧夏人民出版社、1994年11月）、304頁。ただし、どういうわけか、中譯本にはこの記述が漏れている。

28）沙州城の西南李先王廟の附近にあった。内地から西域印度に赴く求法僧は多くがこの寺院に止宿したものという。李正宇「敦煌地區古代祠廟寺觀簡誌」、『敦煌學輯刊』1988年1、2期合刊、77頁。

29）北大D185、R及びV。原寫本は一枚の表、裏に連續して書かれ、録文の中間「地」字以降が背面の文字である。『北京大學藏敦煌文獻』②（上海古籍出版社、1995年10月）、185頁。

30）序の前に、『玄讃』の構成を説明する一段があるが、この部分は現行本に見えない。

31）S.0529（1）。

32）S.529（3）：「歸文啟、季夏極熱、伏惟評事尊體動止萬福。即日歸文蒙恩、不審近日尊體何似、伏惟以時倍加保重、遠情禱望。歸文伏自去歲今年皆蒙供養獎顧之外、銘荷空深。（下缺）」

33）S.529（4）。

34）S.529（5）。

35）S.529（2）。

36）S.529（6）。本文書は末尾の側から書かれ、上下も逆になっている。

37）李軍・趙青山「《唐五代佛寺輯考》續補 —— 以敦煌吐魯番文獻爲中心」、『西北大學學報（哲學社會科學版）』第 40 卷第 4 期（2010 年 7 月）、66 頁。

38）王志鵬「敦煌僧人彥熙生平創作考論」、『敦煌研究』2004 年第 1 期、67-72 頁を參照。

39）榮新江『歸義軍史研究 —— 唐宋時代敦煌歷史考索』（上海古籍出版社、1996 年 11 月）、第二章「歸義軍歷任節度使的卒立世系與稱號」を參照。

40）上掲の王志鵬論文では「燉煌郡羌戎不雜德政序」に描かれる相貌が、他の文獻に見える曹義金に近く、また大王の稱號が曹義金の死後にも用いられた前提に立って、これらの文章を曹義金時代のものとしたが、依據し得ない。

41）文中に「我曹公常定樓」とある。*Catalogue des manuscrits chinois de Touen-houang,* I（Paris, 1970）, p.302, "Texte de commémoration de la construction d'une maison à étages". 敦煌研究院編『敦煌遺書總目索引新編』（北京：中華書局、2000 年 7 月）は「建常定樓記（擬）」とする。

42）「此」字の前に「比」字があるが、恐らくは衍字。

43）竺沙雅章『中國佛教社會史研究』（増訂版、京都：朋友書店、2002 年 1 月）、378 頁以下「僧政と法律」の項を參照。

44）圖 24 には關連語句の見える部分のみ掲げた。

45）榮新江『歸義軍史研究 —— 唐宋時代敦煌歷史考索』（上海古籍出版社、1996 年 11 月）、122 頁。

46）『佛祖統記』卷四十四、『大正藏』第 49 卷、402 頁下欄。

Kansai University Institute of Oriental and Occidental Studies Research Reports Series
Studies of Excavated Non-Classical Material

Studies of Non-Classical Materials Excavated in areas adjacent to China (Sequel)

Contents

【執筆者紹介】（執筆順）

森部　豊　研究員・関西大学　文学部教授

篠原啓方　研究員・関西大学　文学部教授

毛利英介　非常勤研究員・関西大学　非常勤講師

山本孝子　非常勤研究員・関西大学　非常勤講師

高田時雄　委嘱研究員・復旦大学　歴史学系特聘教授

玄　幸子　主幹・関西大学　外国語学部教授

関西大学東西学術研究所研究叢書 第6号

続　中国周辺地域における非典籍出土資料の研究

令和2（2020）年1月31日　発行

編著者　玄　幸子

発行者　関西大学東西学術研究所
〒564-8680　大阪府吹田市山手町 3-3-35

発行所　株式会社　ユニウス
〒532-0012　大阪府大阪市淀川区木川東 4-17-31

印刷所　株式会社　遊文舎
〒532-0012　大阪府大阪市淀川区木川東 4-17-31

ISBN：978-4-946421-71-6 C3020

今西ノートからみる[1]ロンドンでの内藤湖南敦煌遺書調査

玄　幸子

内藤湖南が大正十三年から十四年にかけて敦煌写本の調査のため欧州へ渡航したことはよく知られるところであり、関西大学図書館内藤文庫に所蔵される当時の調査記録については『内藤湖南敦煌遺書調査記録續編——英佛調査ノート[2]』として全冊影印出版済みである。

今回取り上げるのは、当時在外研究でヨーロッパに滞在中であった今西龍[3]が湖南一行と合流して調査したロンドンでの記録である。前回の影印出版を補う貴重な資料であり、当時の調査の状況を知るうえでも大きな意味を持つ。よって筆写部分についてすべて写真を附して検討することにする。

まず体裁であるがW.STRAKER社の黒表紙、縦22.5×横18.0のノートを使用しており、これは湖南一行の記録ノートのうち三冊と同じものである。[4] ページを繰ると最初にスタイン整理番号順にページを附した目次があり、更に繰ると「陪観西陲古文書録／The Stein's collection (British Museum)／大正十三年九月於ろんどん／内藤先

生ニ随行シテ／今西龍」と表題及び署名があり、まぎれもなく湖南一行随行時の記録ノートであるとわかる。記録されているのは全三十七件であり、その詳細はノートの記述に従って記せば次のとおりである。

第一回　大正十三年九月四日　十三点
S.374　S.479　S.77　**S.373**　S.133　S.78　S.276　S.19(1–2)　S.196　S.10　S.376
S.80　(S.63)[5]

第二回　大正十三年九月六日　二点
S.602　S.466

第三回　大正十三年九月八日　三点
S.785　S.713　S.2658

第四回　大正十三年九月九日　一点
S.1086

第五回　大正十三年九月十日　三点
S.1722　S.527　S.1441

第六回　大正十三年九月十一日　四点
S.2717　S.2103　S.2593　S.**2607**

第七回　大正十三年九月十二日　五点
S.2832　S.3392　S.2973　S.3540　S.3287

（第八回）大正十三年九月十五日　　一点
S.86
（第九回）大正十三年九月十六日　　五点
S.217　S.736　S.618　S.6264[6]　S.113

以上三十七件について、他の調査ノート四冊[7]との異同を中心に検討を加えるが、ロンドンでの調査について湖南自身の日記[8]に拠って再度確認しておく。大正十三年九月大英博物館敦煌文献資料調査に関連する記述を抜き出すと次のとおりである。

大正十三年

八月三一日　**今西**氏をポーチエスター、テレースに訪問し、共に出でゝハイドパークを逍遙し、今西氏の許にて晩餐を饗せられ、近日中その旅宿に移轉の事を決す。

九月　一日　ブリチシ、ミユゼアムに到り、……此日同行せるは、長、**今西**、石濱、鴛淵及乾吉なり。

二日　又大英博物館にジャイルス氏を訪ひ、持參せる諸書を贈り、スタイン、コレクションを觀覽せんことを求めしに、現に讀書室休暇中なれば、五日以後ならでは觀覽出來ずと答へられ、……已むを得ず五日まで待つことゝなれり。東洋館に歸り、荷物を調へ、ポーチエスター、テレースに移轉す。

五日　ブリチシ、ミユゼアムに赴く。此日よりスタイン、コレクションを見る。此日所見十五通。

六日　博物館に至る。此日所見十二**通**。
八日　……博物館に至る。所見十一**通**。
九日　博物館に至る。……館を出で、後、大使館事務所に至る。
十一日　……博物館に至り所見二〇**餘通**。
十二日　博物館に至る。
十三日　博物館に至る。所見僅に**四通**。
十五日　……午後博物館に至る。……再閲の必要あるもの及び現に抄本室に陳列中のものを見んことを求め、その内**四通**を見るを得たり。
十六日　此日博物館にて敦煌書中抄本室陳列のもの**廿一通**を見る。
十九日　此日博物館にて再閲を請へるもの、内二**通**を示さる。毛詩と兎園策府なり。毛詩を校正し、その裏書を寫し取る。
廿四日　……**今西**、石濱二君と博物館に至り、バーネット、ジャイルス氏兩博士に辭別し、且ジャイルス博士に請ふて敦煌本化度寺碑を觀、……
二七日　……鴛淵氏博物館の寫眞を持ち來る。

今西ノートの第一回は日付が四日になっているが、五日の誤りであろう。湖南の日記の記述によれば、五日がスタイン、コレクションの調査初日であり十五件調査をしたとある。今西ノートの第一回もまず番号が1から15まで振られており、件数が恐らく十五であった点も一致する。今西ノートの第一回目は、次の通り整理番号と資料

名のみの記載から始まっている。

第一回　大正十三年九月四日

1 道至元二年新郷衆百姓漢子謝司徒施麦恩牒[9]　S.374.

2 S.479.　太公家教一巻　乾符六年

3 S.77.　荘子ノ語アルモノ

4 S.373.　皇帝癸未年云々　詩集断片

5 S.133.　左傳断片

6 S.78.　類書断片

7 S.276.　古暦断片

8 S.19(1-2).　古文書断片　後ニ経巻ノ表紙トナセルモノ

9 S.196.　顕徳五年二月左街洪範大師文書

10 S.10.　詩経断片

11 S.376.　詩集断片

12 S.80.　无上秘要巻十断片　開元六年二月八日沙州燉煌縣神泉観士馬處出等写経供養

13

14

15

(6)
⑿　太上洞玄靈寶無量度人上品妙經

この後、詳細を記録しているのは太字で示したS.373とS.374のみである。

S.374については、「m.295×m.41.」と大きさを記した後に録文、さらに(a)(b)(c)と注を附し、最後に「各行文字ニ大小アリ字数不同．今原本一行ヲ一行ニ写ス」と録文の方針を明記してある。録文は字体をそのまま写し取り、「囙（因）」「㨂（牒）」「畨（番）」などの俗字体もよく写してある。「叅」を「參」に不用意に写した個所もあるが、ほとんど写し誤りは見られない。このS.374については、37-1スタイン将来資料にも記述があるが、録文はなく、資料名と紀年および、「道至元二年正月　日ト見エ　五代．宋初手．白麻紙」と記録するのみである。

S.373は「1m.20×m.285.」[10]と大きさを記した後に録文、さらに(a)(b)(c)と注を附す形式は先に同じであるが、原本の一行の文字数が少なくノートの下半分に生じた余白にさらに注を付けている。最初に「原本各行字数不同　今原本ノ一行ヲ一行ニ写ス」とあり、「題南獄山七言」詩の下に「字稍細カキヲ以テ原本ニハ一行トナル」「〃」「〃」とあるほかは、「題尼蓮河七言」詩の最終行下に「此行?.」とある。これは原本では行頭の「千秋」は改行されず前行の「幾」字の後に続くのであるが、この二文字をなぜか次行におくって書写したものを後で疑問に思ってメモを付けたということであろう。この部分は録文時のメモではなく、後に付けられたものであるとわかる。後に付されたと考えられるものに、最初の行に朱で「後唐時詩集」とあるのもそうであろう。また、録文終了箇所に縦の区切り線を附しその後に「右内藤先生曰唐末五代写　紙ハ所謂敦煌紙ナリ　厚クシテムラアリ」と説明が付され、さらにそれに続けて、別の手で「癸未年即後唐荘宗同光元年　此歳滅梁也　虎」とあり、これは署名付きの湖南の書入れと思われる。さらに同じ手で「春二月ヤリツヂア出ヅ」[11]とあり、これも湖南の書入れであろう。なお、

このS.373は他のノートには記録がない。

では、スタイン番号と資料名だけを記した他の調査状況がどうであったか、別のノートの記録状況を見てみよう。先述の「1、S.373」と「4、S.373」を除くものについて今西ノート記載の順に見ていくと次のとおりである。

2、「S.479　太公家教一巻　乾符六年」

37-1 スタイン将来資料にS.479を丸で囲み「太公家教一巻　欠首　敦煌紙　／　[乾]符（乾？符？）六年正月廿八日學生呂康三讀誦記[12]」とあり、さらに「（濱田氏標題云々）」というメモ書きが付されている。録文なし。

3、「S.77　荘子ノ語アルモノ」

38-3 スタイン将来資料では、S.77を丸で囲み、その下に「◎△　荘子郭注外物篇／四十五行／世字民字缺筆」とあり、さらにその下方に横書きで「（P.2688ヘツヾク）」と注した後に、第1、2、3、7、17、27、33、45行を録し、最後に「以上四十五行／黄麻紙」と記録する。

39 倫敦補遺では、スタイン番号に続けて「荘子？　黄麻唐寫／已照」、上欄に「卌五行／世字民字缺畫」とあり、最初と最後の行だけを録している。

5、「S.133　左傳断片」

37-1 スタイン将来資料ではS.133を丸で囲みその上部に◎右部に△を附してある。「左傳　襄公　附有伝無経左氏……」と書いたものを「襄公」以外を塗りつぶし消去し「群書治要五　春秋左氏傳　襄公　唐写本」と改め、「九年秦景公／十一年諸侯復伐鄭／十三年晋侯蒐于綿上／十四年衛献公／十五年宋人或得玉献諸子罕／廿一年邾庶其以漆閭丘来奔／廿三年孟孫悪臧孫季孫愛之[13]／廿五年斉棠公之妻」と録し、下方に「一百廿七行／一行太字十六字／巳／キャビネ版」と記す。続けて背面の情報について「（背）1唐代小説／2類書　古人行事／3」

と最後の3を途中まで書きかけて終わっている。

39 倫敦補遺でも「左傳　有記」とあるのを「左傳」部を鉛筆で塗りつぶし右横に「群書治要」と改めている。録文などなく、この一行のみの記述である。

6、「S.78　類書断片」

37-1 スタイン将来資料のみに記載がある。「類書　不知名．五代写本。白麻紙／客遊．擧薦．報恩．兄弟．／孝養．埜孝．孝行．」に続けて裏面の情報「（背）書儀　宋初」を記す。

7、「S.276　古暦断片」

37-1 スタイン将来資料のみに記載がある。「暦　欠年号　五代？／敦煌紙」に続いて「四用(14)／三月大　卅日丙午／四月小　一日丁巳未／五月大　一日丙子／六月大　一日丙午／七月小　一日丙子　至十三日」とあり、続けて「（背）五代佛書／2佛圖澄羅漢和尚讃／1釈迦小傳／□□法師讃」と裏面の情報を記して終わる。

8、「S.19(1-2)　古文書断片　後ニ経巻ノ表紙トナセルモノ」

37-1 スタイン将来資料のみに記載がある。S.19の上部に○を附す。スタイン番号に続けて「（1＋2）　上下二片ニ切断　五代」とあり、「（背）鳶鍾金光明最勝?王経一巻／勅河西節度使牒右蓋補充衙前政／兵馬使牒」続けて「（表）右孫子數銭満載天不容地不載故／以載為極末也」「二十七行．半．／?．孫子算経．敦煌白麻紙」で終わる。

9、「S.196　顕徳五年二月左街洪範大師文書」

37-1 スタイン将来資料のみに記載がある。S.196の下に「牒文　麻紙」とあり、次の行に「顕徳五年二月　日左街洪範大師賜紫」と紀年のみ録す。

10、「S.10　詩経断片」

37-1 スタイン将来資料のみに記載がある。S.10の上部に◎、右横に△を附し、下に「毛詩鄭箋　太字三十八・九字十行」次の行に「終風／静女」とあり、二行をまとめて「邶」と注してある。上部に「四ツ切版」、下部に「唐／五十一行／白麻紙」と記す。録文なし。

11、「S.376　詩集断片」

37-1 スタイン将来資料では、整理番号の下に「尚書書送鄧法　五代　白麻紙」とあるのみ。これは、Versoの一部を写して資料名としたもの。ただ、原件の同面にはほかに「与人信問候」の五字も見え、Rectoの表題と思われるが、いずれのノートにも記載がない。

37-3 スタイン将来資料では、Rectoについて「猶寒敬帳」から「律左右」まで見せ消し個所を含め全文を録してある。

12、「S.80　无上秘要巻十断片（開元六年二月八日沙州燉煌縣神泉観士馬處出等写経供養）

38-3 スタイン将来資料では、S.80を青○で囲み、「无上祕要巻第十　黄麻紙」と記した後、改行し「末　開元六年二月八日沙州燉煌縣神泉観[15][16]士馬處／幽并姪道士馬抱一奉爲七代先[17]三及所生／父母法界蒼生敬寫此経供養／三十七行　首缺　末有題名／背　律末疏」と記す。さらに上部に青ペン横書きで（cf Pelliot Collection）とある。これは、38-2 Pelliot collection Iのノートに記録されるP.2861[18]を参照せよということであろう。P.2861については「无上秘要目録」として、三三六行の尾題「无上秘要目録」まで部分抜粋のうえ録してあり、尾題の後の紀年について「開元六年二月八日沙州燉煌縣神泉観道／士馬處幽并姪道士馬抱一奉爲七代先／亡所生父母及法蒼生敬寫此経供養」と録してある。

39 倫敦補遺では、S.80の下に「无上秘要巻第十　黄麻紙」とあり、改行後「尾／開元六年二月八日沙州燉煌縣神泉観士馬處／幽并姪道士馬抱一奉爲七代先三及所生／父母法界蒼生敬寫此経供養」と巻末の紀年部分を同様に録し、裏面について「背　律末疏」と記しているのも38-3 スタイン将来資料に同じである。

13、14、15 は番号のみで記載がなく、最後に「(12) 太上洞玄靈寳無量度人上品妙經」の一行を追記している。「太上洞玄靈寳無量度人上品妙經」については、他のノートの記載を参照すれば、整理番号S.63を記録したものであることがわかる。まず、38-3 スタイン将来資料では、S.133の後、S.80の前に、「S.63　太上洞玄靈寳無量度人上品妙經」が録され、S.63を○で囲み、「首缺　末有題名」とある次行から断片の形状のままに写し取り、第1、45、64、121、149行を抜粋記録した後に、「百四十九行／唐写本　敦煌穀紙」とある。さらに、恐らく後に書きくわえられたであろう青字で「今本巻二十一（道藏本／第五冊）照但異同極多」とある。39 倫敦補遺も記載内容はほぼ同じであるが、録文は第1、121、149行の三行のみである。

以上が今西ノートにおける調査第一日目調査に関する記述と関連他ノートの記載状況である。前述の通り第一日目は全十五件を見たということであれば、資料名空白の二件は何を調査したのであろうか。ここで、今西ノートの記述を中心に、調査の日程順に調査内容を確認してみることにする。調査状況をまとめた対照表は次の通りである。

今西ノート及び他四冊ノート対照表

今西ノート	37-1	37-3	38-3	39 倫敦補遺
九月四（五）日				
S.374　S.479	S.391　S.10	S.376	S.107　S.133	S.80　S.107
S.77　S.373	S.376　S.78		S.63　S.80	S.63　S.77
S.133　S.78	S.276　S.133		S.77	
S.276　S.19(1-2)	S.196　S.479			
S.196　S.10	S.19　S.374			
S.376　S.80				
(S.63)				

対照表から、第一日目に調査した残り二件はS.391とS.107であったことが明らかである。S.391については、37-1 スタイン将来資料の最初に記録されるが、二行ばかりの簡単な記述にとどまる。S.391に続けて「(八十種相論) 五代、敦煌麻紙／五十四者——八十者」とだけある。S.107については、38-3 スタイン将来資料に「道経／穀紙」に続けて断面のままに二行を写した後、第1、42、60、84、117行を抜き出し写した後に「百十七行」と総行数を示し、さらに「背」として裏面を録して「辯中邊論巻第一　世親菩薩造　三藏法師玄奘奉詔譯」の次の行に省略記号「………」を一行挟んで本文「頌曰能食及所食比依身所住能見此如理所求二淨空／為常益有情」を録し、「二十四行／以下空白」とある。39 倫敦補遺においても体裁は異なるが、ほぼ同じ情報を伝える。ただし裏面の録文は略される。

さて、第一回九月四（五）日の調査内容については、ほぼ明らかになったが、その後の調査については、いくつかの問題があり調査の実態を明らかにするのに困難が伴う。最も大きな問題は調査日の不一致である。先述の

内藤湖南の日記による調査日と調査件数を今西ノートの記載数と対照すれば次のとおりである。

内藤湖南調査数	
九月　五日	十五件
六日	十二件
八日	十一件
九日	?
十一日	二十余り
十二日	?
十三日	**四件**
十五日	四件
十六日	二一件

今西ノート記載数	
九月　四日	十五件
六日	二件
八日	三件
九日	一件
十日	**三件**
十一日	四件
十二日	五件
十五日	一件
十六日	五件

ここから考えられることは、十日は今西が単独で調査をし、十三日は湖南一行の調査時に参加しなかったということになろう。湖南の十日の日記には「ゴールドストン　夜西田君來り、次の日曜郊外散歩の約束す。」とのみあり、書肆ゴールドストンへ出かけた記録しか見られない。なお、今西ノートのほかは調査の日付がないため九月九日以降については湖南一行の調査日による振り分けは実質不可能である。九月六日と八日については、今西ノ

ートの記録からある程度推測ができる。次の表のとおりである。

今西ノート	37-1	37-3	38-3	39 倫敦補遺
九月六日 S.602　S.466	S.602　S.615 S.614　S.446 S.525　S.575 S.466　S.518 S.425　S.467 S.617　S.705	S.518　S.467	S.615	S.615
九月八日 S.785　S.713 S.2658		S.784　S.738 S.796　S.801 S.799　S.800 S.2659	S.789　S.800 S.747　S.782 S.2658	S.789　S.800 S.747　S.782 S.2658

右の表から九月六日はS.425、S.446、S.466、S.467、S.518、S.525、S.575、S.602、S.614、S.615、S.617、S.705の十二件を調査したことがわかる。

九月八日については**S.713**、S.738、S.747、S.782、S.784、**S.785**、S.789、S.796、S.797、S.800、S.801、S.2658、S.2659の全十三件を調査したことになるが、湖南の記録では十一件とある。今西ノートにのみ記録されている**S.785**　**S.713**を数えなければ全十一件となり整合する。

この二日間の調査の詳細を整理番号順にみていくことにする。まず、六日調査分については、

S.425　37-1　スタイン将来資料の記録ではS.425を○で囲み、「太極真人問功徳行業経／唐写本　黄麻氏／一行十七字／標題ト共二五十八行完。／書法佳」とある。

S.446　37–1 スタイン将来資料の記録では資料名を示さない。「白麻紙／宋初写本?·詔書断片．道教ニ関スル冊贈ノ一アルモノ／三十四行／前開府儀同三司賓珠須容納微人頗／虧典憲永懐舅氏追感渭陽宜申／國恩再復榮襖(ママ)可開府儀同三司仍／放優閑不須朝會……／其京城父老……両京留守賜物東京父老ト記ス」と録文する。

S.466　37–1 スタイン将来資料の記録ではS.466の上に◎を附し、「廣順三年莫高郷龍章祐弟祐定典地／文書」と録し、「キャビネニ撮ス／敦煌紙」とある。

さて、今西ノートでは、S.466を□で囲み、その下に「m.30,×423幅　燉煌紙」と大きさ及び料紙情報のメモを記す。その後、全文を録して注を付けている。異体字、行外字、脱字書き入れ等の外、「本文、名前共ニ一筆ナリ／花押四個ハ一一別筆ナリ／／西蔵字」などである。最終行に「此日**群書治要ノ唐代巻子本**断片出ツ」とある。湖南がロンドンでの調査で重要な史料であると認めたものに『群書治要』の断簡二種を挙げているが[19]、現在ノートから確認できる該当の資料はS.133とS.1443である。このうちS.1443については九月九日以降に調査したはずなので、この時点で確認の上記録されるのは先に『左傳断片』と同定したものを『群書治要』であると訂正したことを指すかと推察されるが、それならば今西自身の第一回九月四（五）日の記述を訂正していないことに疑問が残る。前日に確認したS.133を今西が新たな資料の発見であると何らかの誤認をしたまま記録した可能性が高いと思われる。また、S.466の下に赤字で「廣順三年十月廿二日敦煌莫高郷百姓龍祐定借麥契」とあるのは、恐らく後に湖南により書き込まれたものであろう。

S.467　37–1 スタイン将来資料の記録は「五台山曲子六首　唐末．五代?／敦煌紙」とだけあり非常に簡単な記

述にとどまっている。

37-3 スタイン将来資料は、S.467を○で囲み、その下に「縦12inch 横16.5inch　受」とあり、行を改め「五臺山曲子六首 大聖堂。非凡地。左右龍盤為有臺相倚。嶺岫」の第一行目から「真菩薩」の最終行まで、全十九行をすべて録している。

この文献に関しては37-1と37-3は互いに補い合う関係になっている。

S.518

37-1 スタイン将来資料の記録は「後漢天福十四年八月廿二日曹某寺奮／再建記」とあるのみ。

37-3 スタイン将来資料はS.518の下に「縦11.5inch 横16inch」とサイズを記録し、行を改め「随手書成字跡 後漢天福十四年歳次丙午八月二日[20]」とあり、次行から本文全九行を録す。ページ余白左下方に6/9とあるのは前ページの5/9と共に意味不明である。

この文献についても前に同じく37-1と37-3は互いに補い合う関係になっている。

S.525

37-1 スタイン将来資料にS.525を丸で囲み、続けて「捜神記一巻　董目アリ／唐末カ五代　百六十九行／敦煌紙」とあり、次の行から「捜神記一巻／昔白公時有一先生姓管名輅字公明名善／術六月因　右一行」と最初の一行のみ録す。「右一行」は原件では一行であるのをノートでは二行にわたったため注を附したものである。

S.575

37-1 スタイン将来資料にS.575を○で囲み、「大學礼記断片　対校ヲ要ス」とあったものを「大學礼記断片　已ニ対校ヲ要ス」と塗りつぶして削除の上「已ニ」を加えて「礼記断片　已ニ対校ス」と改めている。次の行から「儒行　首缺　九行　一行太字十一字／大學第四十二.　鄭氏注.／標題共ニ二十七行／末句「此之謂自謙」.／唐写.　麻紙.　丹色.　民 欠劃／縦九寸九分.　欄内七寸六分.」とある。

S.602　37-1　スタイン将来資料の記録では、S.602を○で囲み、下に「道経卌四章ノ半ヨリ卅七章ニ至ル.」とのみ記録し、赤字で右横に「老子」と後の書入れがある。さて、今西ノートであるが、やはり同様にS.602を○で囲むが下には「黄麻紙．断片　罫アリ　今十四行ヲ存ス　文字正シ／裏ニ拙字ヲ以テ写経セリ、各行字数不同／m.257　幅.283.　△辯中邊論頌三蔵法師玄奘奉詔譯」とあり、二行あけて本文第一行「行是以聖人言受國之垢是謂社稷主受國不」から最終行「道経卅七章二千一百八十四字」まで全十五行を録す。なお最終行の行頭に「老子」を入れるように赤字で指示があるが、原件にはこの二字は認められず、あくまで文献名としての補足を示したものと考えられる。書写当時の書入れでないことが明らかである。

S.614　37-1　スタイン将来資料に比較的詳細な情報を記録している。まず、S.614を○で囲み、下に「兎園策府　$11\frac{3}{8}$吋　$99\frac{1}{2}$吋　有序　董目有リ／文中／「今乃勒成十巻名曰菟園策府并引経史／為之訓注……題之如左／辯天地．正歴數．議封禪．征東夷．均州壤」／ト記ス。／問ト對トヲ設ケテ対策ノ文例トス。／末句ニ菟園策第一／(別手字) 巳年四月六日學生索廣翼写了／云々／奥書ヲ除キ百三十一行。／白麻．唐末写。／縦九寸七分／(背) 西藏文アリ．八行.」と記した後、断面部を含む第一行「精則桂林之響發自周微造士□」から、第2、3、26、27、28、29行をぬき出して録す。

S.615　37-1　スタイン将来資料では、S.615の上に◎を附し、「南華眞経達生品第十九／縦十吋　欄内八吋弱／長一百十三吋／四ツ切版」とのみある。

38-3　スタイン将来資料は、比較的詳細に記録している。S.615の右横に◎を附し、その下に「虎字渊字民字缺筆」とあり、S.615の下は文献名「荘子[21]」を示しその下方に「黄麻紙／達生品　尾缺[22]　百七十四

行行十六字／有注双行」と自由な形式で書き込んである。行を改め「南華真経達生品第十九」を録した後、第1、169、173、174行を抜き出して記録したうえ、「以上」と一旦終結し、次行から裏面の情報を記して「背　戒律　唐末書　首缺　七十九行　内四行半缺／十吋　紙全体」に続けて改行し、第一行断片部から、第2、75、76行を抜き出して録し、最終行第七十九行「必到戒有如是功徳不可思議努力専心受持讀誦如／説修行」を録した後に「以下余白」とする。

39 倫敦補遺の情報は38-3 スタイン将来資料にほぼ同じである。ただ、裏面の録文はなく、代わりに「縦$7\frac{7}{8}$吋　横$\frac{5}{8}$吋　長113吋」の情報が示されている。

S.617　37-1 スタイン将来資料に比較的詳細な情報を記録してある。まず、S.617の上に◎を附し、下には「類書　キャビネ版　唐末写本　敦煌紙」とあり、行を改め「器用部？　首缺／田農部／養蚕及機杼部／女工部」…「秤」…「船部／車部／火部／水部／疾部　麗部ノ略乎[23]」

S.705　37-1 スタイン将来資料では、S.705を青○で囲み、下に「開蒙要訓一巻　敦煌紙」とあり、次の行から「大中五年辛未三月廿三日學生宋文／献誦安文徳写.／一行十六、七字.／首缺.　八十二行　但六行不完.／日用ノ雑事ヲ集メ初學ノ備忘ニ／供セルモノ.　末句ニ「童蒙初學以解難／忘」トアリ」と録す。さらに裏面資料について「（背）文書断片」とある。

次に九月八日の調査であるが、これ以降今西の記録と他のノートの記録の重複が九月十日を除いてほぼ見られなくなっていく。そこで、これ以降は特に重複がみられる文献に絞って記録状況を見ることとする。八日はS.2658のみ重複がみられる。詳細を次に確認してみよう。

S.2658　38-3　スタイン将来資料には、S.2658の右下に◎を附しその下に「小」とサイズの指示をメモしてある。文献名ほか「武后讖記　前後缺／欄内　縦9 1/8吋　246吋／多武后文字」のみの記録である。

39　倫敦補遺では、S.2658に続けて「武后讖記　前後缺　9 1/8吋　246吋　黄麻紙／武后製字多シ」の下方に「書傳注／武后の時／ノ物」とのみあり、38-3とほぼ同じ内容である。

今西ノートもこの資料については非常に簡潔に記録している。S.2658の下に「武后讖記　前後缺　幅9 1/8吋　長246吋」とあるのみ。

この記録状況を見る限りS.2658については、ほぼ全員が簡単に記録したということのようである。録文は見られない。

以上、九月六日八日両日の調査は、時に内容が重複する場合もあるが、ある程度分担して録文をしたことがわかる。

次に、続けて、九日以降の調査についてみることにする。まず、調査日について、先に示したように、十日は今西単独で調査を実施し、逆に十三日には調査に参加していない状況が浮かび上がる。さらに、次の対照表から明らかになるのは、これ以降の調査については、今西ノートに調査記録の重複がほとんど見られないことである。

他のノート相互について記録の重複状況を見ると、37-1はS.958（38-3と39にも著録）以外はすべて38-3と重複しており、その他の記録の重複は38-3と39との重複である。対照表中、網掛け部分が重複して記録されている文献である。

今西ノートについては太字部分が他に記録のない単独記録文献であり、傍線は重複記録のある文献であること

を示している。九月十日に調査したS.1722、S.527、S.1441、および最終日九月十六日のS.113が重複して記録されるが、すべて37-1との重複である。

では、なぜ九月十日調査時の記録のみ重複しているのか、その理由を明確にするため、この重複記録について記録状況を確認してみよう。

次に順を追って記載の内容を確認していく。

今西ノート	37-1	37-3	38-3	39 倫敦補遺
九月九日	S.1308　S.1163	S.1765　S.2049	S.1386　S.728	S.1386　S.728
S.1086	S.1396　S.809	S.1442	S.861　S.1113	S.861　S.3831
	S.1376　S.930	Ch.1080（拓本）	S.957　S.810	S.516　S.1113
	S.811　S.1061		S.958　S.575	Ch.C001（印本）
	S.1339　S.1020		S.1603　S.1891	S.957　S.810
	S.1344　S.1142		S.1605　S.1906	S.958　S.575
	S.958　S.1285		S.1586　S.2295	S.1603　S.1891
	S.1473　S.1588		S.1443　S.2122	S.1605　S.1906
	S.1645　S.1477		S.3389　S.3135	S.1586　S.2295
	S.1728　S.1438		S.3387　S.3391	S.1443　S.2122
九月十日	S.1467　S.1920		S.3013　S.2267	S.3389　S.3135
S.1722　S.527	S.1441　S.1810		S.2060　S.2060	S.3387　S.3391
S.1441V	S.527　S.1722		S.3011　S.2074	S.3013　S.81
九月十一日	S.2056　S.2071		S.3491　S.3831	S.54　S.238
S.2717　S.2103	S.2222　S.2703		S.3926　S.3824	S.176　S.189
S.2593　S.2607	S.2200　S.2590		S.516　Ch.C0014	S.3926　S.2060
	S.2588　S.2438		S.1629　S.81　S.54	S.2267
	S.2710　S.2263		S.238　S.170	
	S.3469　S.2984		S.189	

九月十二日 S.2832　S.3392 S.2973　S.3540 S.3287	S.3393　S.3557 S.3553　S.3347 S.3395　S.3607 S.3491　S.3227 S.2074　S.3011 S.3824　S.3880
九月十五日 S.86	S.932　S.85　S.316 S.79　S.707　S.557 S.125　S.2154 S.134　S.737
九月十六日 S.217　S.736 S.618　S.6264 S.113	S.612　S.113

S.1722　37-1　スタイン将来資料では、「兎園策府第一ノ奥/周南関睢詁訓傳第一．毛詩国風/周南終リニ至ル．正文アリ傳箋ナシ」とのみある。

今西ノートは、S.1722を□で囲み、「一戎先動雲雷之氣奏訣言而竊位假繁」の第一行目から第四行目を録し「(以下七十四字略之)」とした後、「伏惟　大王分華星樹（中略）/願惟虚賤謬奉恩光昔恩耕鑿之勤頗覧詩書之訓/（中略）忽垂恩教令修新策今乃勤成一部名曰兎園/策府并引経史為之訓注……所定篇目題之如左/兎園策府巻第一　辨天地…(本文略)…正曆数…(本文略)…議封禪…(本文略)…征東夷」とあり、一行あけて「征東夷　問風郊未清（**中畧．此ノ巻子ヲ以テ第四回ニ抄写セル本書ヲ校正シ並ケリ**）」とあるが、ここでいう本書は第四回、九月九日に調査済みのS.1086（「兎園策府　末ノ一篇　征東夷」）を指し

ていると考えられる。今西は九月九日にこの文献一件のみを丁寧に記録しており、録文の下方に注を七か所付けているが、すべて「別本」との異同を記したものである。「別本」とはこのS.1722であるに違いなく、注は十日の調査時に対照校正のうえ付されたものであろう。ノートには次行より「伏惟　聖上以飛天形暦括地開家風清執象之君化軼繞樞之帝懸」から十二行を録した後、「均州壊……／……／兎園策府第二」とあり、続けて「周南関雎詁訓傳第一　毛詩国風／……／……」を録し、最後に「以上一巻ヲナス　兎園策府ニハ注疏無シ」とあり、最後に計測値「縦10吋　139吋（36×3＋31）内征東夷22吋」を記録する。

S.527

37-1 スタイン将来資料には、「顕徳六年正月三日一（ママ）用立條件／別写.」とのみある。これは、別に録文があることを示しているが、今西ノートの外には重複して録しているノートがないことから、この別写は今西の記録を指しているものと考えて良かろう。

今西ノートは、S.527を□で囲み、「タテ $11\frac{7}{8}$吋　横24吋　内左辺ノ二吋ハ空白／（燉煌紙）」とのみあり、文献名を記さない。一行あけて「顕徳六年己未歳正月三日女人社因滋新歳初来各發好意再／立條件　蓋聞至城立社有條有格夫邑儀者父母生其身」の二行に続けて全三十行を原件のままに写している。「粟」「壹」「用」の俗体字などもそのままに書写しているが、「朋」の俗体を「用」と写すなどの誤りも見える。

さて、ここで注意したいのは、37-1の「別写」という表現である。ほかのノート四冊については相互に再録、詳細な録文を採っている場合も多々あるが、「別写」という注記をするものはほぼ見られない。これは、恐らく前日に今西が録文を終了しているのを確認してわざわざ備忘のために付したものであると推察できる。この時点では今西は湖南一行とは一線を画して参加していた状況がみてとれよう。

S.1441 37-1 スタイン将来資料では、S.1441を○で囲み、「勵忠節抄第一 首欠 董目アリ 377.5吋」と記録した後、改行し「□□部 末一一行ヲ存ス／忠臣部（道徳）? 首欠／特徳部 十五行（標題別行ナラズ）／徳行部 五十四行（標題別行.）／賢行部 三十六行（仝）／言行部 三十六行（標題別行）／親賢部 十二行（以下皆仝ジ）／任賢部 三十一行／蕳賢部 二十四行／薦賢部 十七行／勵忠節抄第二／將帥部 六十一行／安国部 三十七行／政教部 七十六行／善政部 四十一行／字養部 五十四行／清貞部 三十行／公正部 三十七行／俊爽部 二十五行／恩義部 三十二行／智信部 二十二行／立身部 二十五行 以下欠」と部名と行数をすべて録している。続けて一行あけて「（背）慶揚文第一／讃功徳文第二／患文第四／難月文／亡父母文／――――／二月八日文／安傘文／患難月文／維磨押座文／――――／印砂佛文／燃燈文／以上皆佛教ニ関スルモノ.／――――／五言詩一首. 佛教ニ関スルモノ／――――／云謡集雜曲子共三十首／別ニ写ス.」と裏面資料に関しても比較的詳細に記録している。ここにまた「別ニ写ス」というメモがみられるので、今西ノートを確認してみると次のとおりである。

今西ノートはS.1441を□で囲んだ下に「勵忠節抄ノ背 （燉煌紙） 縦$11\frac{1}{8}$吋 横$64\frac{1}{2}$$(36+28\frac{1}{2})$吋」とあり、一行おいて「云謡集雜曲子共三十首／鳳歸雲閨／征夫數載萍寄他邦去便無消息累換星霜」から「慇懃因何辜負少年人　傾盃樂／（以下ナシ　空白）」まで、紙背の云謡集部分全七十六行をすべて原件のままに録している。ただし正面及び紙背の外の資料に関する記述は殆どない。かろうじて「勵忠節抄ノ背」から正面が「勵忠節抄」であることがわかるのみである。

37-1の「別ニ写ス」は、やはり前日に今西が全文を録したことを把握したうえで備忘のためメモしたものであることがわかる。

以上の記録から、九日十日十一日の調査状況がある程度わかってこよう。九日に今西はS.1086「兎園策府」のみ丁寧に録文を作成し、十日には関連するS.1722を録すのに併せて前日の録文を対照して「別本」として文字の異同を注した。さらにS.527およびS.1441の部分を詳細に記録にとったところ、翌日十一日に湖南一行が再度同資料を調査し、今西の録文については「別（二）写（ス）」と参照すべくメモを記し再録をしなかった。

これ以降の調査では、今西ノートの記録は最後のS.113の記録状況はどうであろうか。S.113を除いて、他のノートの記録と重複する史料は無くなる。では、唯一重複するS.113の記録状況はどうであろうか。S.113は十六日に録されたようであるが、十六日は「此日博物館にて敦煌書中抄本室陳列のもの廿一通を見る」ということであったので、S.113も抄本室陳列中の資料であったことがわかる。ではつぎに記録状況を見ることにする。

S.113　37-1　スタイン将来資料では、S.113の右下に◎を附し続けて「建初十二年正月／敦煌郡敦煌縣之籍／道男弟徳年廿一釋子[24]／仚妻前十七／仚息女宮年一／建初十二年正月籍」とのみある。

今西ノートには、S.113を□で囲み、下に「縦九吋八分六　上下少シ切リ去ラレタリ／長三十六吋　白麻紙　裏ニ写経／法華経ヲ写スル末書ニシテ北魏／写本ナリ」とあり、改行の上全文を録している。「亘男△[弟]徳年廿一驛子／仚妻趙年十七／仚息女宮年一／建初十二年正月籍」から「敦煌郡敦煌縣西宕郷高昌里散唐黄年廿四／妻呂年廿六　　　丁男一／息女皇年六　　　女口二」まで全五十六行を原件の通りに写している。

この記録状況から他の資料と同様に、録文を今西に任せている状況がみてとれる。

さて、上述の通り、今西ノートを通じて内藤湖南のロンドン大英博物館での敦煌文献調査の実際を少し具体的に再現することができた。◎がロトグラフ請求にかかる記号であることがより確実になり、敦煌文献調査の記録状況が初日から日にちを重ねるごとにそれぞれの分担がより明確になり効率よく進められたことがわかる。また、他のノートからは読み取れない調査時の現場の興奮が、例えば「此日群書治要ノ唐代巻子本断片出ツ」というメモの一行（S.466）から伝わってくる。さらに現場での湖南の指示やアドバイスの状況なども、「虎」の署名入りの書入れ（S.373）などから明らかになった。今西ノートの記録は、件数自体は多くはないものの、非常に詳細かつ精確であり、ここから多くの貴重な情報を得ることができた。湖南はこの欧州での敦煌文献調査の記録を何らかの形で公表する計画があり、各ノートには調査終了後に書き加えられたり訂正した青ペンや赤ペンによる書き込みがあるが、今西ノートについても同様である。このノートが今西の處ではなく湖南のところにとどめられていたことが、出版準備を進めていた具体的な証となろう。

今西はこの後フランスパリでの敦煌文献調査にも随行しているが、現在の處、パリでの今西ノートは確認されていない。湖南一行のノートの記録に今西の筆跡らしき記録個所が見えることから、恐らくパリでは湖南の指揮の下、一行と足並みをそろえて調査を行ったであろうと推察される。

最後に今西ノートの記録から、湖南の調査目録にS.373　S.785　S.713　S.1086　S.2717　S.2103　S.2593　S.2607　S.2832　S.3392　S.2973　S.3540　S.3287　S.86　S.217　S.736　S.618　S.6264の十八件を加えておきたい。これにより、ロトグラフの請求メモにのみ番号が記されていた疑問を解決することができる。

今西ノートの写真を最後に附す。掲載を許可してくださった関西大学図書館に心より御礼申し上げる。

参考URL

IDP　The International Dunhuang Project　國際敦煌項目　(http://idp.bl.uk/)
Gallica　https://gallica.bnf.fr

注

(1) 図書館整理番号は「内藤16　38　5」である。
(2) 高田時雄京都大学名誉教授との共編。関西大学出版、平成二九年三月。
(3) 一八七五～一九三二。朝鮮史家。京都帝国大学教授。後に京城帝国大学教授兼任。
(4) 注2前掲書口絵写真参照
(5) ノートにはスタイン整理番号が付いておらず、「12　太上洞玄靈寳無量度人上品妙經」とあるだけで詳細不明であるが、他のノート「38-3 スタイン将来資料」、「39 倫敦補遺」の二冊と照らし合わせるとS.63であることが明らかである。
(6) 今西ノートにはスタイン整理番号が記されていないが、資料名「南閻浮提大寶于闐國迎摩寺八關戒牒」からS.6264と同定できる。
(7) 注2前掲書の37-1 スタイン将来資料、37-3 スタイン将来資料、38-3 スタイン将来資料、39 倫敦補遺、以上四冊。
(8) 『航欧日記』(『内藤湖南全集』第六巻　第四七四～五〇六頁)
(9) この資料名は裏面に書写された題を写したものである。裏面とはいえ、巻いてその表側に書写してあることから資料の表題としたものであろう。
(10) 現在IDPの解題では「Taille (h×w) cm：29.6×118.5」とするので本来「1m.200」とすべきところである。
(11) 耶律阿保機のことを言ったものであろう。
(12) ／で改行を示しておく。以下同じ。
(13) 廿一年および廿三年の行は割り込み記号を附して最後に記してある。
(14) 二重線で消去。次々行「巳」字も同じく二重線で消去し下に「未」字に改む。
(15) 「觀」字を誤写したものであろう。

(16) 原件のままに録しているが、P.2861を参照すれば「(道) 士」とすべきところであろう。
(17) 39 倫敦補遺と同様、「亡」字を誤転写したものである。
(18) 前掲書『内藤湖南敦煌遺書調査記録續編 ―― 英佛調査ノート』二一七~二一八頁
(19) 湖南が董康へあてた書簡に「英博物館所藏石室遺書，除內典未染指外，已睹一百四十餘種，其尤奇者有群書治要斷簡二種、……」とある。この書簡については高田時雄「内藤湖南の敦煌學」(関西大学『東アジア文化交渉研究』別冊3)に詳しい。なお、この書簡の草稿が英佛調査ノートと合わせて確認でき、その一部を前掲書『内藤湖南敦煌遺書調査記録續編 ―― 英佛調査ノート』の包み表紙にカラー写真として掲載済みである。
(20) 本文録文では廿二日とあるので、不用意に「廿」を脱したのであろう。
(21) 左下に小字で「郭注」とある。
(22) 右傍らに「殆完」と書き込みあり。
(23) [illegible]は「疾」の俗体字。当時は判読できなかったため、次の「黶」を代表にあげたものであろう。
(24) 「釋」字を今西は「驛」とする。原件写真はいずれとも判断し難い。

(27)　今西ノートからみるロンドンでの内藤湖南敦煌遺書調査

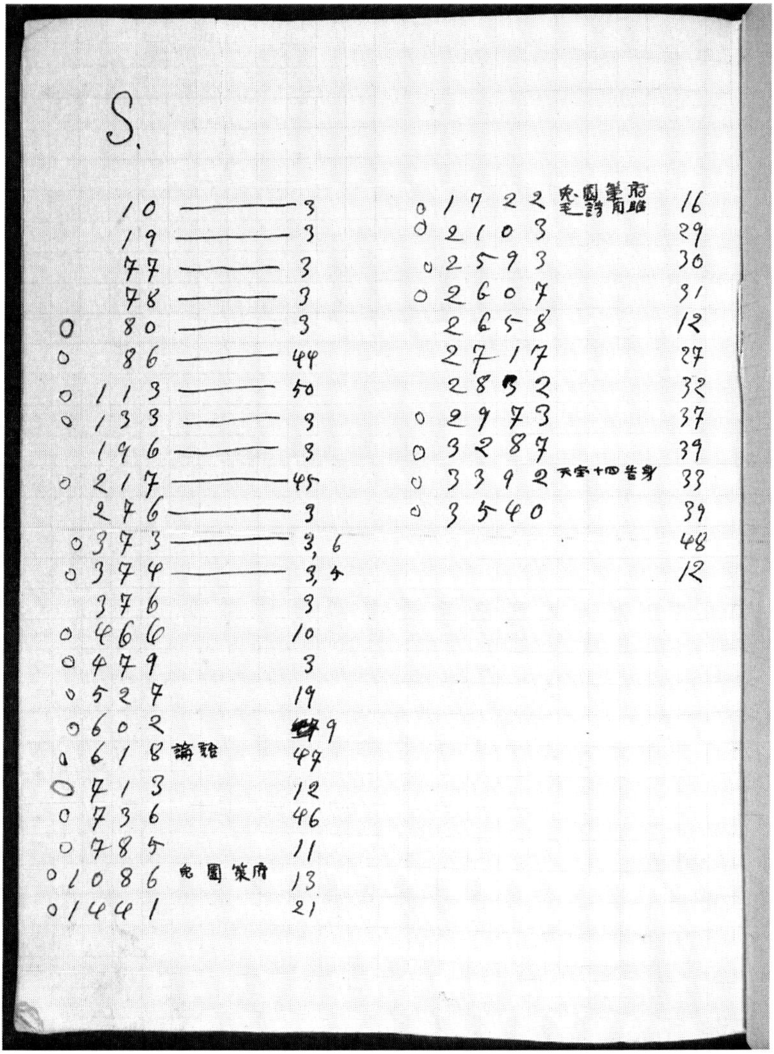

S.

	10	3
	19	3
	77	3
	78	3
○	80	3
○	86	44
○	113	50
○	133	3
	196	3
○	217	45
	276	3
○	373	3, 6
○	374	3, 4
	376	3
○	466	10
○	479	3
○	527	19
○	602	9
○	618 論語	47
○	713	12
○	736	46
○	785	11
○	1086 兎園策府	13
○	1441	21
○	1722 兎園策府 毛詩[illegible]	16
○	2103	29
○	2593	30
○	2607	31
	2658	12
	2717	27
	2832	32
○	2973	37
○	3287	39
○	3392 天宝十四告身	33
○	3540	39
		48
		12

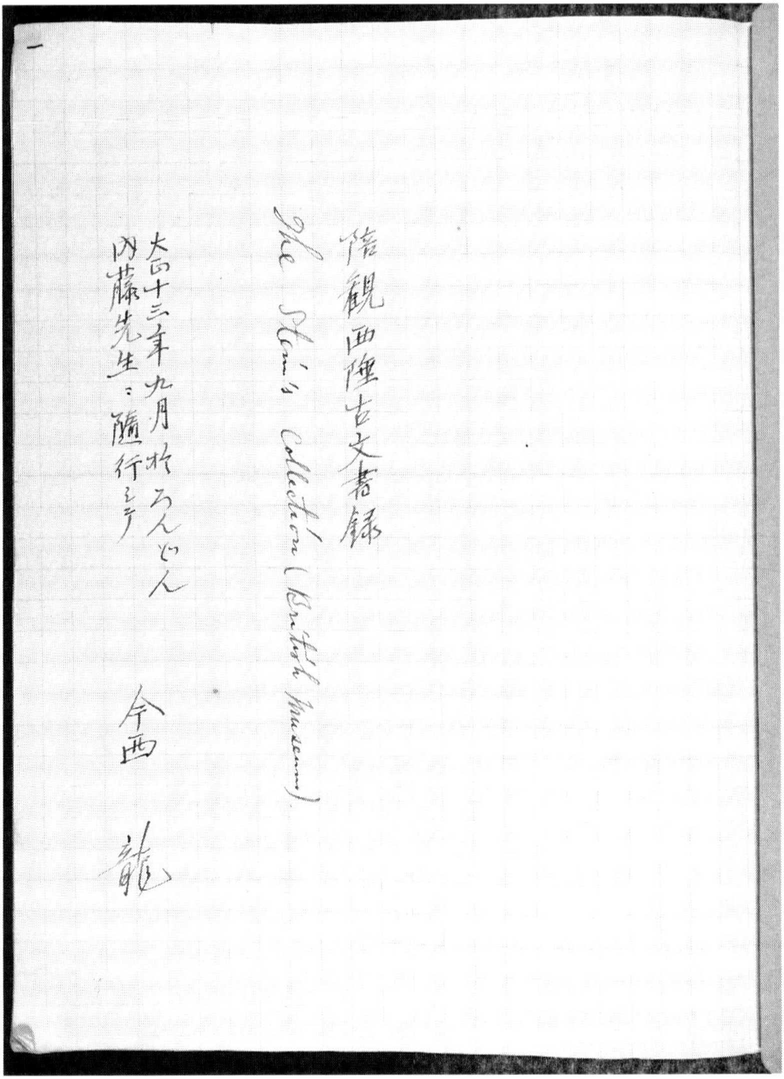
陪観西陲古文書録
The Stein's Collection (British Museum)
大正十三年九月於ろんどん
内藤先生ニ随行シテ
今西　龍

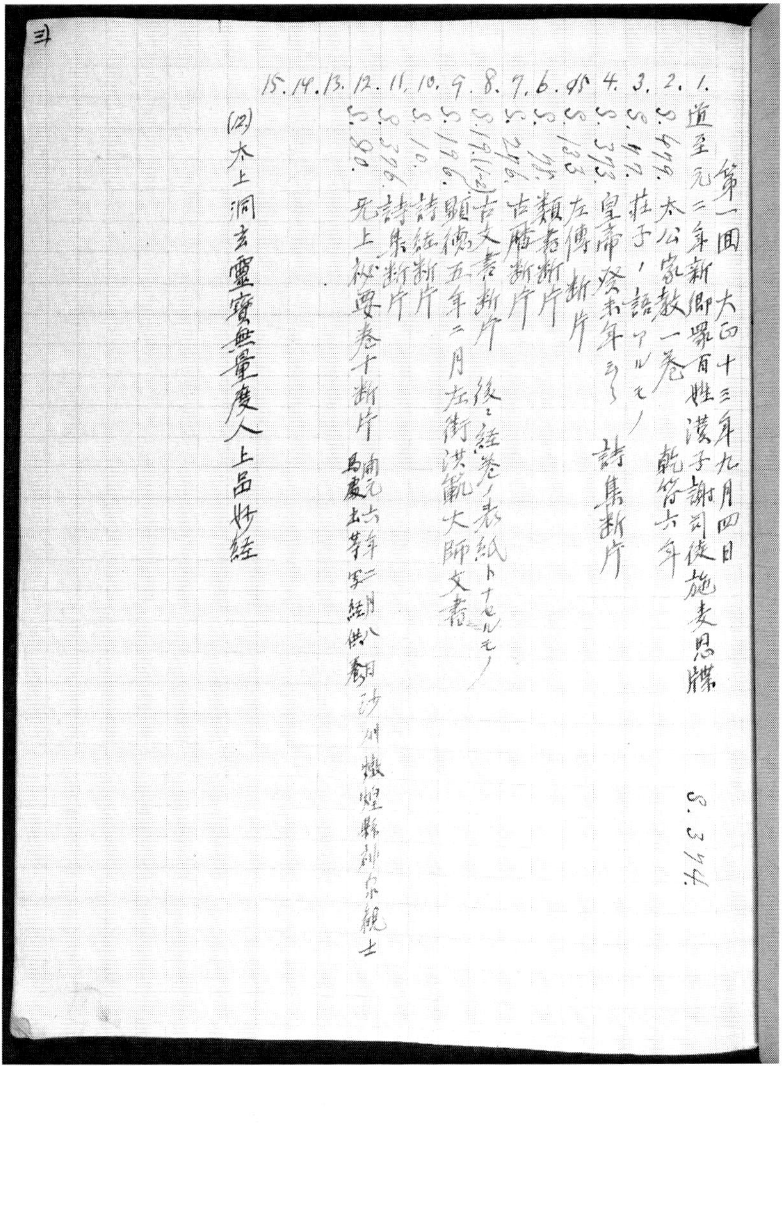

三

第一回 大正十三年九月四日

1. 道至元二年新郷百姓濮子謝判使施麦恩牒 S.374.
2. S.479. 太公家教一巻 乾符六年
3. S.117. 荘子ノ語アルモノ
4. S.373. 皇帝癸未年ヨリ 詩集断片
4.5 S.133 左傳断片
6. S.[illegible] 類書断片
7. S.276. 古曆断片
8. S.171(1-2) 古文書断片 後ニ経巻ノ表紙トナルモノ
9. S.196. 顕徳五年二月左街洪範大師文書
10. S.10. 詩経断片
11. S.326 詩集断片
12. S.80. 无上秘要巻十断片 開元六年二月八日沙州燉煌縣神泉観士 馬處幽等寫經供養
13.
14.
15.

(12) 太上洞玄靈寶無量度人上品妙経

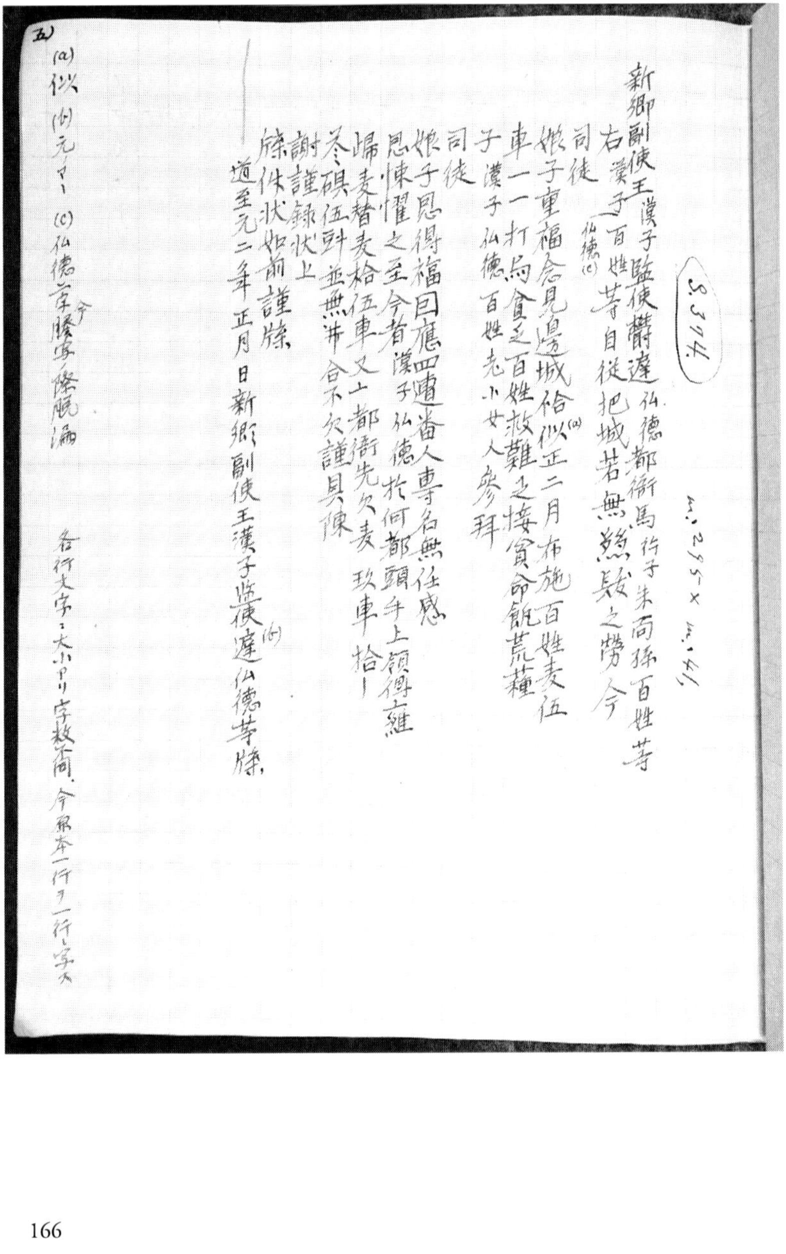
五)

S.3374.

m.295 × m.141

新郷副使王漢子監使鄯達仏徳都衙馬行子朱両孫百姓等
右漢子百姓等自従把城若無慈駮之勞今
司徒
娘子重福念見邊城給似(a)正二月布施百姓麦伍
車一一打烏食之百姓救難之接貧命飢荒糧
子漢子仏徳百姓老小廿人參拜
司徒
娘子恩得福曰應四道沓人専名無任感
恩悚懼之至今首漢子仏徳於何都頭手上領得縺
帰麦替麦給伍車又山都衙先欠麦玖車拾
冬碩伍斗並無沸合不久謹具陳
謝謹錄狀上
牒件狀如前謹牒
道至元二年正月日新郷副使王漢子監使(b)達仏徳等牒

(a)似　(b)元ヤー　(c)仏徳字今字脱字際脱漏

各行文字ニ大小アリ字数不同。今原本一行ヲ一行トシテ写ス

後唐時詩集

S. 373

1m, 20 X m, 12.85

皇帝癸未年膺運滅梁再興

迎太后七言詩

禁煙節假賞幽閑　迎奉頋心 紫霄觀

鶯語雕梁聲猶猛　鸝吟渌樹韻關關

爲安家國千場戰　思憶慈親兩鬢斑

孝道未能全報得　直須頂戴遶弥山

題北京西山童子寺七言

昔時童子慕(母)清閑　今古猶傳在此山

百泒峥嶸流海内　千溪峻峭透雲間

猿啼嶺上深幽静　虎嘯巖邊去復還

恤想攀花崚嶒處　禪客喜登攀

題南嶽山七言（江南）

嵯峯絶頂九霄邊　獨立孤高勢(世)近天　北眺洞庭(動)

千里浪　南觀石礫万坡煙　雲藏碧澗泉聲遠　傳

迫金烏耳伴喧　唯有北山仮上界　恒娥吹瑟古松前

題幽洲盤山七言

衛過浮雲數十重　経霄始到寂高峯　日出

近觀滄海水　齋時遥聴梵天鐘　千年

松樹巣仙鶴　五个金池隱毒龍　下方

乞食上方去　塵俗難尋道者蹤

原本各行字数不同
今原本ノ一行ヲ一行
ニ写ス

字稍細カキ所ハ原本
ニテハ一行トナル
ツ
ク

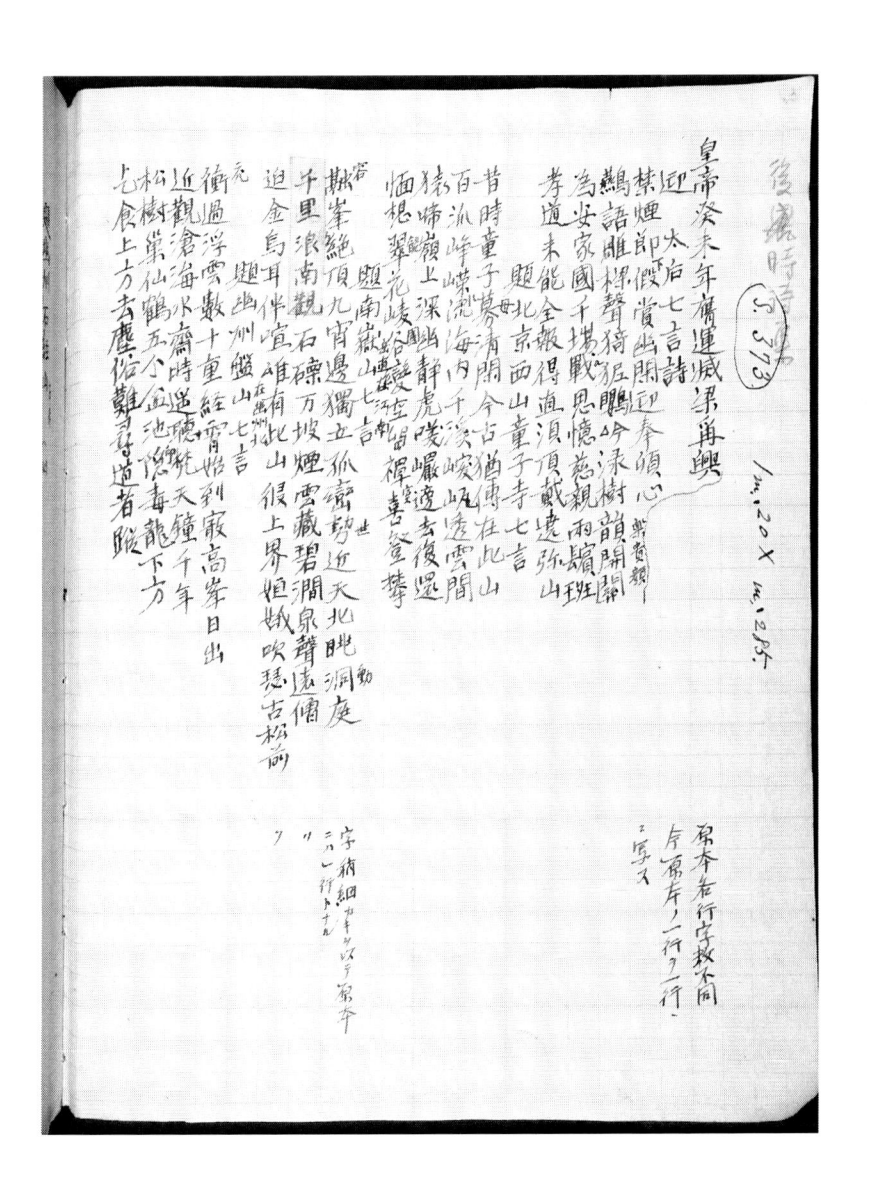

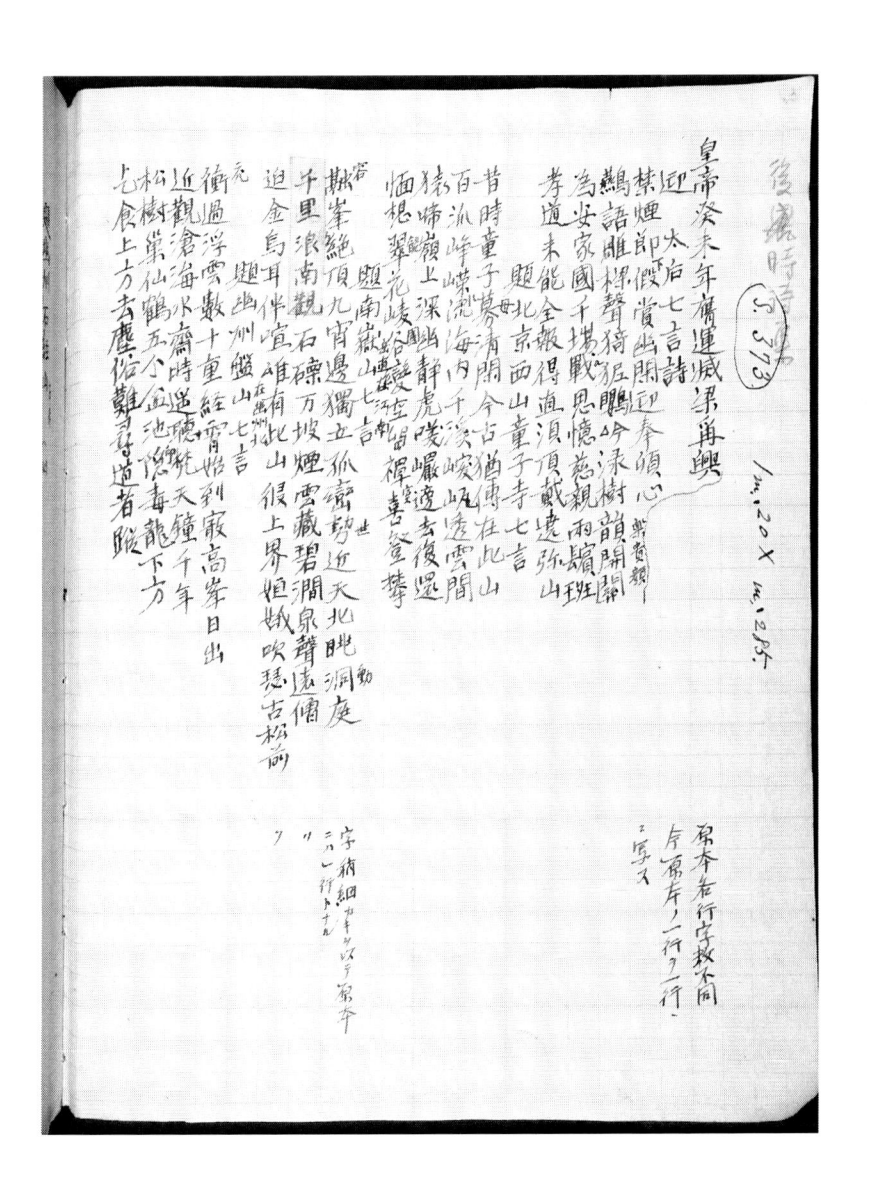

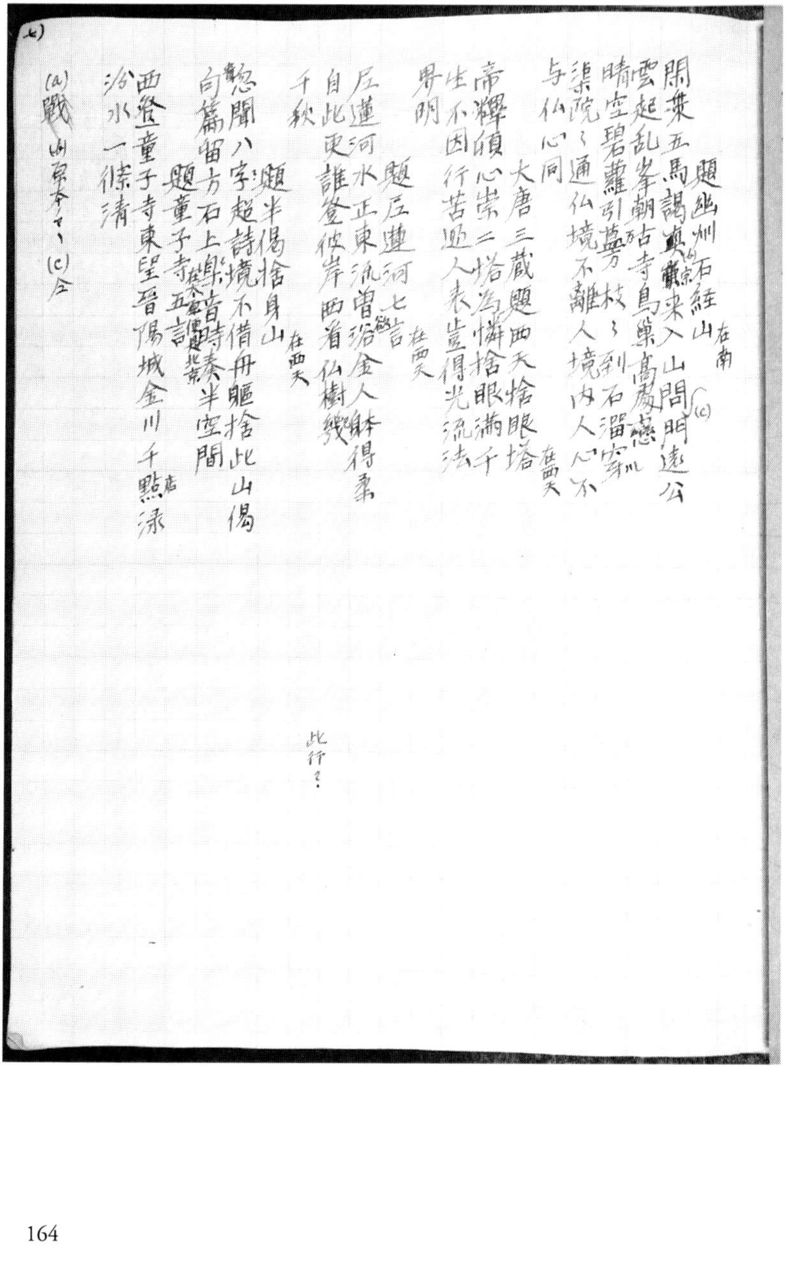
題幽州石経山 在南
開巣五馬謁眞來入山問明遠公
雲起乱峯朝古寺鳥巣高處憩
晴空碧蘿引夢枝々剣石溜穿
渠院々通仏境不離人境内人心不
与仏心同
大唐三蔵題西天捨眼塔 在西天
帝釋傾心崇二捨為憐捨眼滿千
生不因行苦匹人表豈得光流法
界明
題匠蓮河 七言 在西天
匠蓮河水正東流曽浴金人体得柔
自此更誰登彼岸西看仏樹幾
千秋
題半偈捨身山 在西天
忽聞八字超詩境不惜身軀捨此山偈
向篇留方石上樂音時奏半空間
題童子寺五言 在北京
西登童子寺東望晉陽城金川千點渌
汾水一條清
(a) 戦　京本ノヽ (c) 全

題中嶽山七言 岳 在京南

孤嶌峯絶頂万餘嶒　策杖攀蘿漸々登

行到(ロ)目邊天上寺　白雲相伴兩三僧

右内藤先生曰唐末五代写

紙ハ所謂燉煌紙ナリ厚クシテムラアリ

癸未年即後唐莊宗同光元年　此家藏墨也　虎

巻首モナシテアレ出ヅ

(イ)マヽ

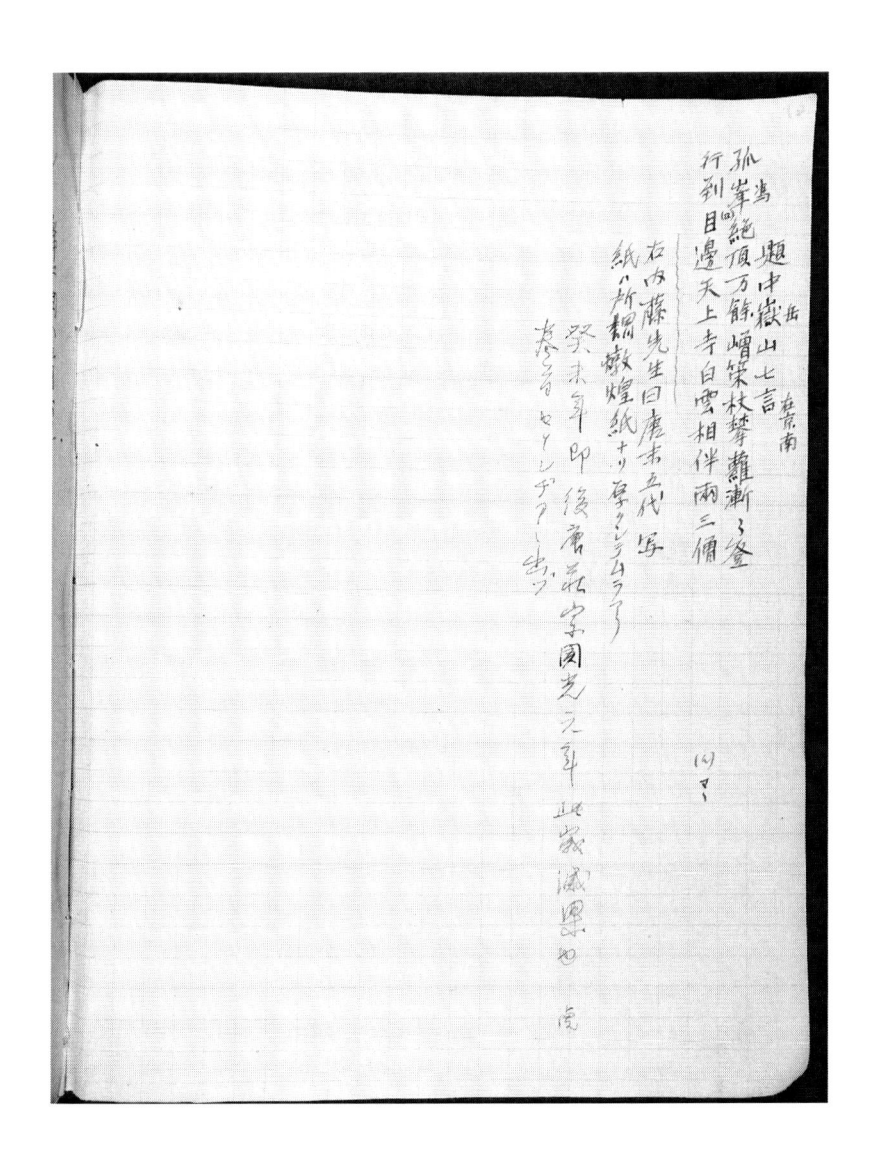

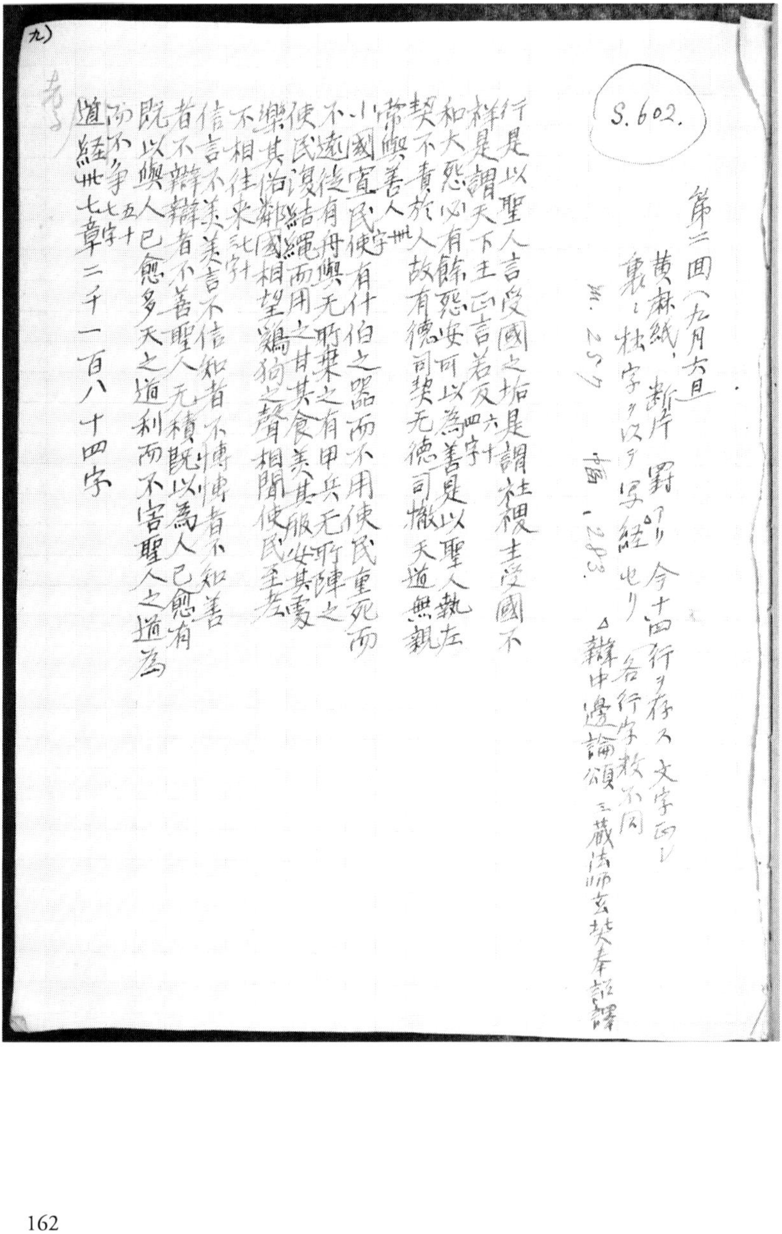
S.602.
第二回（九月六日）
黄麻紙，斷片 對アリ 今十四行ヲ存ス 文字正し
裏ニ梵字ヲ以テ写経セリ 各行字数不同
m. 257 面 1283.
△雜中邊論頌 三藏法師玄奘奉詔譯
行是以聖人言受國之垢是謂社稷主受國不
祥是謂天下主正言若反 六十四字
和大怨必有餘怨安可以為善是以聖人執左
契不責於人故有德司契无德司徹天道無親
常與善人 卅字
小國寡民使有什伯之器而不用使民重死而
不遠徙有舟輿无所乘之有甲兵无所陳之
使民復結繩而用之甘其食美其服安其處
樂其俗鄰國相望鷄狗之聲相聞使民至老
不相往來 九十一字
信言不美美言不信知者不博博者不知善
者不辯辯者不善聖人无積既以為人已愈有
既以與人已愈多天之道利而不害聖人之道為
而不爭 五十七字
道經卅七章二千一百八十四字

(100

S.466.

m.30, x 1423 cm 燉煌紙

廣順三年十月廿二日 敦煌莫高鄉百姓龍章祐祐定借典契

龍[a]

廣順參年歲次癸丑十月廿二日立契莫高鄉百姓龍
章祐弟祐定伏緣家内窘闕無物用度今將父
祖口分地兩畦子共貳畝中半只典已蓮畔人押衙
羅思朝斷作地價其日見過麦壹拾伍碩字
今已後物無利頭地無雇價其地佃種限
肆年内不喜地主收俗若於年限滿日便仰地主
還本麦者便仰地主收地兩共對面平章
為定更不許喜述悔如若先悔者罰青麦
拾馱充入不悔人總後無信故勒次契用
為後憑

辭(c)

地主弟 龍祐定 八
地主兄 龍章祐 押
只典地人押衙 羅思朝
知見 押衙 羅安進

本文、為共一筆ナリ
花押四個ハ一一別筆ナリ

(a) 年字ハ元本ハ脱、行外ニ書キ添フ
(c) 辭字ハ脱、書キ入レシモノ

西藏字

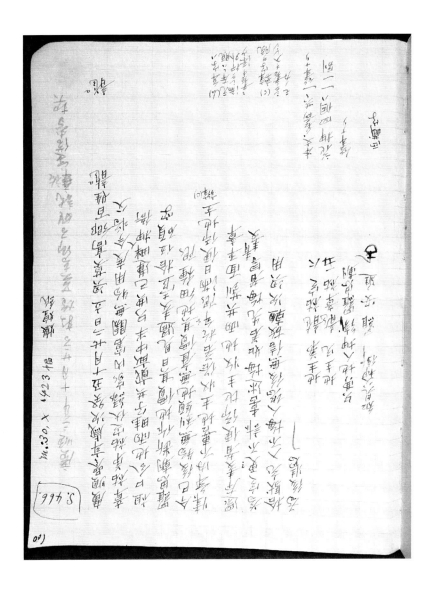

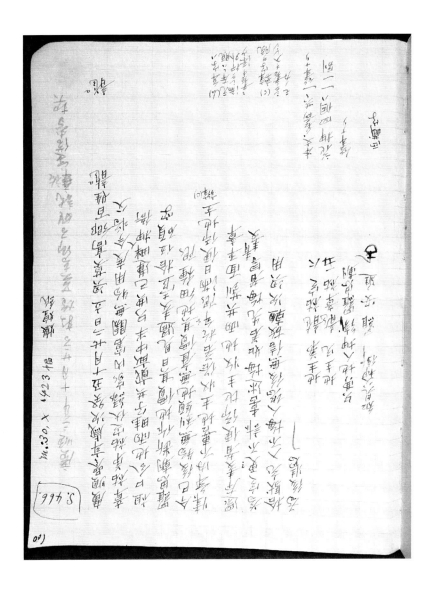

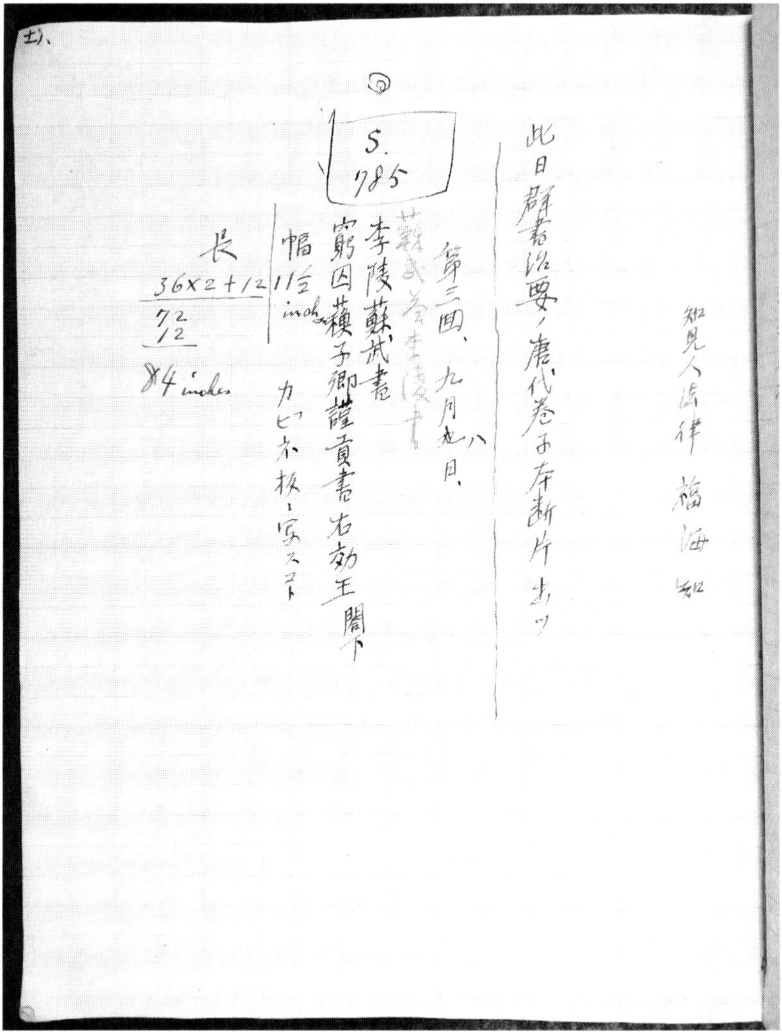
十)、

S.
785

此日群書治要ノ唐代巻子本断片出ツ

知見人陰律 福海 細

第三四、九月廿八日、

蘇武答李陵書

李陵蘇武書

窮因穠子御謹貢書右効王閣下

帽 11½ inch

カヒネ板ニ写スコト

長

36×2+12

72
12

84 inches

62

S.713.

春秋後秦語下巻第三　唐代写　百二十九行

三十五年ノ尾より 二十三年 哀十七ニ至ル

幅 11 inches/12　長 36 / 25 / 61　61 inches.

部讀ノ裏ニ一行

往西天求法沙門智嚴西傳記写下一巻ト記セアリ

此外ノ大唐西域記巻一ノ写アリ　往生礼讃文アリ

S

2658

武后識記　前後缺

幅 9 1/8吋　長 36 / 216 / 3 / 246吋

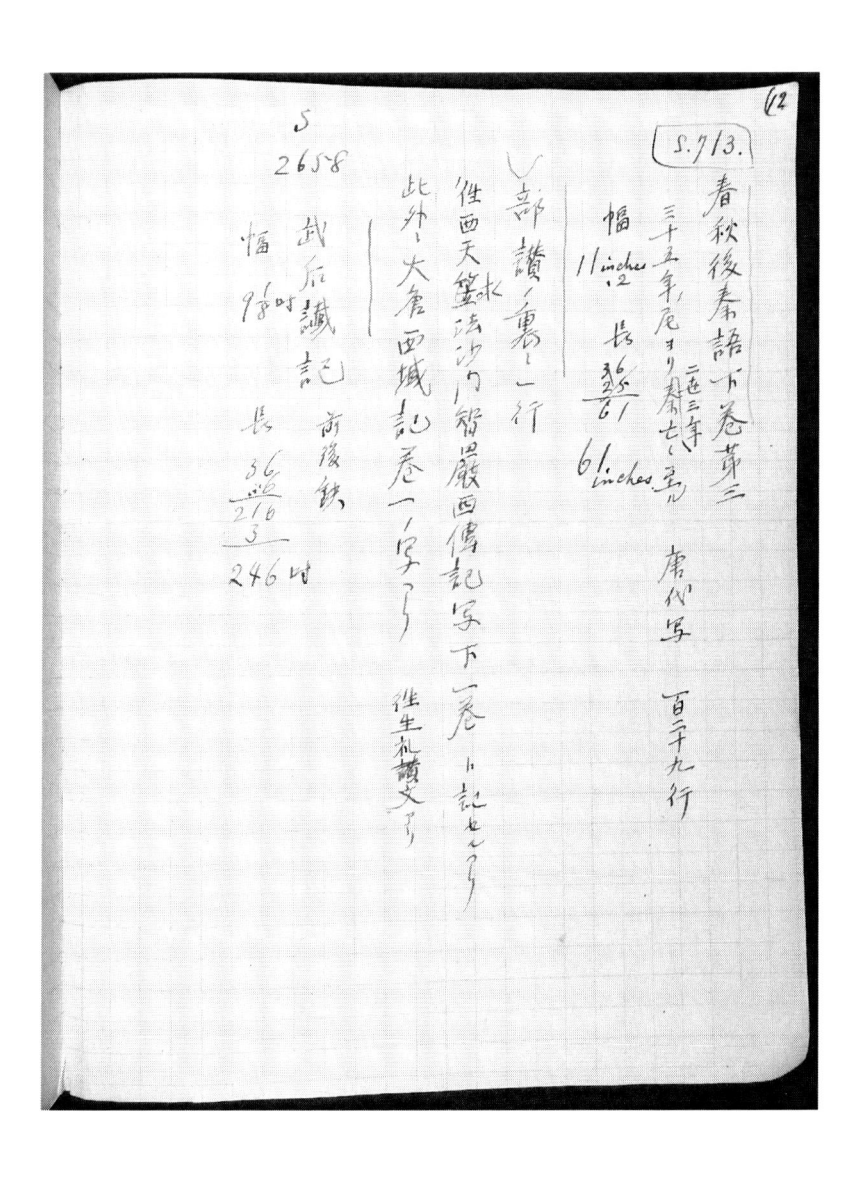

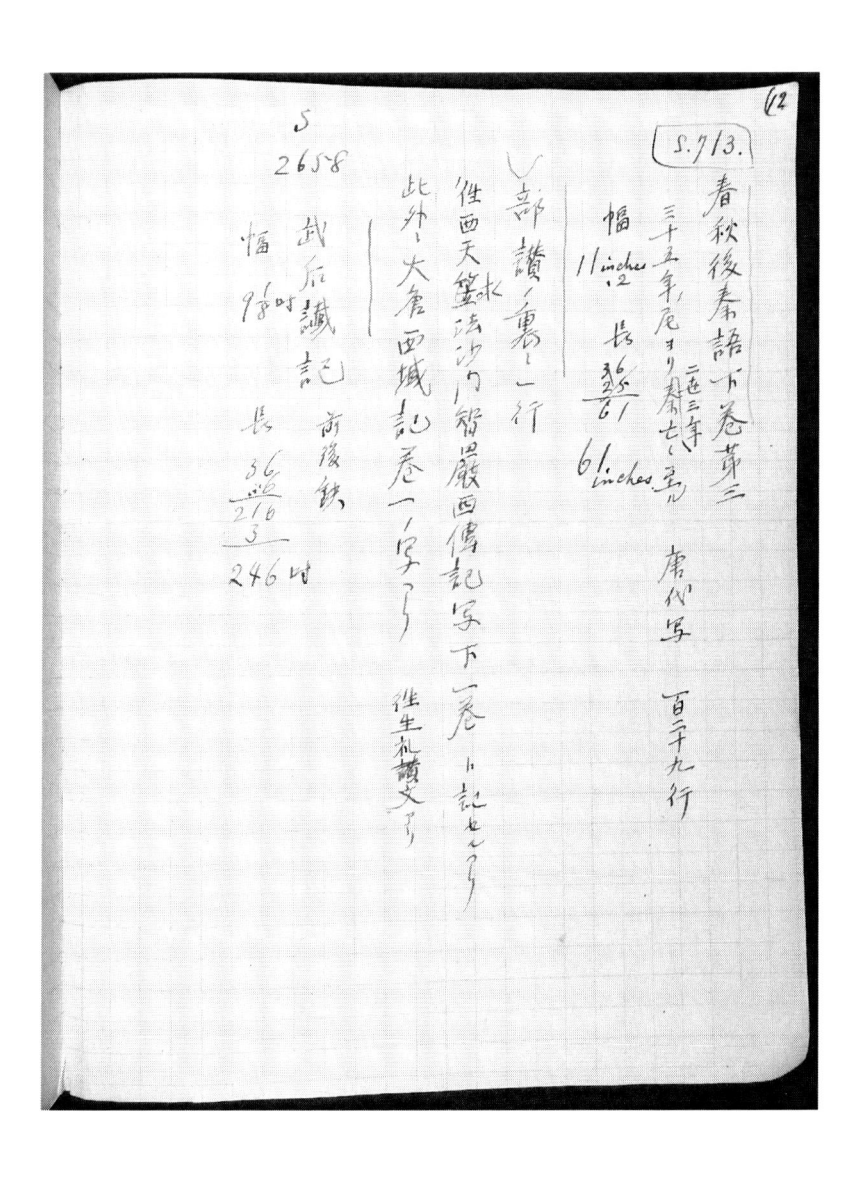

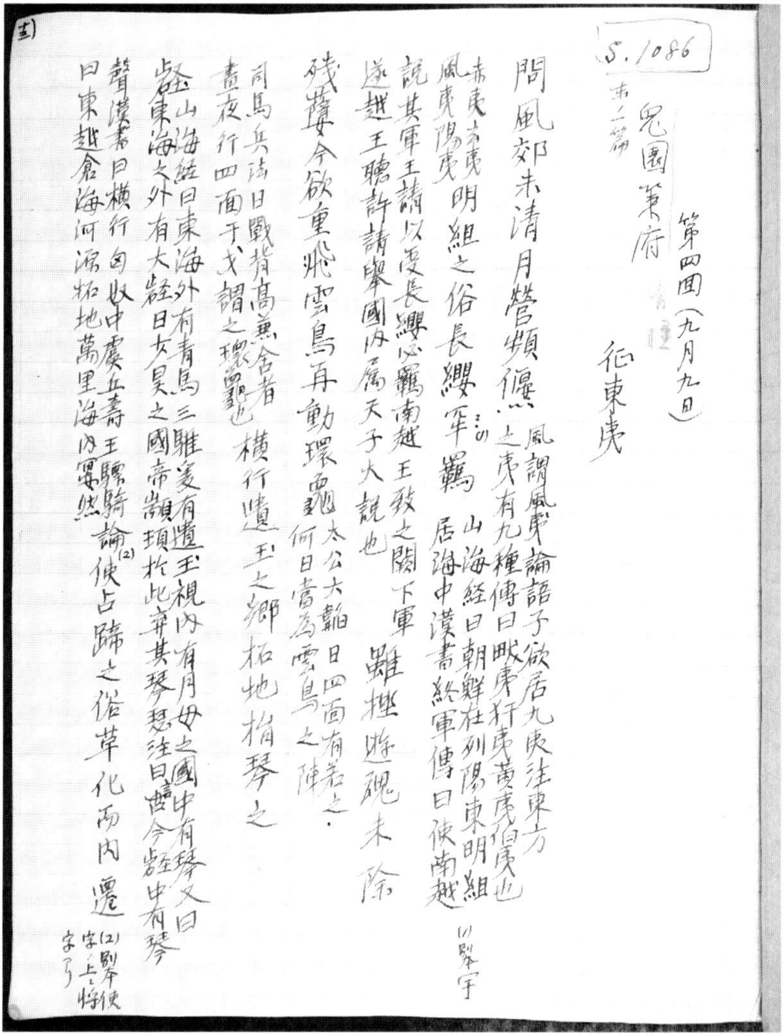
S.1086
第二篇　兎園策府　第四囬（九月九日）
征東夷
問風郊未清月營頻偃 風謂風俗論語子欲居九夷注東方之夷有九種傳曰畎夷于夷方夷黄夷白夷
赤夷玄夷風夷陽夷 明組之俗長纓罕羈 山海經曰朝鮮在列陽東明組居海中漢書終軍傳曰使南越
說其軍王請以受長纓必羈南越王致之闕下軍
遂越王聽許請舉國内屬天子大說也 雖撫遊魂未除 (1)緊字
殘孽今欲重飛雲鳥再動環龜 太公六韜曰四面有君之。何日當為雲鳥之陣
司馬兵法曰戰背高無舍者
晝夜行四面于弋謂之環龜也 橫行遺玉之鄉柘地棓琴之
墟山海經曰東海外有青島三雖爰有遺玉視内有月母之國中有琴又曰
墟東海之外有大壑曰少昊之國帝顓頊於此弃其琴瑟注曰言古今墟中有琴
瑟漢書曰橫行匈奴中慶五壽 王驃騎論(2)使占歸之俗草化而内遷
曰東越倉海河源拓地萬里海内晏然
(2)別本使字上に將字アリ

貢羽之軍稜威而外蕩　魏略曰鮮之俗常用十月飲食哥
舞名之曰舞天有軍事祭天殺一牛
觀蹄以占吉凶牛蹄解者為凶合者為吉　江淹別賦曰君乃邊郡
未和貢羽從軍遼水無極鴈山參雲　丸　嵆正之
術應有戴權攻取之方佇聞三略　淮南子曰兵有三
勢二權有氣勢
地勢々將勇而輕敵卒果敢而樂戰氣如飄風聲如雷電此之謂氣勢
狹路津関大山石塞羊腸道魚笥門一人守隘千人不過此之謂地因勢
々者勞倦亂渴得此之謂因勢善間諜出於不意使敵人之兵無所遇
備此謂智權前後不相顧左右不相干傷刃者少傷敵者衆此之
謂事權黄石公記兵法之篇有
上略中略下略謂之三略也

對窩△風夷(3)旣夷之地獷俗(4)難陶辰韓弁韓之鄉
狼心易擾緝歷既久職貢靡循　風夷注記獷戾魏略
曰韓在帶方南々与倭
接々有三種一曰馬韓二曰辰韓三曰弁韓辰韓古之辰國　成其(5)獷距之心
左太冲吳都賦曰職貢納其苞匭狼子野心也
熾其飛走之路　毛詩曰玁狁孔熾走喻△禽獸班固
東京賦曰飛者未及翔走未首及去　遂使也(6)

(3) 別本夷字
(4) 別本逃々作ル
(5) 別本擴
(6) 別本也字ナシ

荒城枝鬼市桂良号莫書臨旭

兇城張顯悲言曰言

俊獸死良守藏也

鯨炭允狐遊牝鱗甲香龍舟成乃贈路

獵判天子德璋表日奔鯨委進故

春法新雕為朴政脈泊圓号網涌各

母之魚亮子日天網恢々陳栗滿也

軒完之由良以前與懐遠之威歴代宏牢籠之略

雖窮堅亥之筆末趣青丘空閒海人之衣性

臨滄沿　山海經曰帝使堅亥自東極至米西極五億十選九千八百

八多堅亥左手把年右手指青丘北郭樸注山海亦云豎亥在

海廷日嘉號魏籀初太守王頎討高勾麗盡其東界

海閒其者舊海倶有人不云審在海中得一布衣身如中人衣兩袖長三文

若使聲馳日域化接天崖則著隼之貢可山徹獻狐

之賓自至　孔子家語曰孔子在陳有隼集於庭而死楛矢貫

之石砮矢長尺有咫陳惠公使人以其方賄来遠矣

遠吳此肅慎氏之矢茸武王尅商九夷百蠻使各以其方賄来貢

此肅慎氏石砮以分太姬配胡公而封諸陳周書王會篇曰成王時青

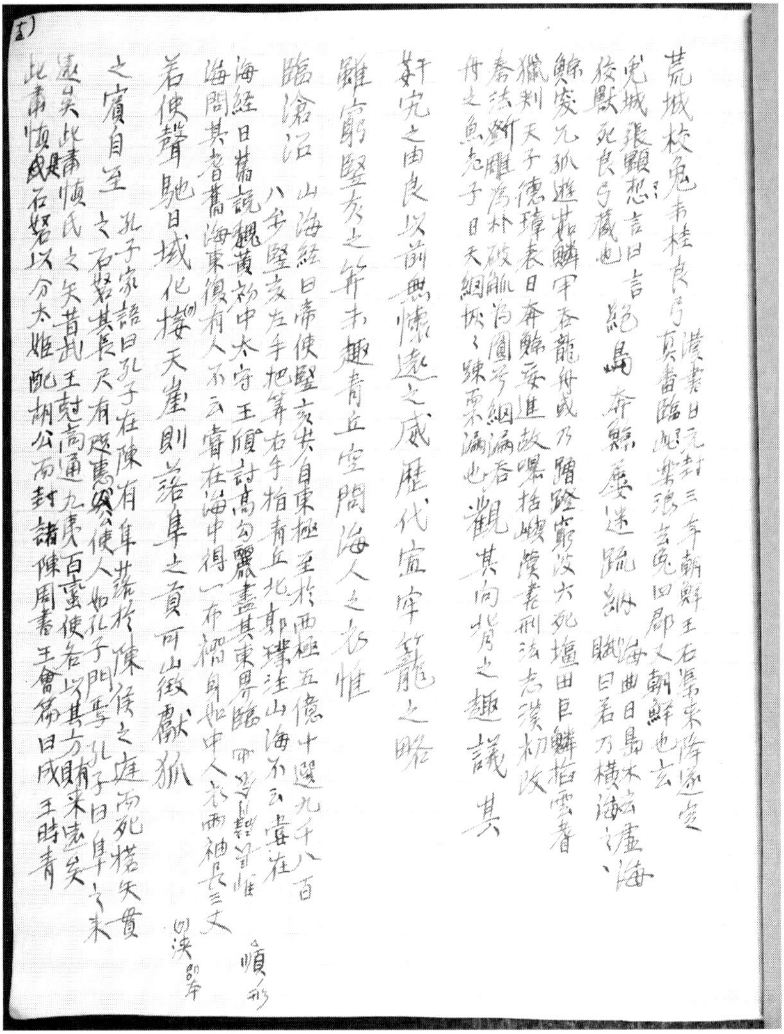

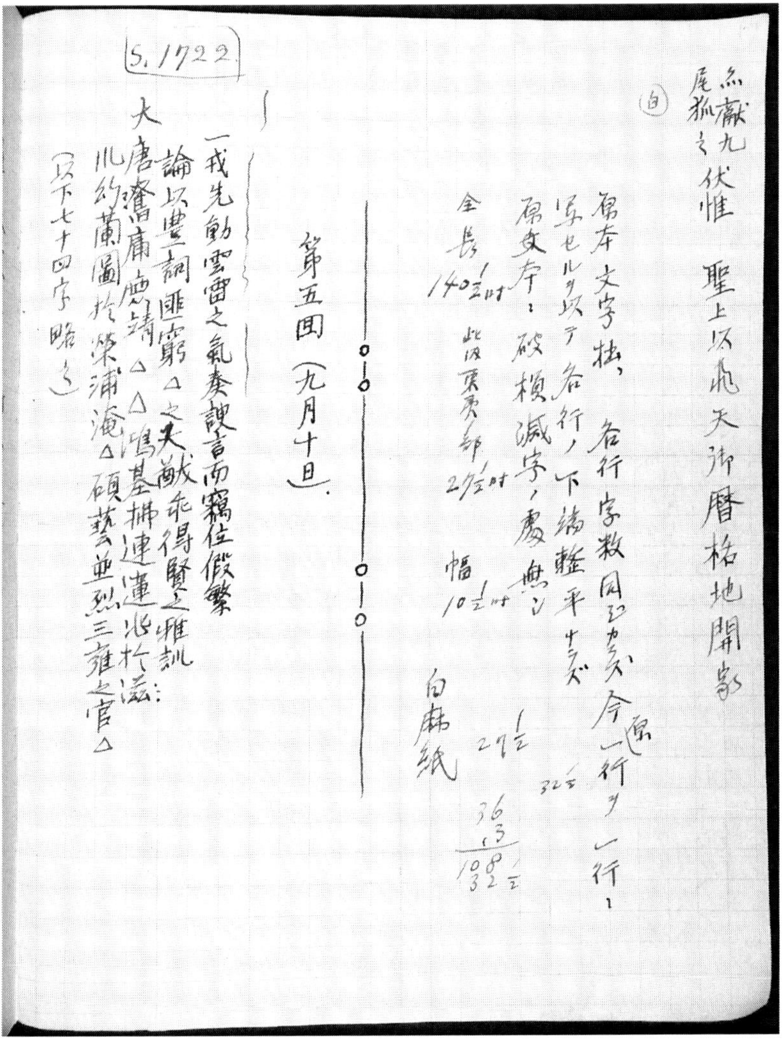
烏獻九尾狐之伏惟　聖上以飛天御曆格地開影
(白)
寫本文字拙、各行字数同ジカラズ今原一行ヲ一行ニ
寫セルヲ以テ各行ノ下端整平ナラズ
原文本ニ破損滅字ノ處無シ
全長 140 1/2 吋
此紙東京部 2 1/2 吋
幅 10 1/2 吋
白麻紙
27 1/2
32 1/2
36
13
108
32 1/2
第五回（九月十日）
S.1722
一戎先動雲雷之氣奏謳言而竊位假纂
論以豐詞匪窮△之天猷乖得賢之雅訓
大唐濬庸徳靖△△鴻基拂連漣兆於滋
川紛蘭圖於榮浦滄△碩藝並烈三雍之官△
（以下七十四字略之）

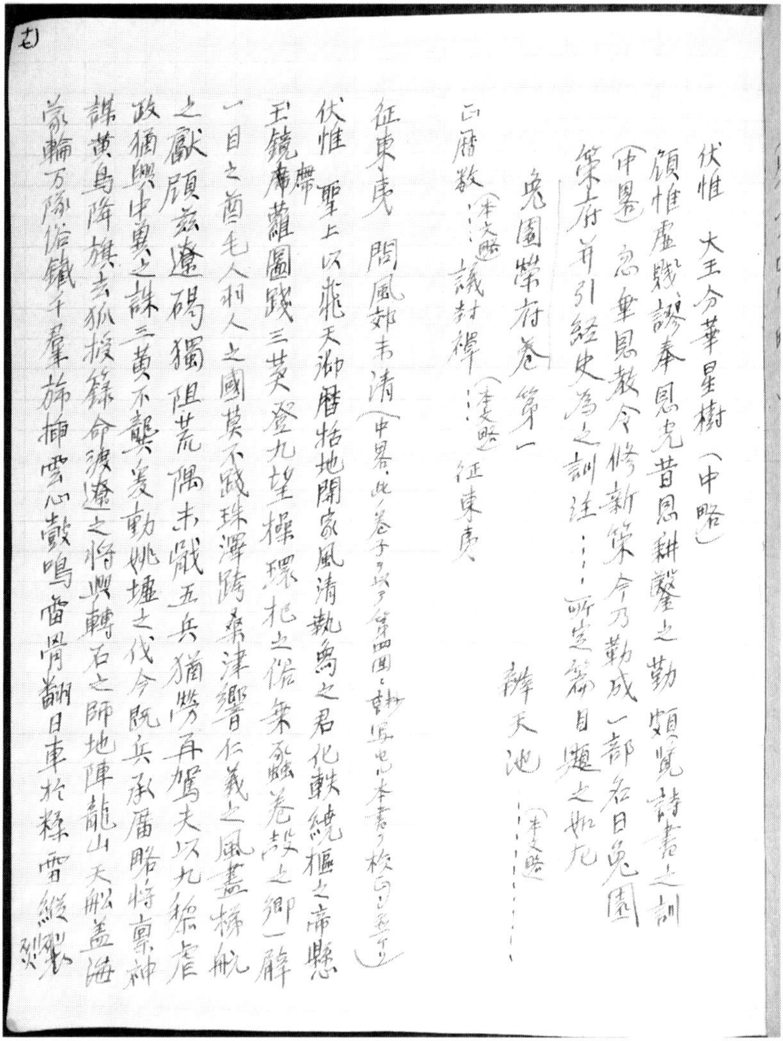
右

伏惟　大王分華星樹（中略）

頒惟虚賤謬奉恩光昔恩耕鑿之勤　類覧詩書之訓

（中略）忽奉恩教令修新策今乃勤成一部名曰兎園

策府并引經史為之訓注……所迷篇目題之如九

兎園策府巻第一　辯天地（本文略）……

正暦数（本文略）……議封禪（本文略）　征東夷

征東夷　問風郊未清（中略、此ノ巻子ヲ以テ第四図ト対照セシ本書ヲ校シ見ルベシ）

伏惟　聖上以飛天御暦括地開家風清執鳥之君化軼繞樞之帝懸

玉鏡而握圖踐三葉登九望樺瑔把上俗乗盤巻款之郷一辭

一日之酋毛人羽人之國莫不戢珠澤跨桑津響仁義之風盡梯航

之獻頗茲遼碣獨阻荒隅未戢五兵猶勞再駕夫以九稱宸

政猶興中冀之誅三黄不龔爰動姚墟之伐今既兵承廟略將稟神

謀黄鳥降旗玄狐授籙命渡遼之將興轉石之師地陣龍山天船蓋海

家輪万隊俗鐵千羣旆柳雲心鼓鳴雷骨斷日車於鞬雷縱掣烈

火於秋原鰲龜山無作固之基鯨海息群飛之浪鼂頭既截龍䑋方廻
先除衛滿之兇却掃孫淵之孽毋辯帶方之氛複安肅慎之黎
元不勞荀彘之謀詎涉河之詭然後置南部之尉朝東海之
君桂弓状索洗兵海島文馬既放瑁戈濮鞘刊不耐之城勒丸
都之岫視六合其如指掌何一隅之足介哉對謹

均刪壞　ーーー　ーーー

兎園策府第二

周南關雎詁訓傳第一

毛詩國風

以上一巻ヲナス　兎園策府ニハ注疏無シ

縱10吋

36
3
108
31
139吋

収縮本頁22吋

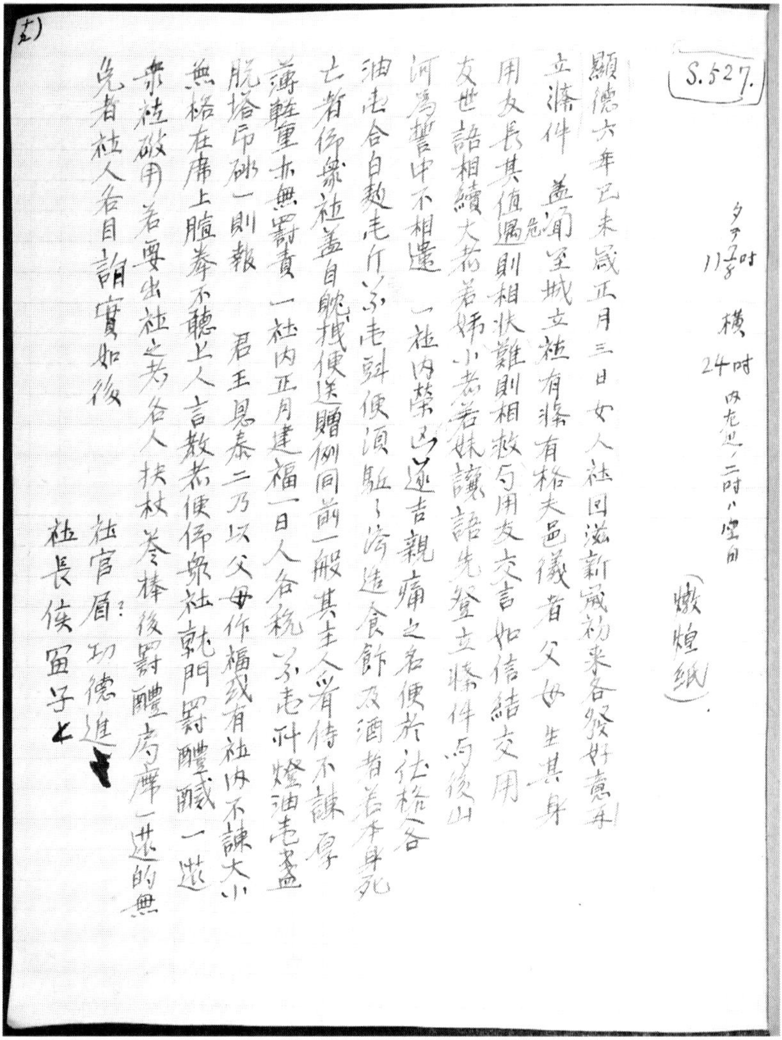

S.527.

タテ11 5/8吋　横24吋　内尤廿ノ二吋ハ空白

（燉煌紙）

顯德六年己未歲正月三日女人社因滋新歲初來各發好意再
立條件　蓋聞至城立社有條有格夫邑儀者父母生其身
用友長其值危則相扶難則相救与朋友交言如信結交用
友世語相續大者若姉小者若妹讓語先登立條件與後山
河為誓中不相違　一社内榮凶逐吉親痛之名便於社格人各
油壹合白麵壹斤粟壹斗便須驅驅濟造食飯及酒者若本身死
亡者仰衆社蓋白耽拽便送贈例同前一般其主人看待不諫厚
薄輕重亦無罰責　一社内正月建福一日人各稅粟壹斗燈油壹盞
脫塔印砂一則報　君王恩泰二乃以父母作福或有社内不諫大小
無格在席上喧拳不聽上人言教者便仰衆社就門罰醲膩一筵
衆社破用者要出社之者各人扶杖答棒後罰醲膩一筵的無
免者社人名目詳實如後
社官尼功德進
社長侯富子

録事印定唐 紫(a)家娘十

社老女子 十

社人張家(b)渦富子 ●

社人渭子

社人李近德 田

社人吳富子 𠂇

社人收子 ㄅ

社人留勝 ㄨ

社人意定 㔾

社人善留 丨

社人槐阿呆 五

社人富連 𠂇

社人住連 㐅

右通前件條流一一丁寧如水如魚

不得道說事非更不於(?)者山河

(a) 此三字別筆

(b) 原本ノマヽ

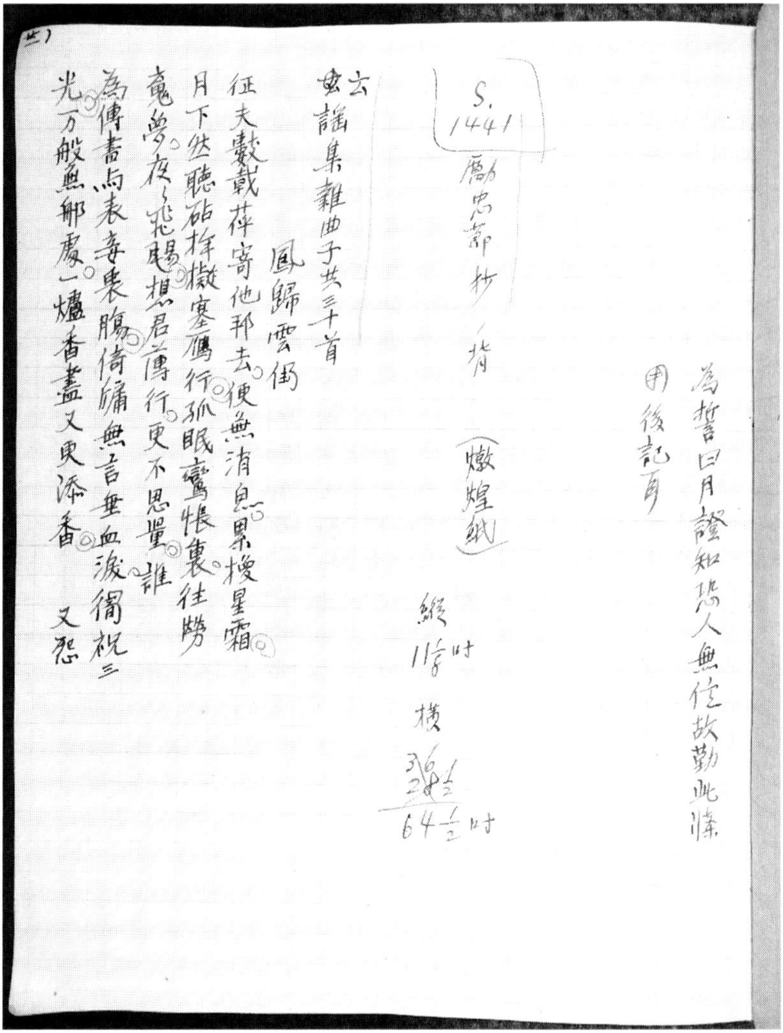
為誓曰月證知悲人無位故勤此懺
後記有
S.1441
勵忠節抄／背
（敦煌紙）
縦
横
云謠集雜曲子共三十首
鳳歸雲徧
征夫數載萍寄他邦去便無消息累換星霜
月下愁聽砧杵擬塞鴈行孤眠鸞帳裏枉勞
魂夢夜夜飛颺想君薄行更不思量誰
為傳書與表妾衷腸倚牖無言垂血淚暗祝三
光万般無那處一爐香盡又更添香
又怨

渌窓獨坐脩得為君畫征衣裁縫了遠寄邊
虞想得為君貪苦戰不旦崎嶇中朝沙磧里
凶憑三尺勇戰軒愚豈知紅臉淚的如珠往把
金釵卜卦こ皆虚夢天涯無暫歇桃上
長虚待公卿迴故日容顏憔悴彼此何如 又
幸因今日得覩嬌娥眉如初月目引横波素脣
未消殘雪透軽羅朱含碎玉雲髻婆娑東隣
有女相料實難過羅衣掩袂行步逶迤逶迤
人同語羞無力態嬌多錦衣公子見垂鞭立馬
腸斷知磨 又 児家本是累代簪纓父兄
皆事佐國良臣幼年生於閨閣洞房深訓習
礼儀足三從四德針指分明娉得良人為國遠
長征争名定難未有歸程徒勞公子肝腸
斷謾生心妾身如松栢守志強過曾父堅貞
天仙子 鶯語啼時三月半煙蘸柳條金線乱五

臉

(a) 娉?

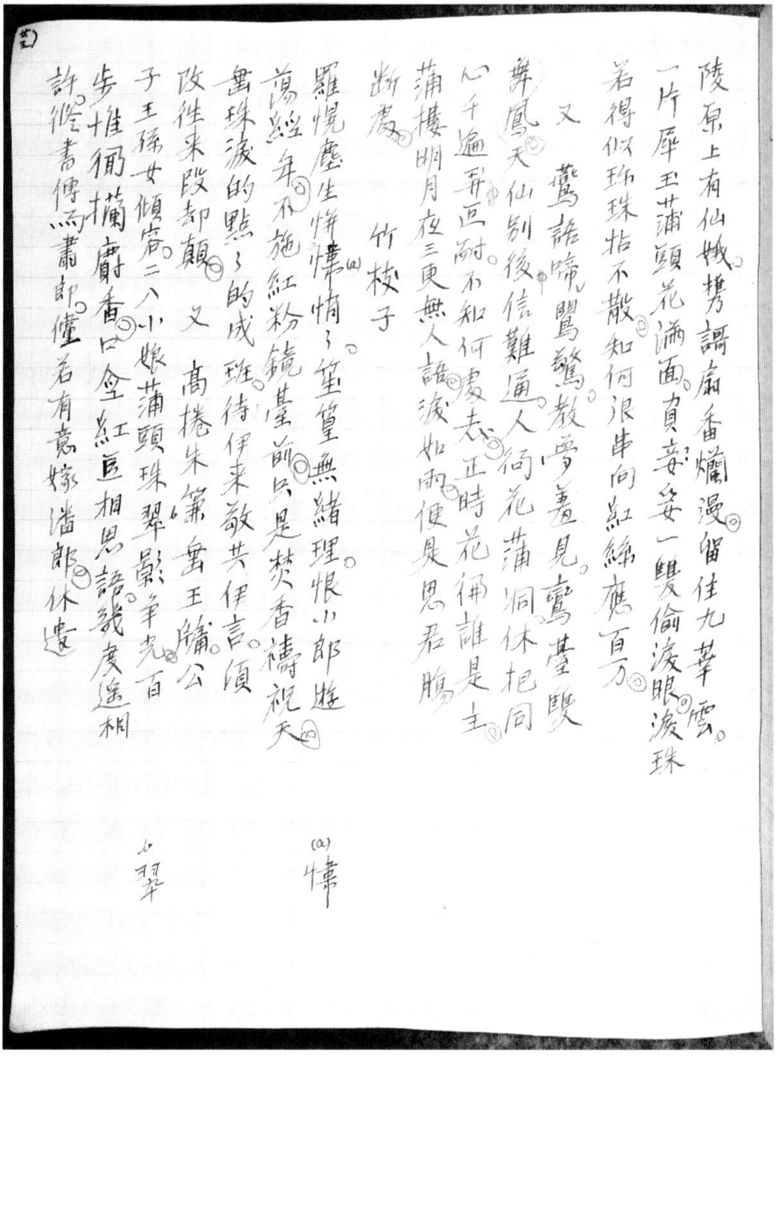

陵原上有仙娥携謌扇香爛漫留住九華雲。
一片犀玉蒲頭花滿面。負妾一雙偷淚眼淚珠
若得似珎珠拈不散知何恨串向紅絲應百万
又　鶯語啼鸎驚教夢羞見鸞臺隻
舞鳳天仙別後信難通人何花蒲洞休把同
心千遍弄叵耐不知何處去正時花仰誰是主
蒲樓明月夜三更無人語淚如雨便是思君腸
斷處
竹枝子
羅幌塵生㤆幃(a)情々笙篁無緒理恨小郎遊
蕩經年不施紅粉鏡臺前只是焚香禱祝天
垂珠淚的點々的成斑待伊來敬共伊言須
改往來段却顛　又　高捲朱簾垂玉牖公
子王孫女傾容二八小娘蒲頭珠翠(b)影争光百
步惟彌欄麝香口含紅豆相思語幾度遙相
許修書傳與書郎僮若有意嫁潘郎休遣

(a) 幃
(b) 翠

潘郎爭斷腸 洞仙歌
華燭光輝深下悄悽恨征人久鎮邊夷酒
醒後乡尾醋少年夫婿向綠窗下佐裙右
倚擬鋪鴛被把人尤泥酒索琵琶從理曲中彈
到想夫怜處轉相憂箋乡思意却在緒衰克
鴛衾抱顧長弓金宵相似 又 珠卜悲鴈隨陽
解引秋光它々蛩響夜々堪傷淚珠串的旋流
抛上無計恨征人爭向金尾深蕩擣衣聲亮
懶寄廻文先往戰袍待穩卜 聲々童更薰香
慇懃憑驛使追訪顧四塞来朝明帝令戎客
休施流浪 破陣子 連臉柳眉休韻青絲
羅寵雲暖日和尾花戴媚畫個凋探鶯語
新捲簾帳去人宋寅長畫珠淚焚香禱盡靈
神應是蕭湘紅粉繼不念當初羅帳恩抛兒
靈慶香 又 日暖尾輕住纔薰流鵰似個人正時起
淚花棒艷獨滿千山而万津草千迷處塵要

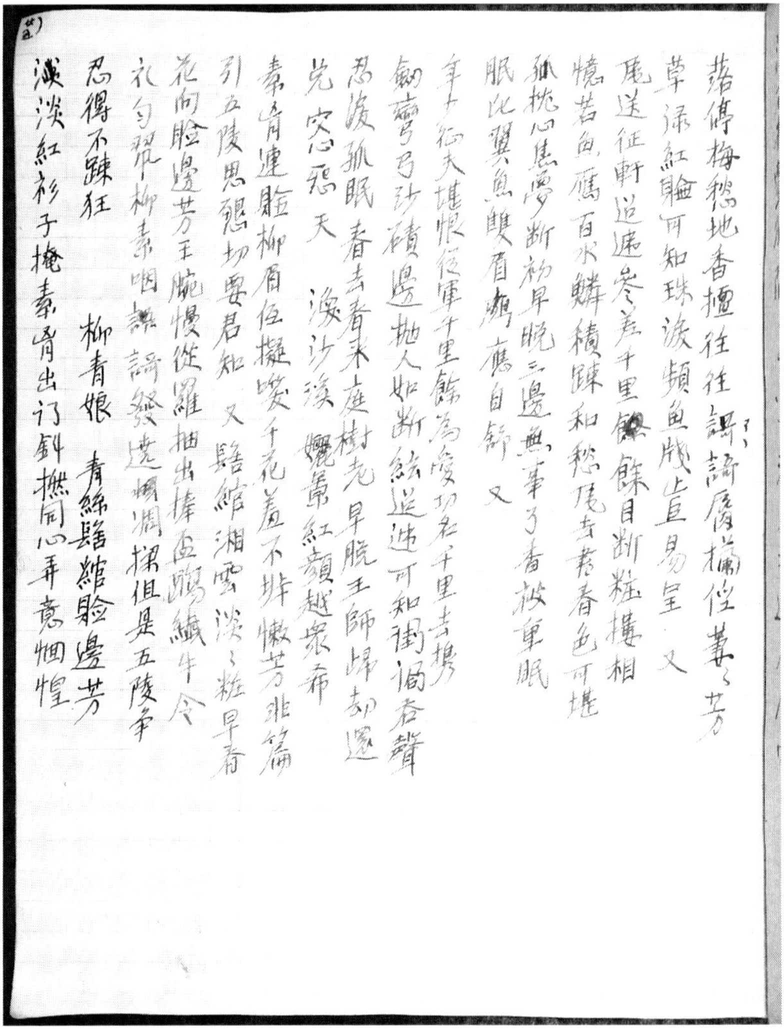
落傳梅穏地香擅往往謌謫層橋位萋々芳
草綠紅臉可知珠淚頻向[illegible]易呈　又
尾送征軒道遞差千里餘目断粧攙相
憶苦魚鷹百水鱗積躁和愁尾去春色可堪
孤枕心焦夢断初早晩二邊無事了香被单眠
眠比翼魚雙看鴻鷹自舒　又
年少征夫堪恨從軍千里餘爲覓功名千里去攜
劍彎弓沙磧邊抛人如断絃迢迢可知觸諷春聲
忍後孤眠春去春來庭樹老早晩王師歸却還
免究心惡天　淚沙痕　[illegible]紅顔越衆希
素胸蓮臉柳眉低擬嗟千花羞不[illegible]懷芳非篇
引五陵思聰切要君知　又　髫綰湘雲淡々粧早春
花向臉邊芳玉腕慢從羅抽出捧盃觴纖手令
孔勻翠柳素咽讌謌發遶梁凋[illegible]但是五陵爭
忍得不疎狂　柳青娘　青絲髫綰臉邊芳
淡淡紅衫子掩素胸出门斜撫同心弄意悃惶

固使撗波認王郎直耐不知何處去交人幾度掛羅
裳待得歸来須共語情轉傷斷切粧樓伴小娘
又　碧羅冠子結初戴成內紅衫子石榴裙固着
炯暗輕〻深淡施擅色注語唇含情喚小鸎只阿玉
郎何處去總言不覺到朱门扶入錦、
懸懸因何事直少年人　傾盃樂

（以下十三　空白）

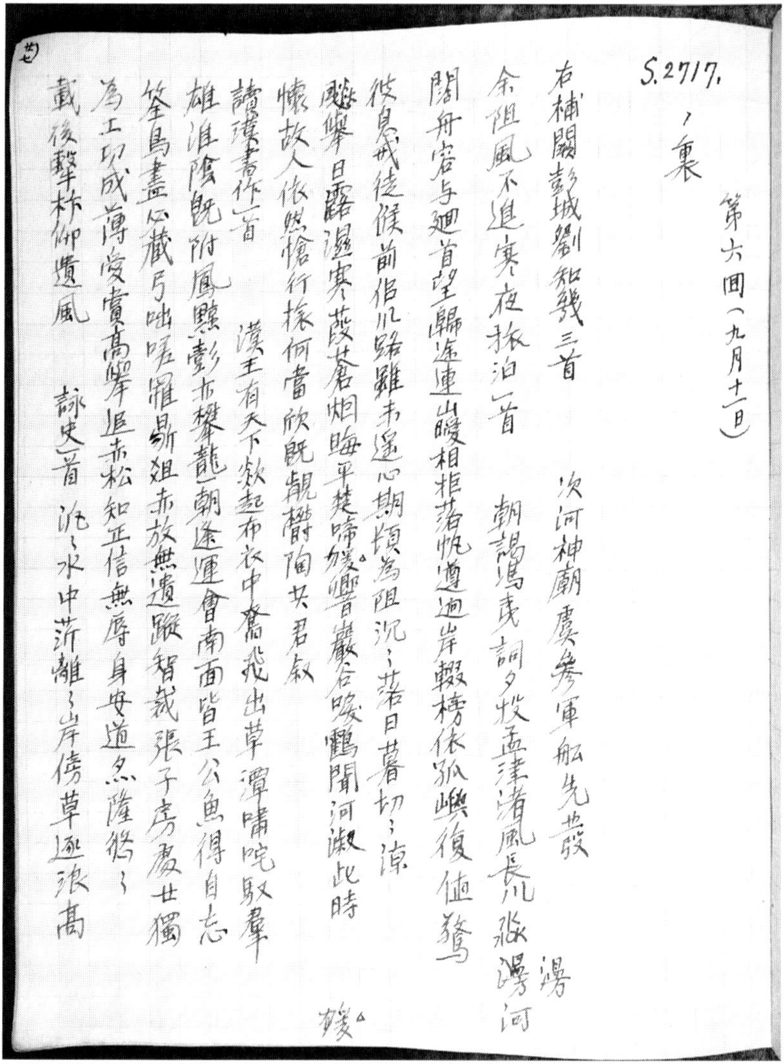

第六回（九月十一日）

S.2717.

ノ裏

右補闕彭城劉知幾　三首　次河神廟虞參軍船先發

余阻風不進寒夜旅泊一首　朝謁馮夷祠夕投孟津渚風長川淼漫河

闊舟容与迴首望歸途連山暧相拒落帆遵迴岸輟棹依孤嶼復値鶯

彼息我徒倦前倡川路難未還心期頃爲阻沉沉落日暮切切涼

飈舉白露濕寒莪蒼烟晦平楚啼猿響巖谷唳鶴聞河潊此時

懷故人依然愴行旅何當欣旣覯嚮陶共君叙

讀漢書作一首　漢王有天下欻起布衣中奮飛出草澤嘯咤馭羣

雄淮陰旣附鳳黥彭亦攀龍朝遂運會南面皆王公魚得自忘

筌鳥盡必藏弓咄嗟罹鼎俎赤族無遺蹤智哉張子房處世獨

爲工功成薄受賞高舉追赤松知止信無辱身安道亦隆悠悠

載後擊柝仰遺風　詠史一首　汎汎水中荇離離岸傍草逐浪高

廿七

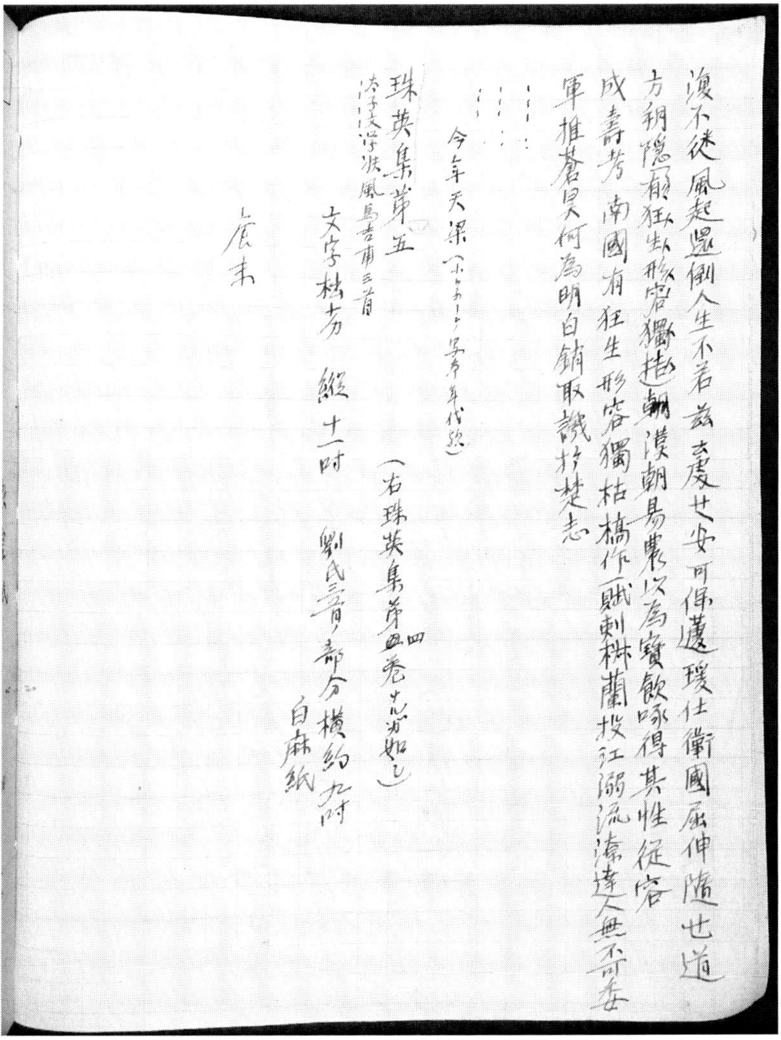

湌不徙風起還倒人生不若茲處世安可保蘧瑗仕衛國屈伸隨世道
方朔隱(顛狂形容獨枯)漢朝易農以為寶飲啄得其性從容
成壽考南國有狂生形容獨枯槁作賦刺椒蘭投江溺流潦達人無不可委
軍推蒼昊何為明白銷耿識於楚志

……
……

今年天梁（不分十ノ字分年代說）

（右珠英集第四卷十九頁如乙）

珠英集第五
次子文字状風馬吉甫三首

文字枯方　縱十一吋　劉氏三首部分橫約九吋
白麻紙

底本

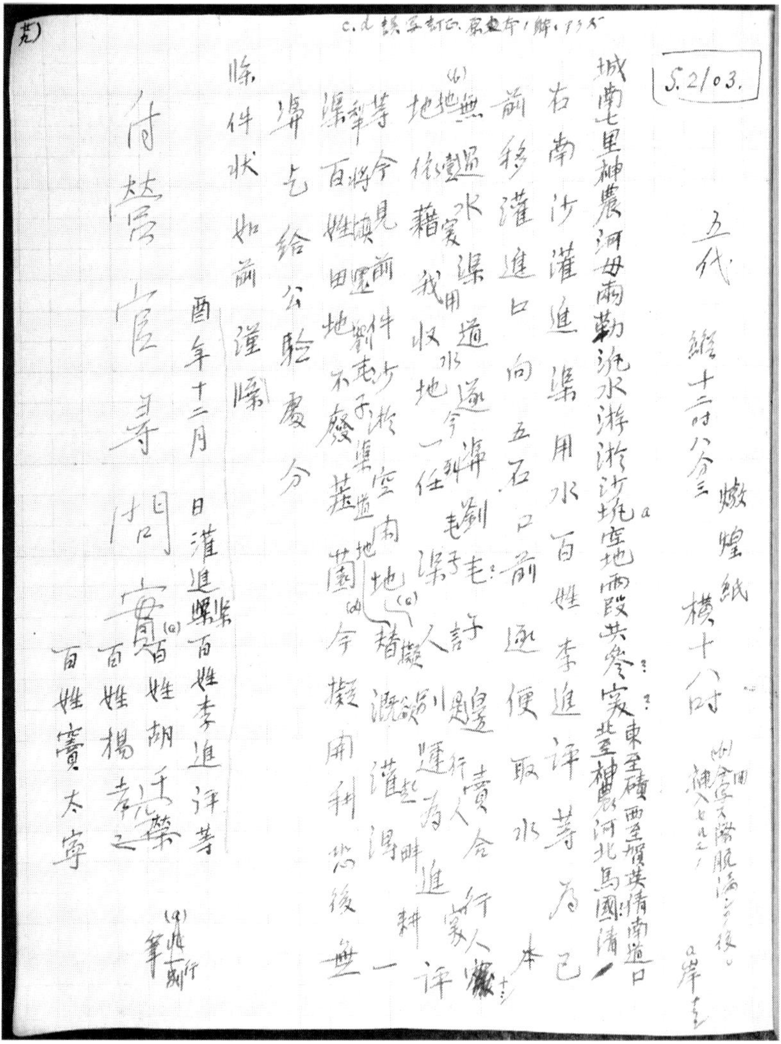
S.2103.
五代
燉煌紙
城南七里神農河母兩勒泚水游沙坈空地兩段
右南沙灌進渠用水百姓李進評等
前移灌進口向五石口前逐便取水
牒件狀如前謹牒
酉年十二月　日灌進渠百姓李進評等
付營田官尋問
百姓楊

閑無主任縮理細 百姓張𬂪子
百姓(a)氾𬂪情　(a)氾桂清ナラン

亍志　廿三

大般涅槃經ノ裏　白麻紙　中唐

S.2593

沙州圖經卷第一

第一州　第二　第三　第四 燉煌縣　第五 壽昌縣

沙州下屬涼州都督府管　無瘴

右州州者古瓜州地其地平川多沙鹵人以耕稼

為業草木略与東華夏同其木無桐梓漆

桔栢

(以下白紙)

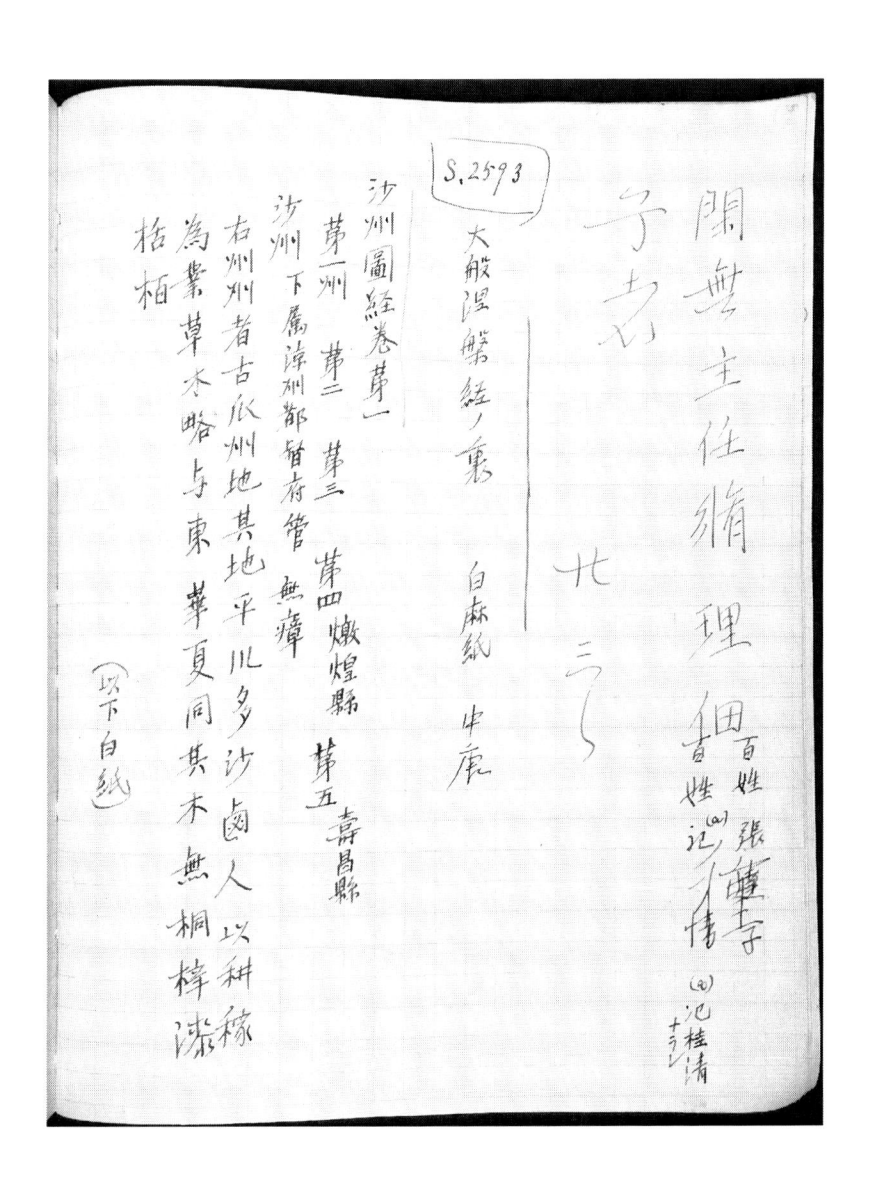

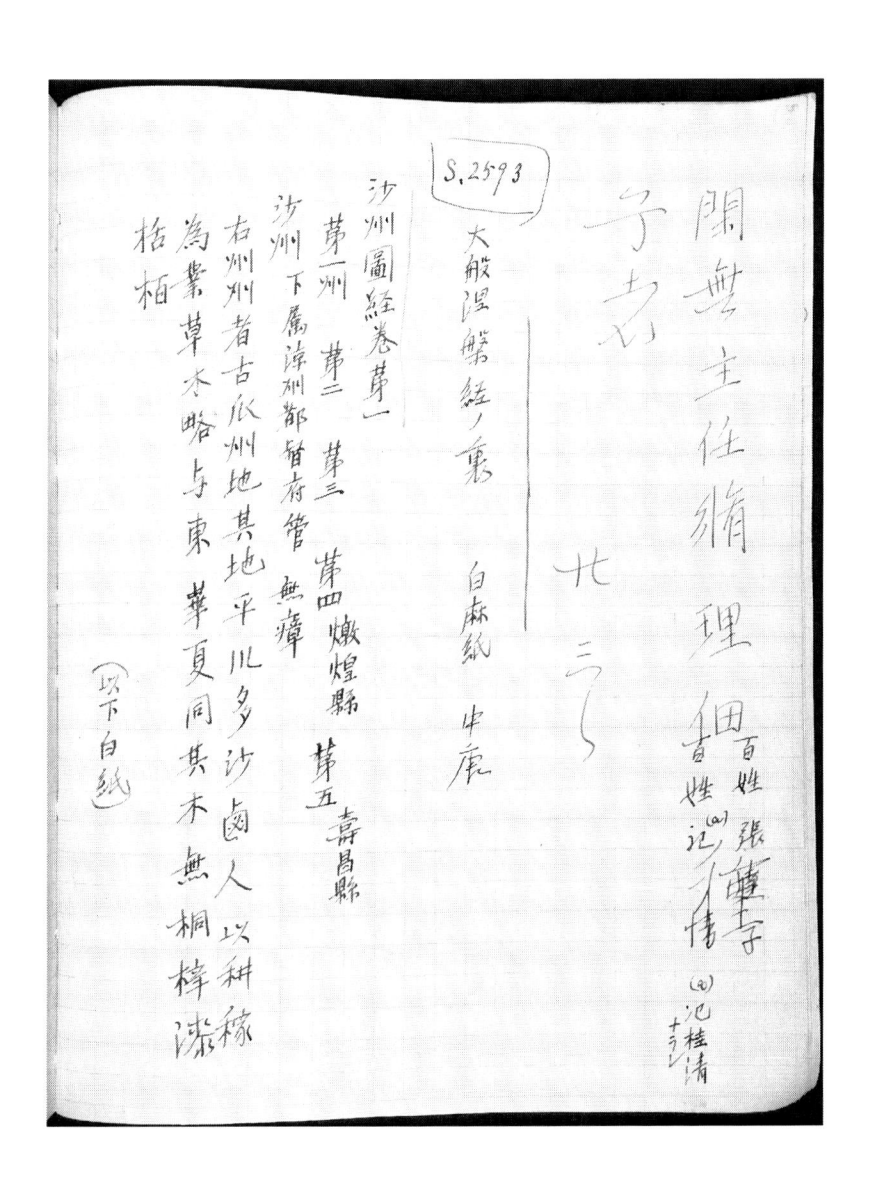

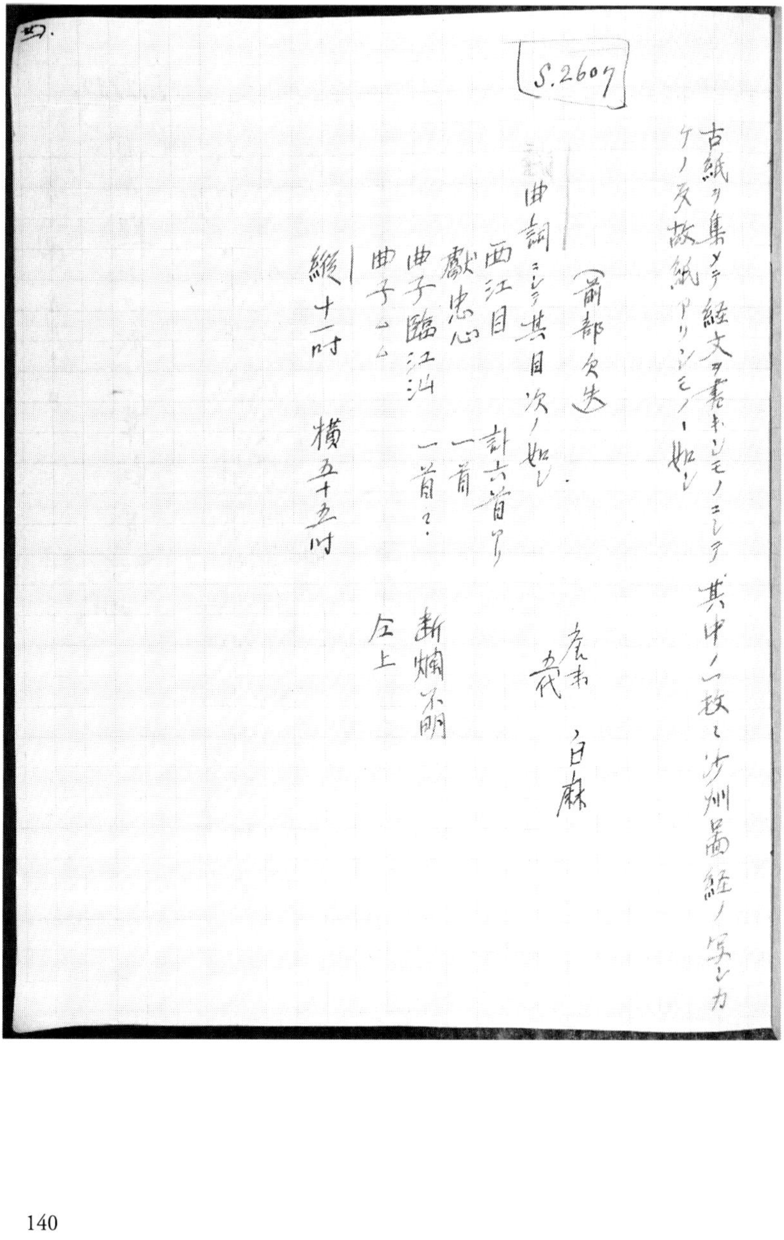

57.

S.2607

古紙ヲ集メテ經文ヲ書キシモノニシテ其中ノ一枚ニ沙州畵經ノ写シカ
ケノ反故紙アリシモノ、如シ

（前部欠失）

曲詞ニシテ其目次ノ如シ　計六首アリ

西江月　唐末五代　白麻

獻忠心　一首

曲子臨江仙　一首ニ　斷爛不明

曲子一ム　仝上

縦十一吋　横五十五吋

S.2832.

第七四　九月十二日

原本題名ヲ缺ク（華詞集）

（例）願

惟如公高搴戲網謹累水消榮命保於南山歡

賞斉於北極然後攀性花於道樹　苦海波清

照心鏡於禪池　耶山　霧廓

……

各行十七八字　總行数　六百八十行　白麻紙

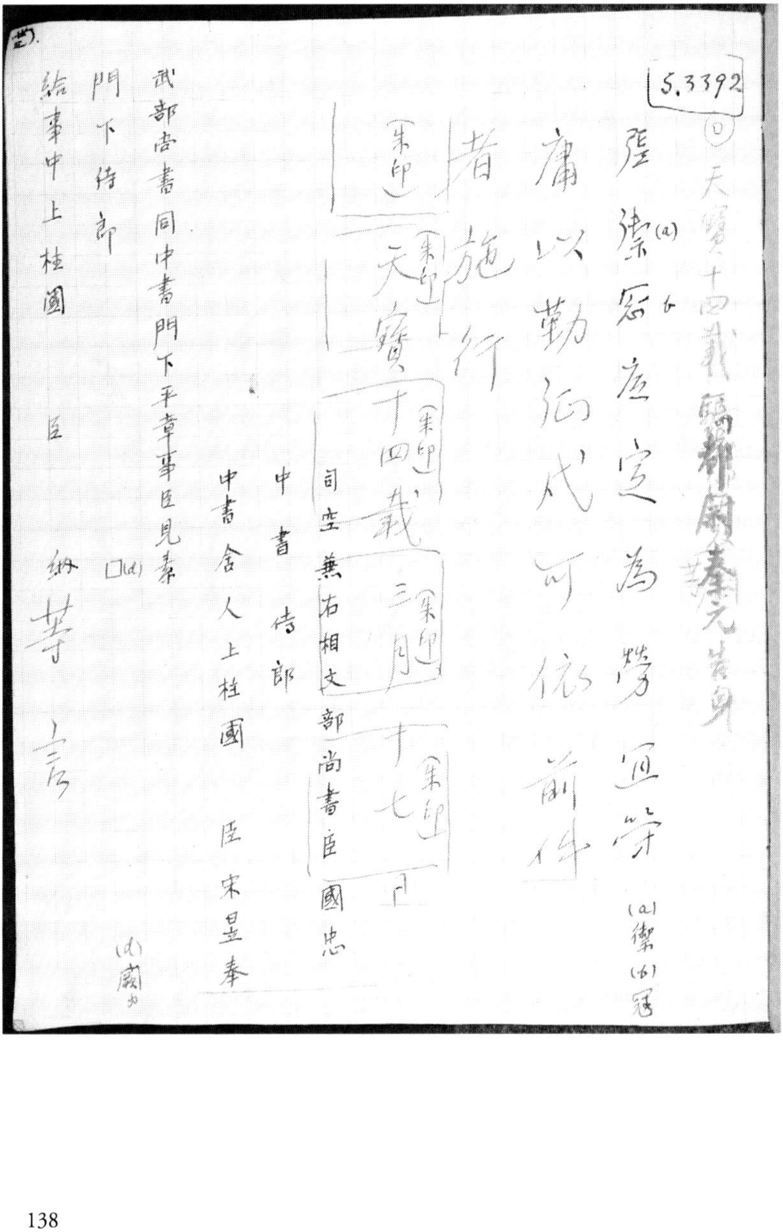
S.3392
司空兼右相文部尚書臣國忠
中書侍郎
中書舍人上柱國　臣宋昱奉
武部尚書同中書門下平章事臣見素
門下侍郎
給事中上柱國　臣

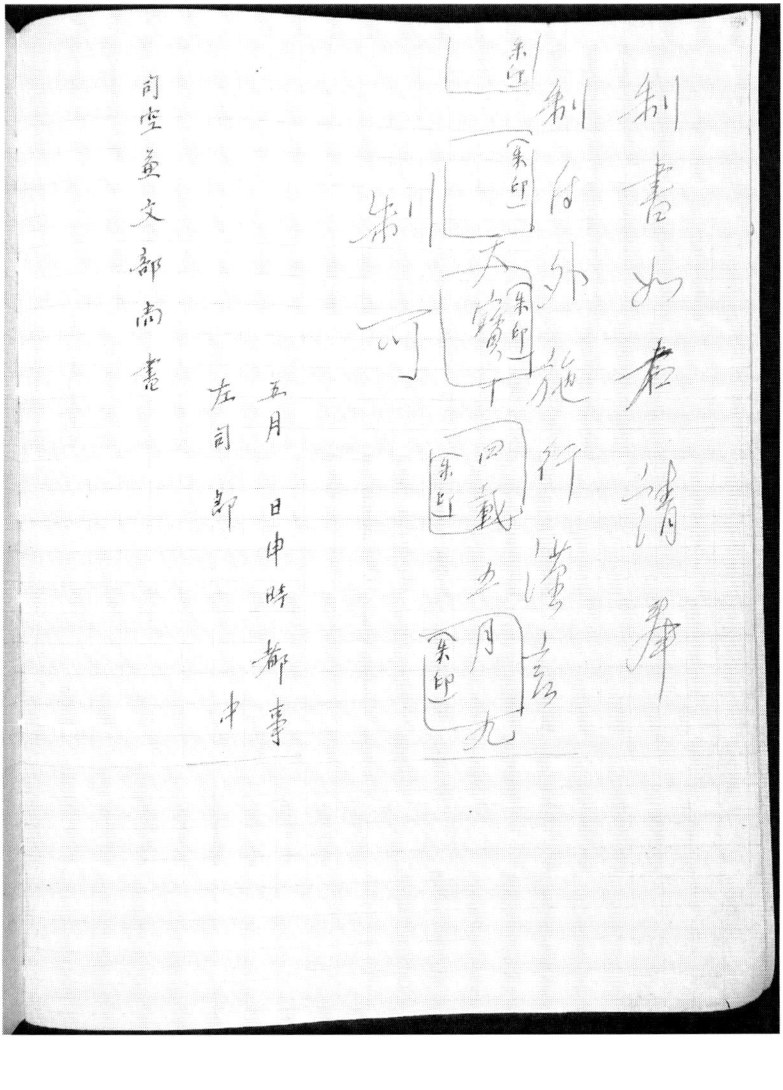
勅書如右請奉
（朱印）勅付外施行謹言
（朱印）天寶十（朱印）四載（朱印）五月九
朱 制可
五月　日申時都事
左司郎中
司空兼文部尚書

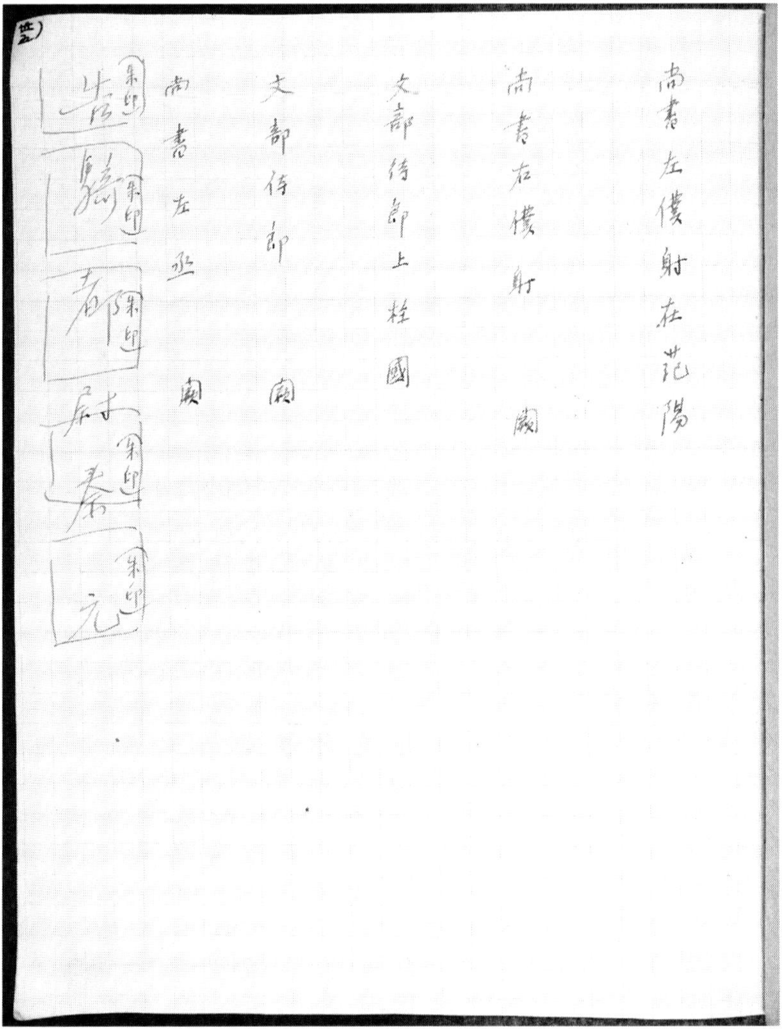
尚書左僕射在范陽
尚書右僕射　闕
文部侍郎上柱國
文部侍郎　闕
尚書左丞　闕
朱印
朱印
朱印
朱印
朱印

奉被

制書(朱印)如(朱印)右符(朱印)到奉(朱印)行

主事 相

令史 郭彦

書吏 劉観

員外郎 希寧

天寶(朱印)十四(朱印)載五(朱印)月十□日(朱印)

(朱印)

右ノ文書 縦九吋八分五 横四十六吋 上下両端（サンノ）裁失 右端欠

小字ノ外 主事ノ署名 相ノ以外ハ一筆ナルガ如シ

題辞文字頗ル佳

上両下端皆整切

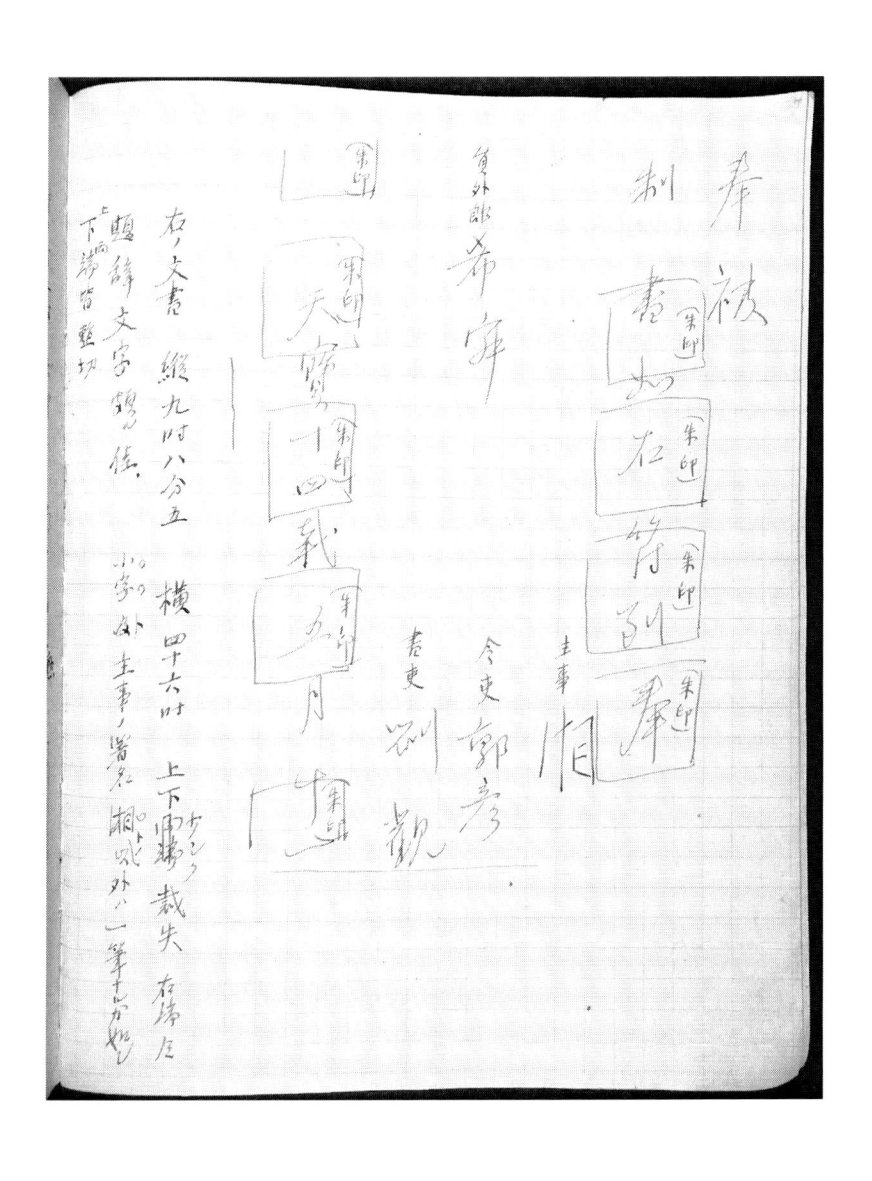

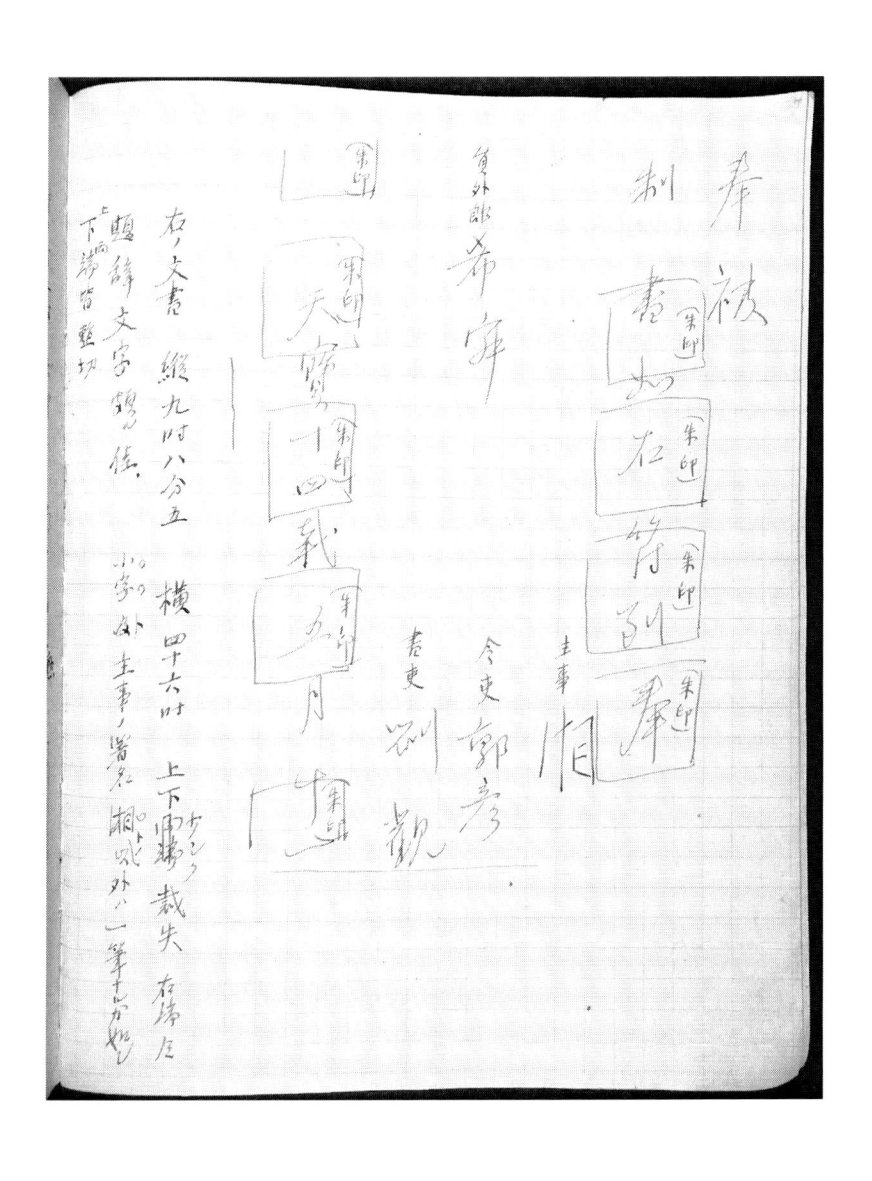

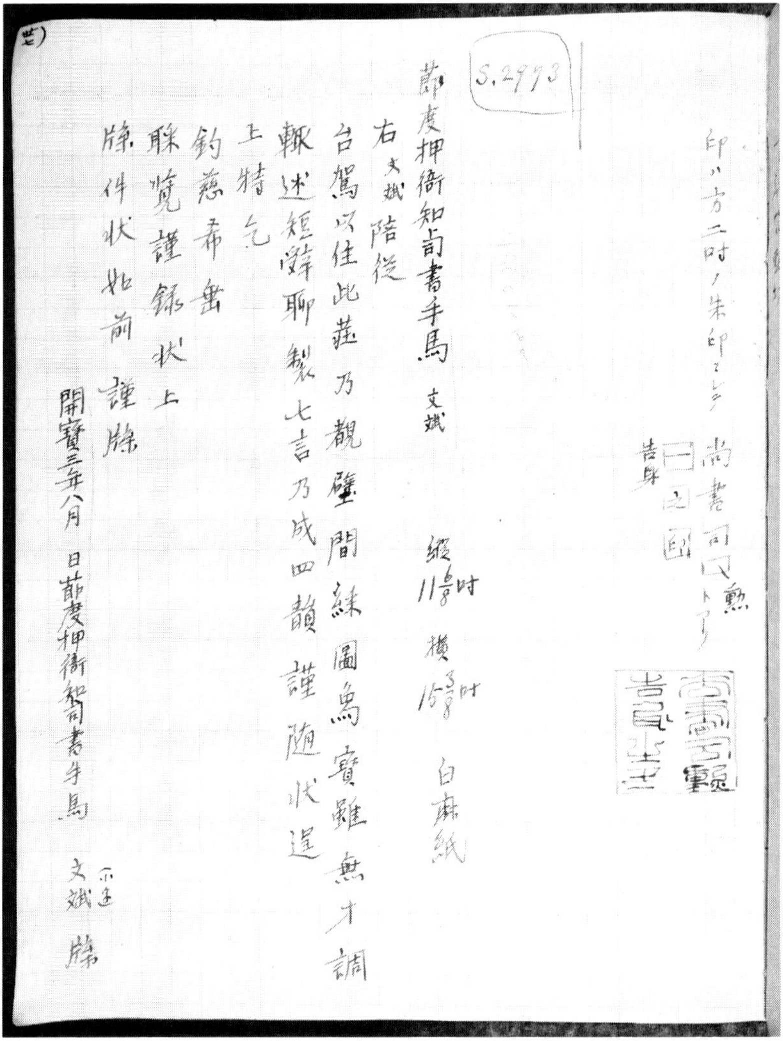
印ハ方二吋ノ朱印ニシテ 尚書司印 トアリ
縦11 5/8吋 横15 3/8吋 白麻紙
S.2973
節度押衙知尚書手馬 文斌
右文斌陪従
台駕以往此莊乃覩壁間綵圖鳥實雖無才調
輒述短辤聊製七言乃成四韻謹隨状進
上特乞
鈞慈希垂
睬覧謹録状上
牒件状如前謹牒
開寶三年八月 日節度押衙知尚書手馬 文斌 牒

S.3540

希奇寶爲獸中王猛毅雄心世不
當四足端然如玉柱雙牙利劍若
金鈕立觀峭峻成山岳動必搖形
見者慌促以聲名告醜類從今何
敢作寃殃

橫6吋
紙11吋 縱12吋 燉煌紙

馬文斌ノ名ハ前卷ニアリ

庚午年正月廿五日立[illegible]人憑比丘福東將頭氾乹祐鄧文6 (b)安官
社長王安年
李延會 陳千寶 李富進安永長押衙張富弘閻顏成 (a)張即張
張仙奴崔田奴馬文斌孔彥長都頭氾祐貞
氾祐清賈水存李壹拾陸人發心於宕泉
脩窟一所並乃各從心意不是科率求要
名目林梁隨辦而出或若天地傾動此願
不移祇二帝以同盟請四王而作證衆

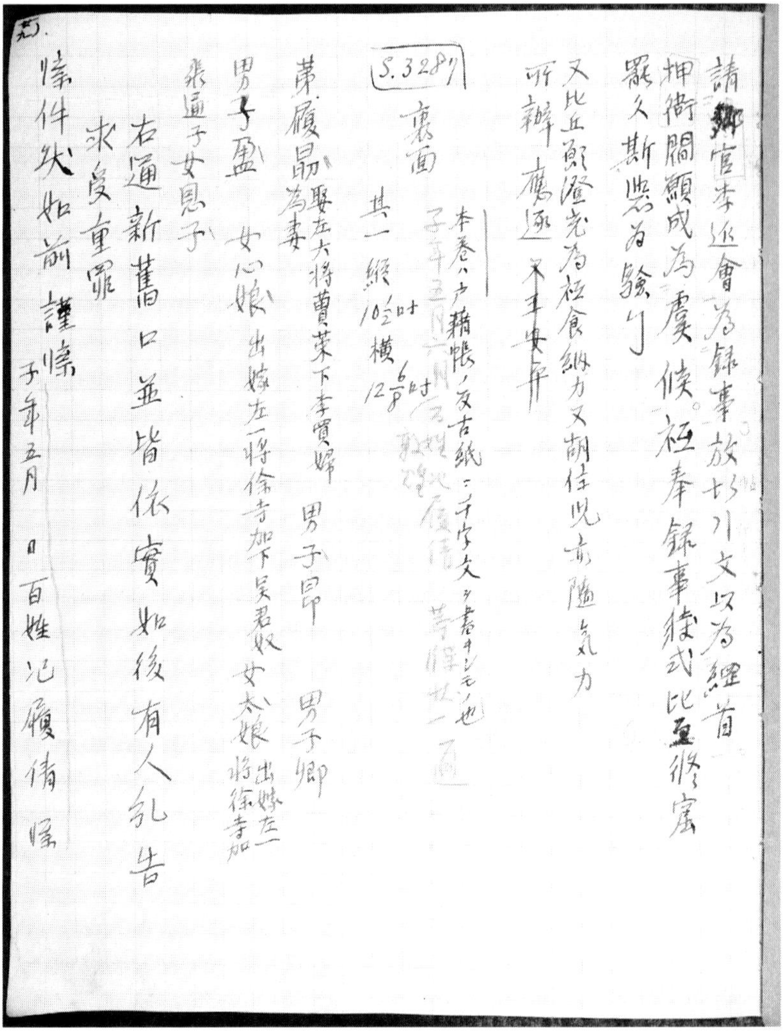

請鄉官李延會為録事放切刁文以為經首
押衙關顒成為虞候。祗奉録事稜式比互修塞
罷久斯照為驗り
又比丘憨澄充為祇食納力又胡住兒亦隨気力
所辦 應延

S.3287

裏面
本巻ハ戸籍帳ノ反古紙ニ十分大ク書キシモノ也
其一 紙 10 1/2吋 横 12 6/8吋

苐履昂為妻 娶左六將曹茱下李賓婦 男子昂 男子卿
男子盈 女心娘 出嫁左一將徐寺加下吴君奴 女太娘 出嫁左一將徐寺加
氾通子 女恩子
右通新舊口並皆依實如後有人糺告
求受重罪
𠏉件狀如前謹牒
子年五月 日百姓氾履倩牒

丙寅年十一月　其二　縦1/10 2吋、横約十五吋

左二将　状上

戸雷寛忠　妻陰　男遠乙　男順乙　女犯娘 出度

(ロ)女金嬢 母妹 同部落 鳧通下部道　婢目

午年辟三部落己後新生口　男性奴 出度　女権娘嫁馬(山)△△ 部落張 (山)島

下張頭　女意娘 出度　男再和 出度　遠乙妻 娶同部落鳧通下 △△奴妹女麺

女扁娘　男遠乙妻　娶本将程第奴女

右通前件新舊口並皆依實如後有人

(ロ)鉛筆ニテ書カレタ文字ハ原本ニハ前墨ニテ書シ擦ニ影ヲ残スノミ

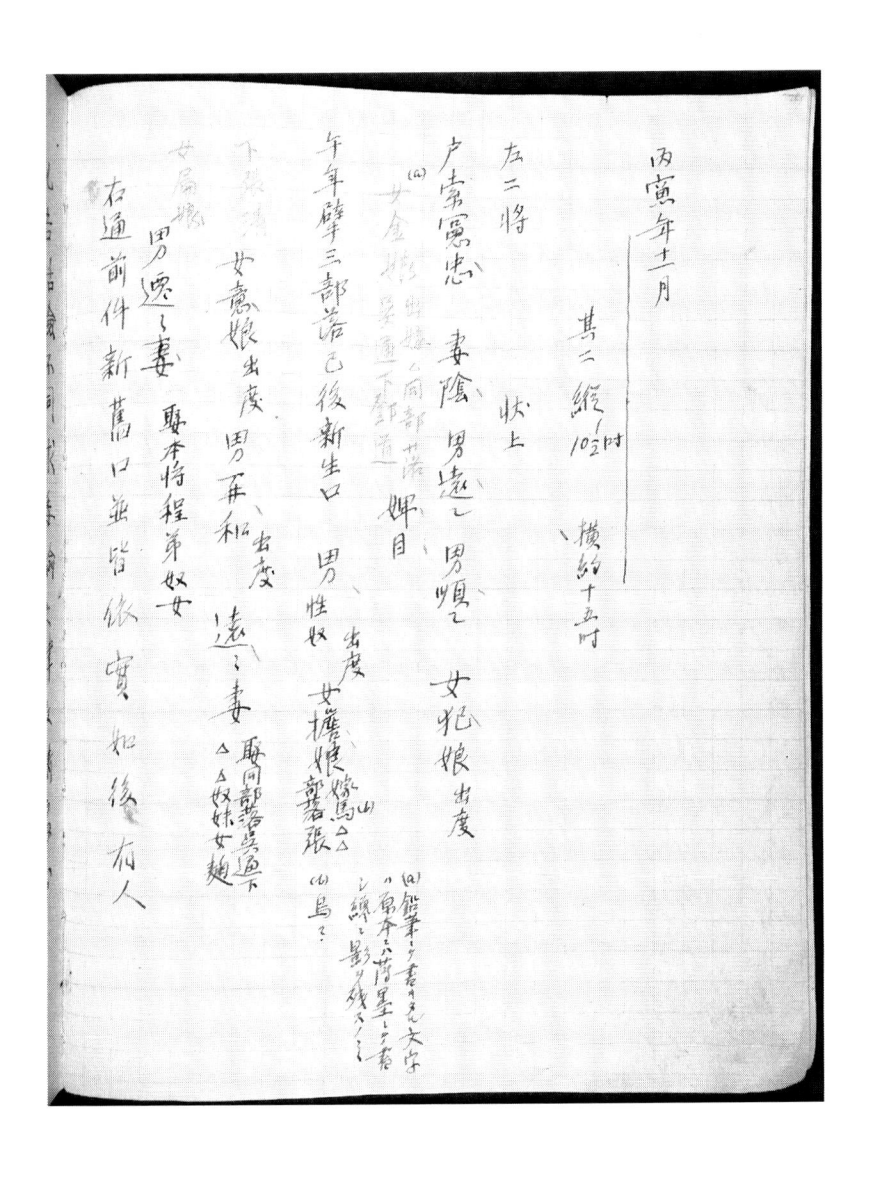

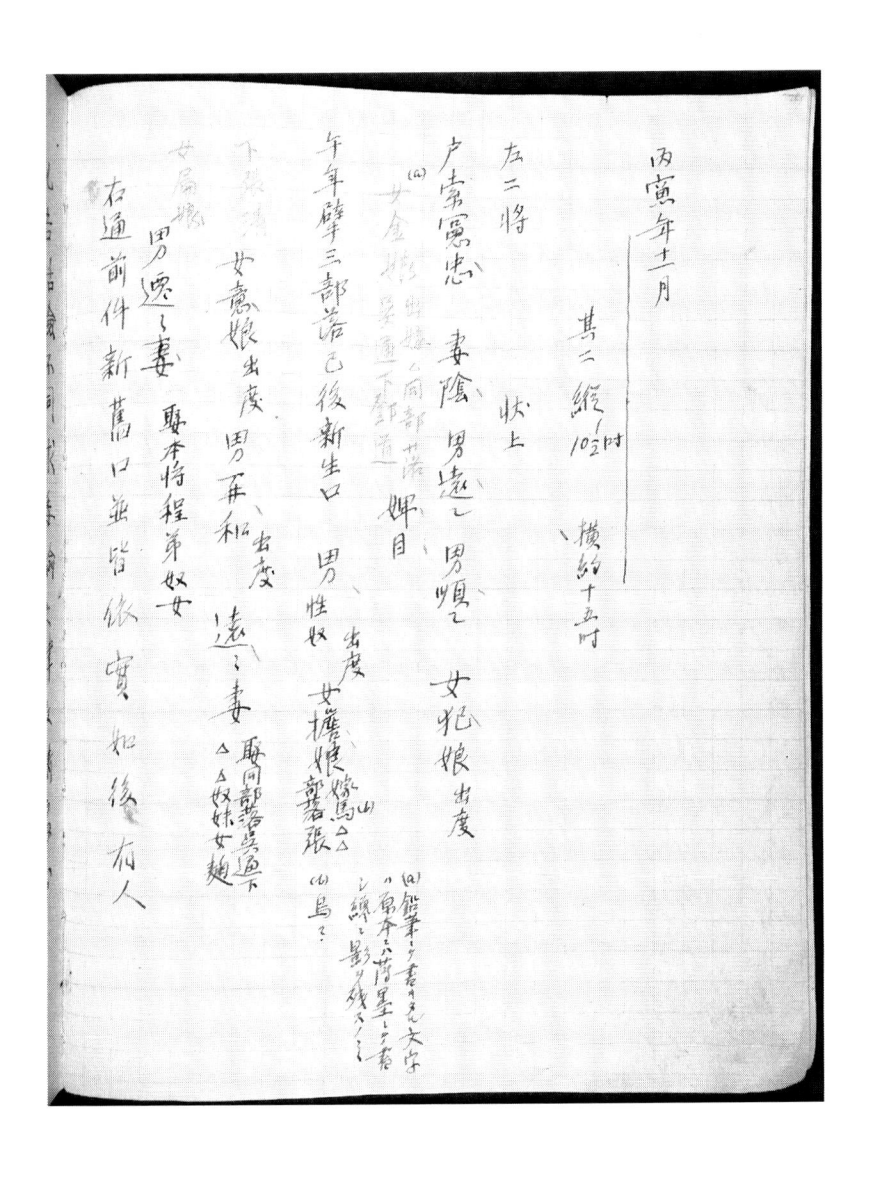

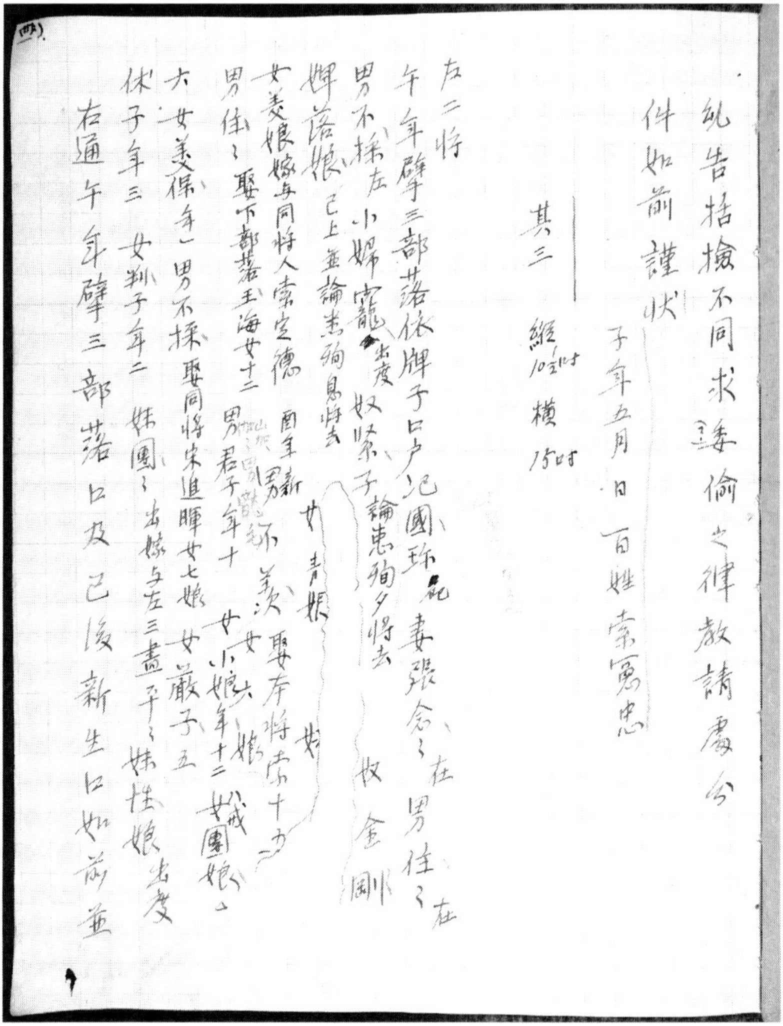

紇告梏檢不同求(主)委倫之律敵請處分
件如前謹状
子年五月 日 百姓索憲忠

其三　縦10.2cm　横15cm

左二将
午年擘三部落依牌子口戸氾國珎 死 妻張念々 在 男住々 在
男不採 左小婦寵 出度 奴紫子 論恚殉夕将去 牧 金剛
婢落娘 已上並論恚殉夕将去 女 青娘 妙
女麦娘嫁与同将人索定德 酉年新 男 不 美次 娶左将索十力
男住々 娶下部落王海女十二 男君子年十 女小娘年十二 女團娘一
六 女美保年一 男不採 娶同将宋進暉女七娘 女嚴子五
休子年三 女判子年二 妹團々 出嫁与左三畫平々 妹性娘 出度
右通午年擘三部落口及已後新生口如前並

皆依實并無隱漏不通？如後有人糺告稱

有隱漏請求依法科斷　子年六月一日　百姓

汜住々狀

其四 ―　タテ仝前　横十七吋

左二將　狀上

汜庭蘭死　妻王死　男宜國　男憨々死　小歸死　父死　母死

妻　落已後新生口　宜國　妻王死　男金剛

妻娶同部落曹榮下索進昌女　男沙子　男沙門

妃娘　女女々　奴宜奴奴安奴　婢宜娘 榮娘　婢星々

右通前件新舊口并皆依實如後有人

告括檢不同求受偷人條教請處分

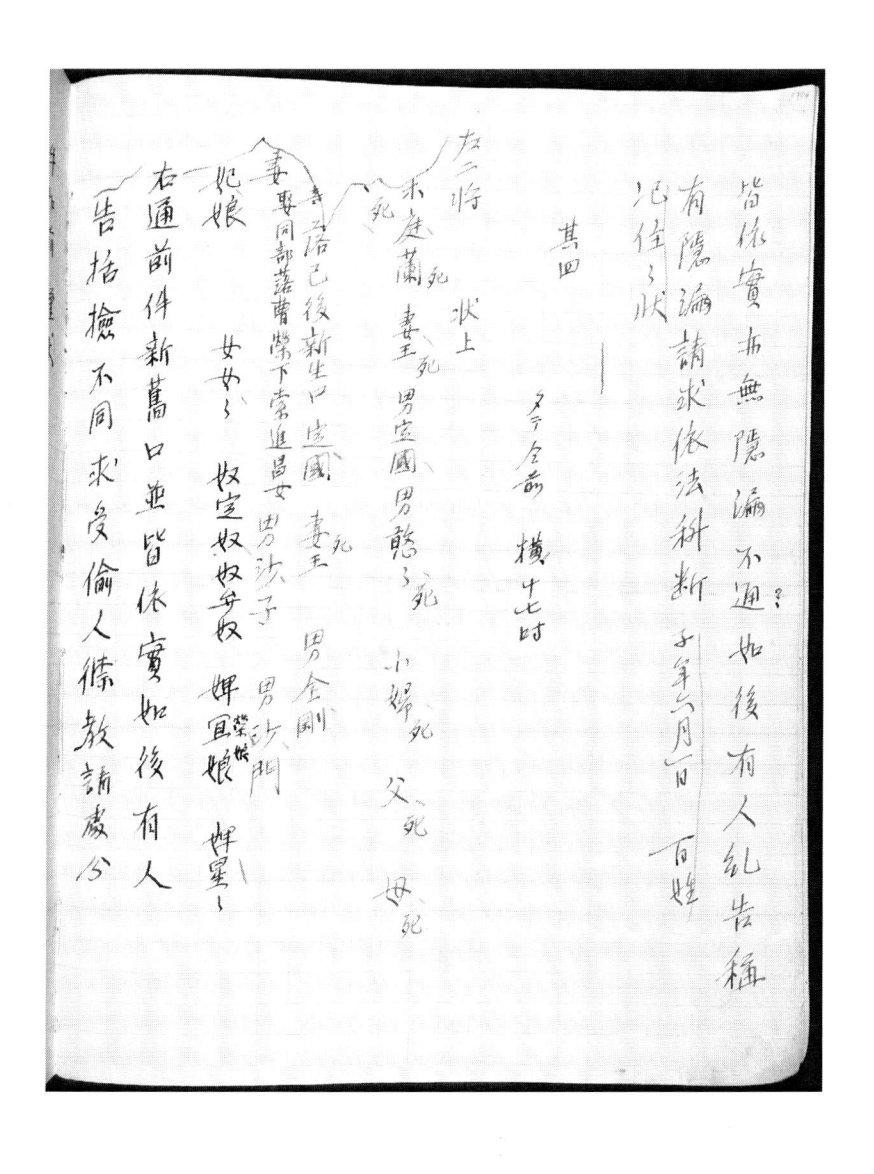

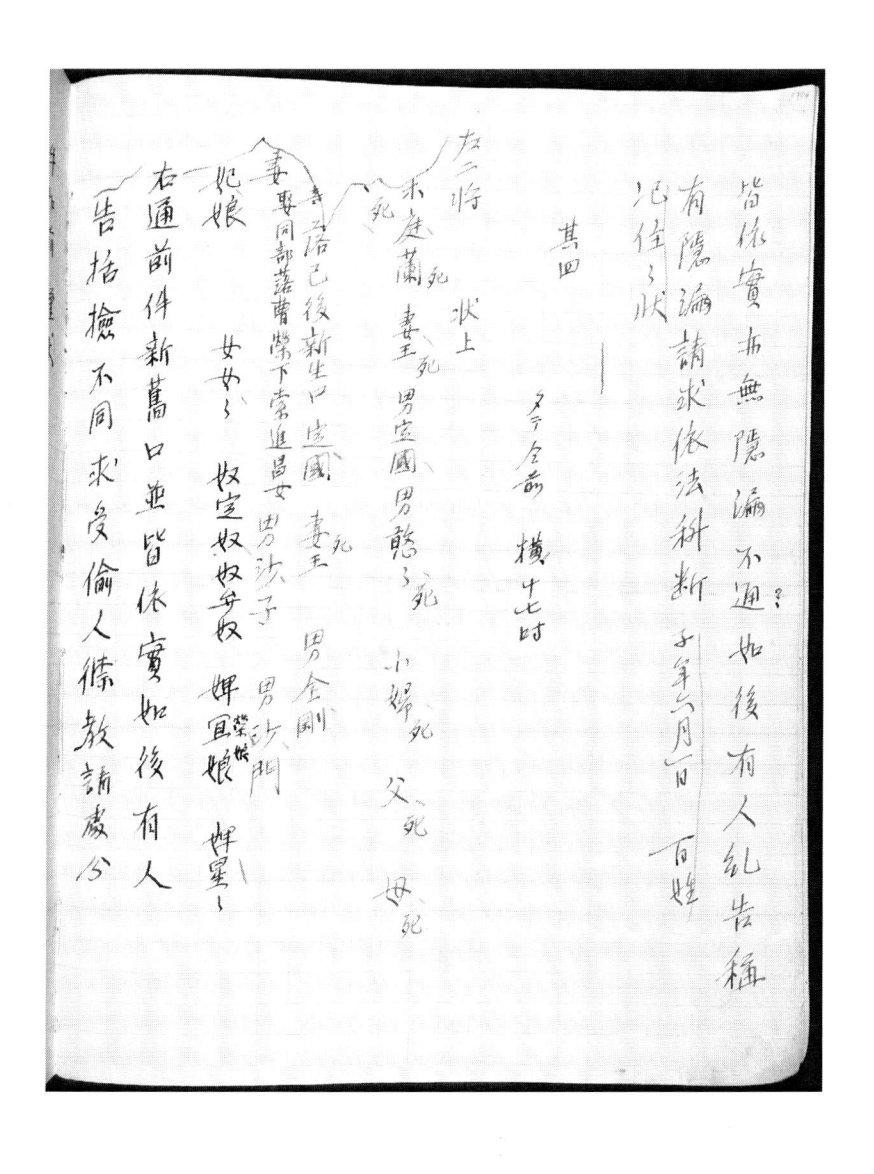

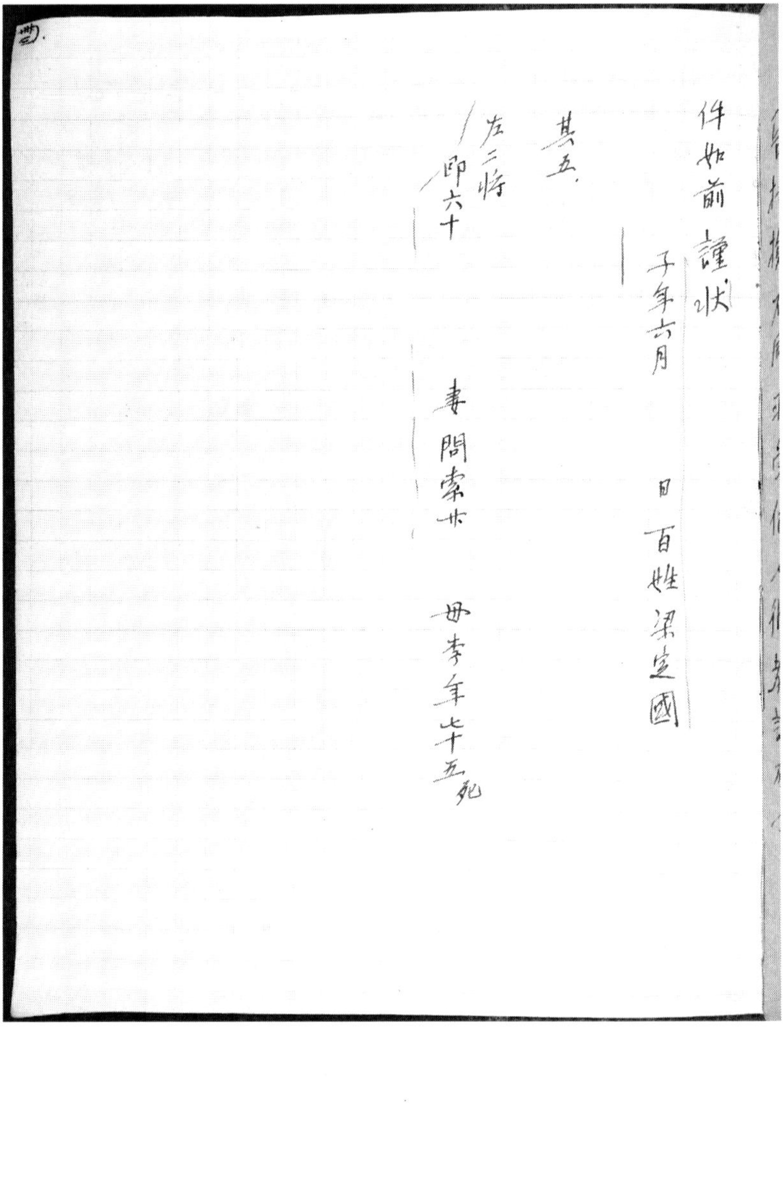
件如前謹状
子年六月　日　百姓梁定國
其五
左二将
卯六十　妻閻索廿　母李年七十五死

S.86.

横16 6/8吋
縦11 6/8吋
燉煌紙
（十五日）

奉為亡女弟子馬氏名醜女從病至終七日所脩功德數
三月九日病困臨垂於金光明寺殿上施麦壹碩　城西
暎家荘家二蘭若共施布壹疋　葬日臨曠焚
屍兩處共錄獨織裙壹腰　紫䌷子衫子白綃衫子
共兩事　絹領巾壹事　繡鞋壹兩　絹手巾一方　布手伯
巾壹个　粟叄碩　布壹疋　設供一七會共齋僧貳伯
叄拾人　施襯布叄疋　昌褐兩疋　又斜褐壹段　麦粟
帋帖共計拾貳碩
轉妙法蓮華經十部
觀彌勒菩薩上生兜率天經八十部
金剛般若波羅蜜經兩部
重四十八輕戒一卷

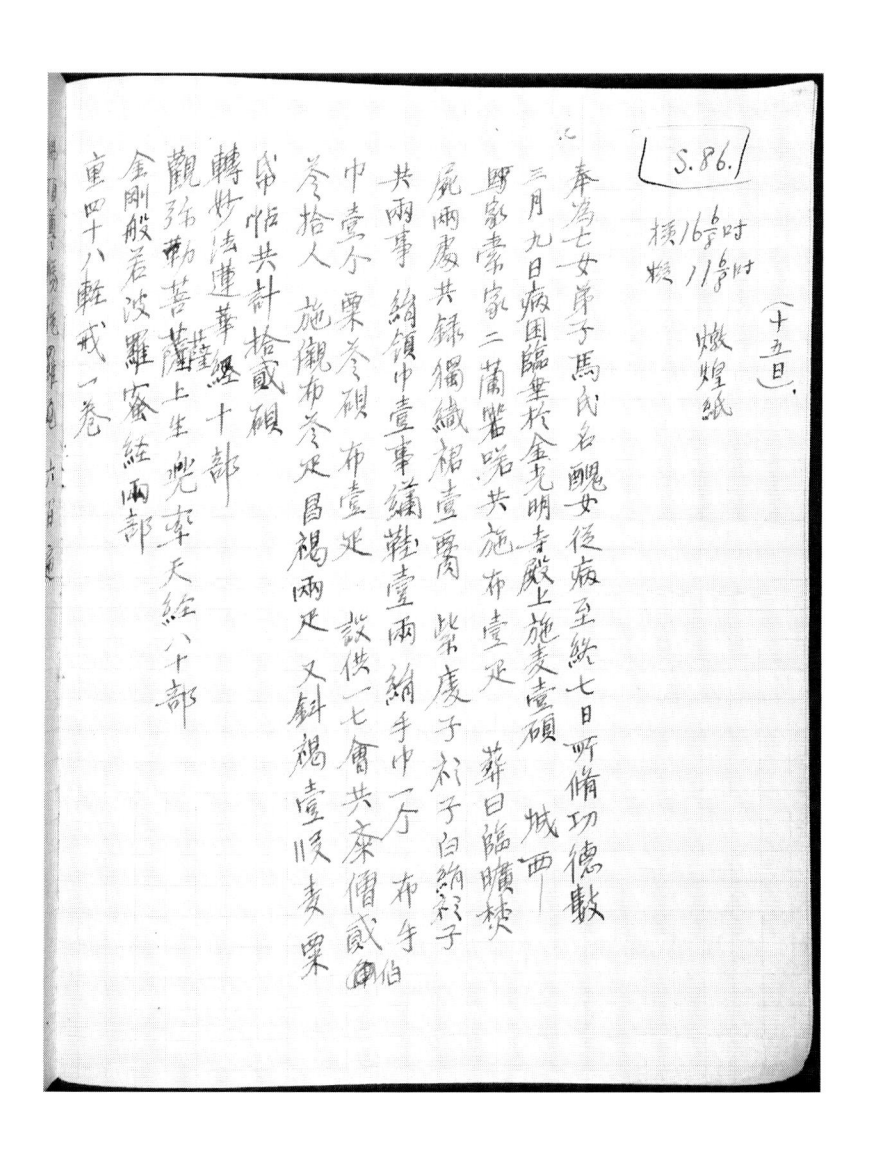

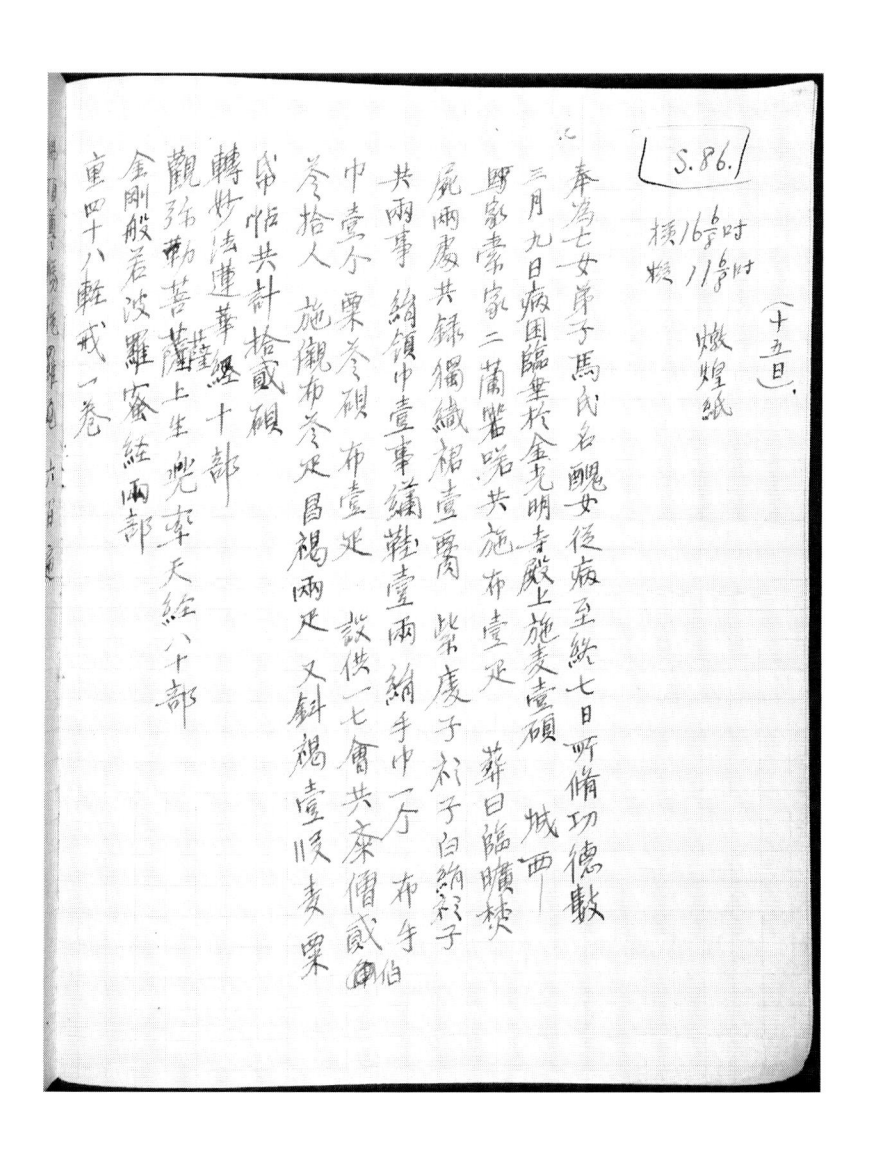

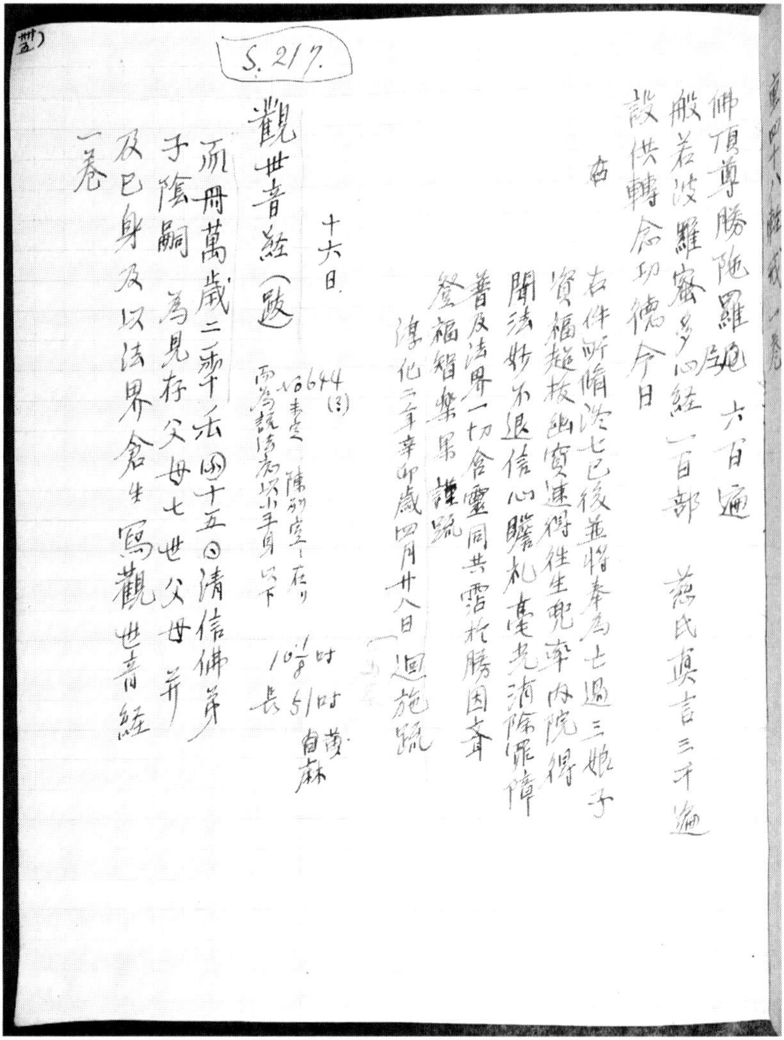
S. 217.
佛頂尊勝陀羅尼 六百遍
般若波羅蜜多心經 一百部　慈氏真言 三千遍
設供轉念功德 今日
右
右件所脩治七巳後並將奉為亡過三娘子
資福超拔幽冥速得往生兜率内院得
聞法妙不退信心瞻札慈光消除罪障
普及法界一切含靈同共霑於勝因 畢
登福智樂果 謹疏
淳化二年辛卯歳四月廿八日 廻施疏
十六日
觀世音經（跋）
No.6644 (3)
10 1/8 吋
長 51 吋
黄 白麻
而冊萬歳二季十五日清信佛弟
子陰嗣 為見存父母七世父母并
及己身及以法界倉生 寫觀世音經
一巻

(46)

S.936.

大比丘尼羯磨一巻 (跋)

大暁九年七月六日己丑朔寫訖 比丘尼賢王所供養

比丘尼賢王起發寫羯磨經一巻 願此功德普及一切十方世界六道衆生心開
意解發大乘意衆此身命生々之處常為十天道衆生而為導首如
三世諸仏及諸菩薩度衆生等无有異 有能讀誦奉行此律者亦復如
是大聖忠心使衆此戒又得成就果成仏道 三惡衆應時解脱

縦 10 2/8吋 横内 9 6/8吋 黄麻紙

S.618.

好惡鄭聲之亂雅樂 心色也 より 微子第十八
逸民伯夷叔齊虞仲夷逸朱張柳下恵少連 逸民者節行超逸
逸首民早 以下オシ直ニ論語巻九ト書ケリ

論語巻第九

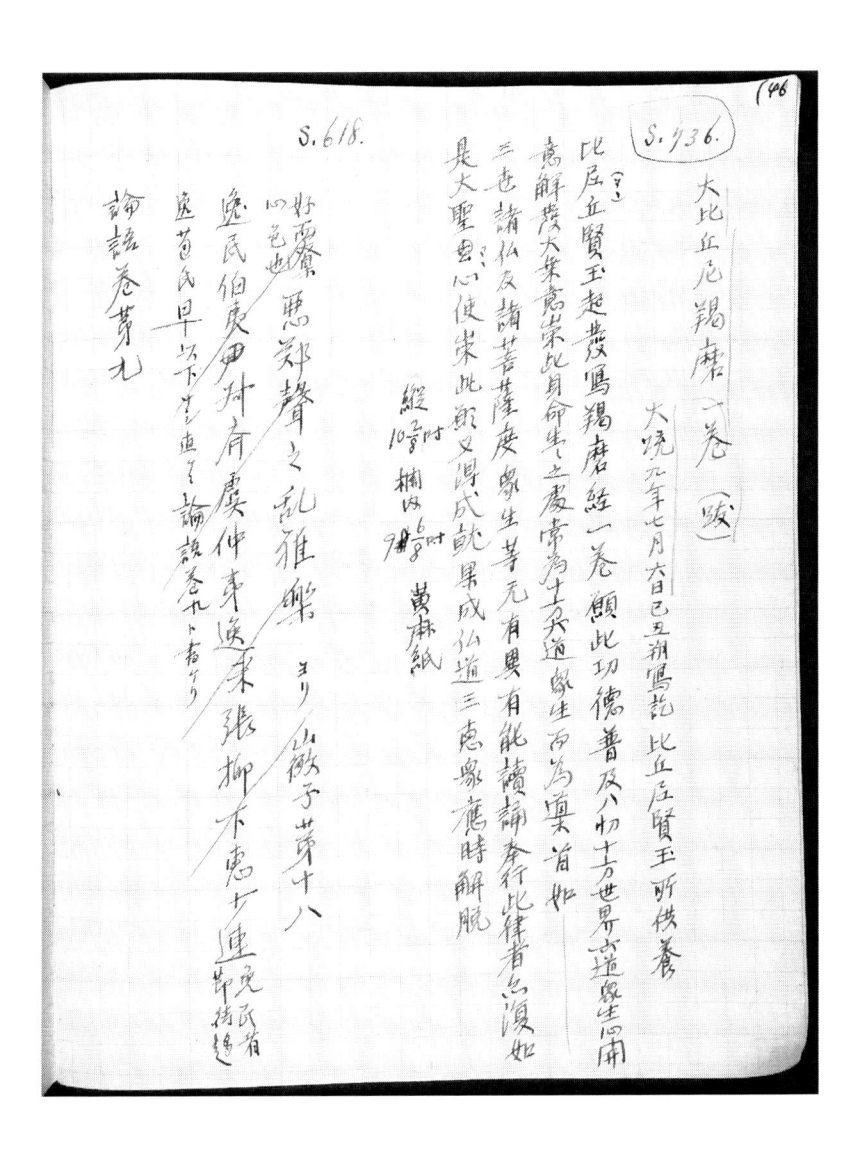

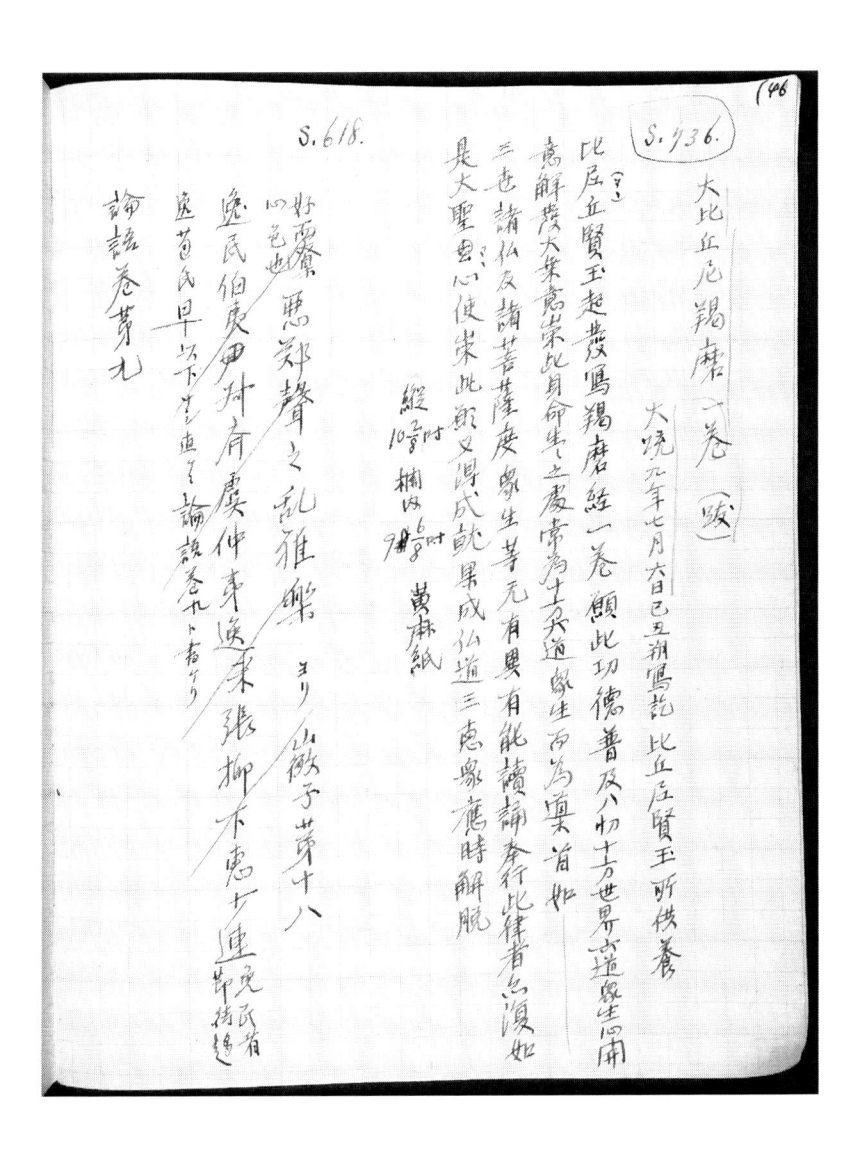

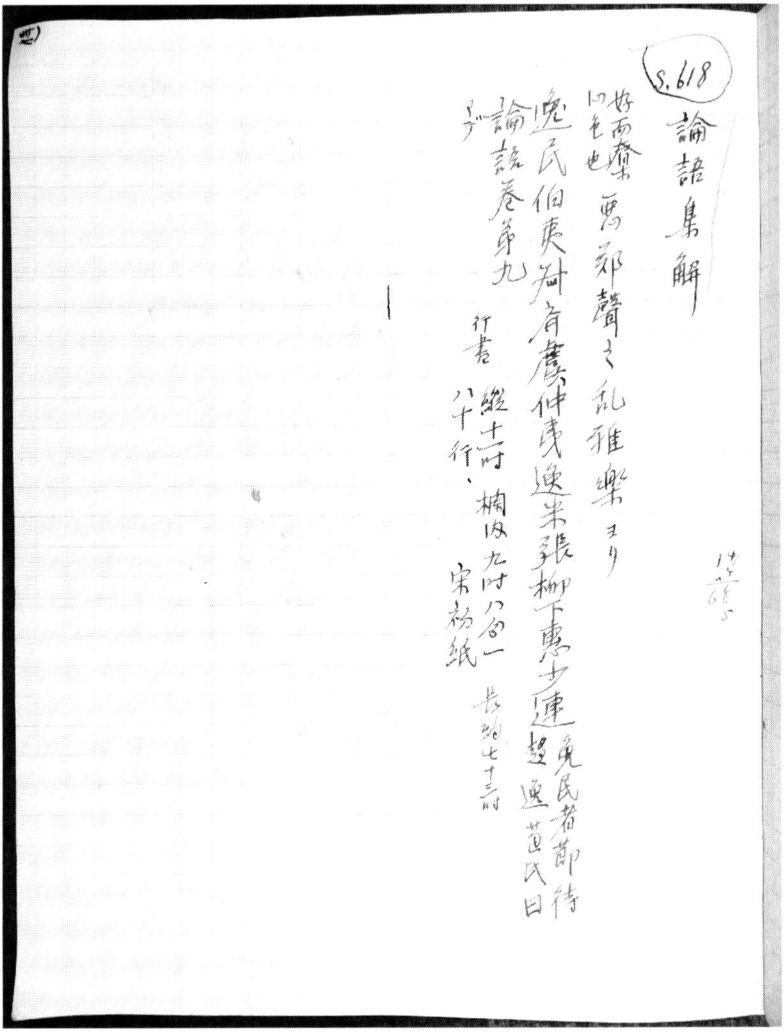
S.618
論語集解
悪鄭聲之乱雅樂より
逸民伯夷叔斉虞仲夷逸朱張柳下恵少連 逸民者節行超逸也 包氏曰
論語巻第九
行書 縦十寸 横四尺九寸八分一 長約七十三寸
八十行、 宋初紙

028

S.

南閻浮提大寶于闐國迊摩寺八關戒牒

(A) 授戒弟子曹清淨 牒

牒前件弟子久慕聖回遐遊竟海負
出塵之樞要投入聖之機 謀逃獸火
宅之喧囂驟出塵之路此乃憂河溺
永別彼岸須攀添究室次盈菓
遠覓花而證果事 須急條仮條知
者故牒

天興十二年(B)二月八日授戒弟子清淨 牒

奉請兜率天宮弥勒菩薩為壇頭 和尚
奉請阿弥陀佛為教授阿闍梨
奉請金粟如来為提摩阿闍梨
奉請十方諸佛為戒阿闍梨

(A) 朱印 下

同 回

(B) 朱印 下

興 ら

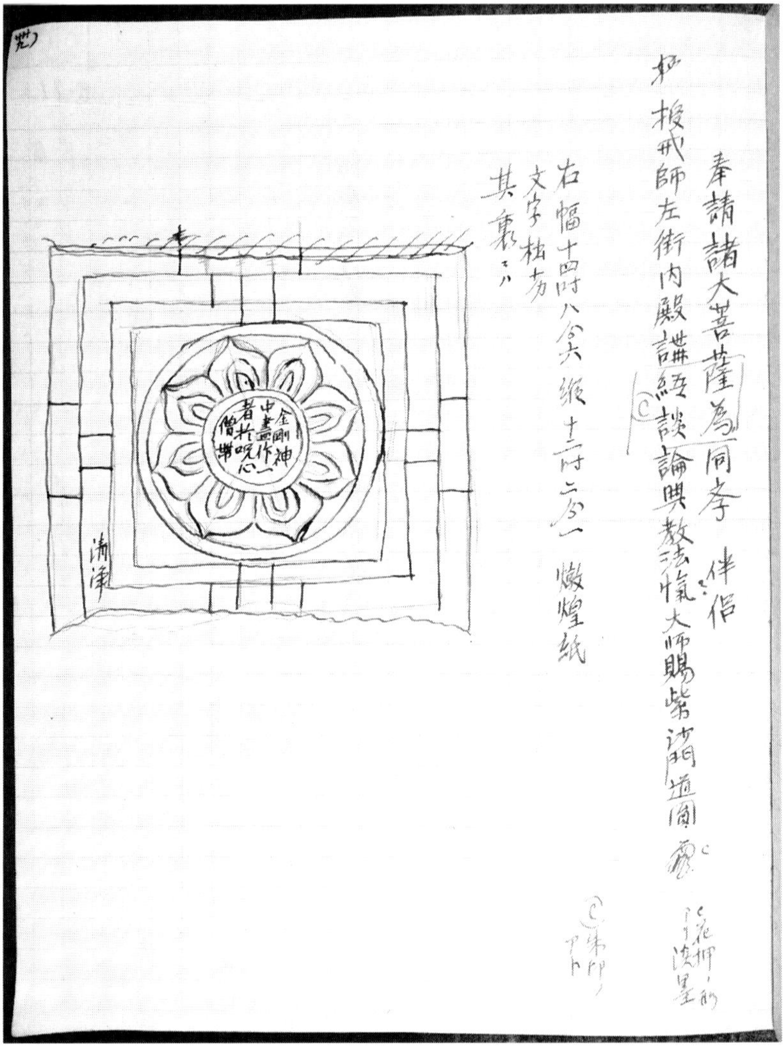
奉請諸大菩薩為同孝 伴侶
授戒師左街内殿講経談論興教法幢大師賜紫沙門道因
右幅十四吋八分六 縦十二吋二分一 燉煌紙
其裏ニハ
清浄

50

S. 113

縦九吋八分六　上下ナシ切リ去ラレタリ　裏ハ写経
長三十六吋　白麻紙　法華経巻七ヲ書キシタ北魏
建中十三年正月——人名　写本ナリ

苴男△弟德　年廿一　驛子
仚妻趙　年十七
仚息女官　年一
建初十二年正月籍[a]

煌郡敦煌縣西宕鄉高昌里兵裴晟　年六十五
息男醜　年廿九[c]
醜男漆　年廿五[c']
漆妻馮　年廿九
次男
女口
凡口四
居趙羽塢[d]

建初十二年正月籍
敦煌郡敦煌縣西宕鄉高昌里散隆懷　年十五
1　母高年六十三　丁男

(a) 正
(b) 某
c' c 原ノマヽ
(d) 淡墨不明

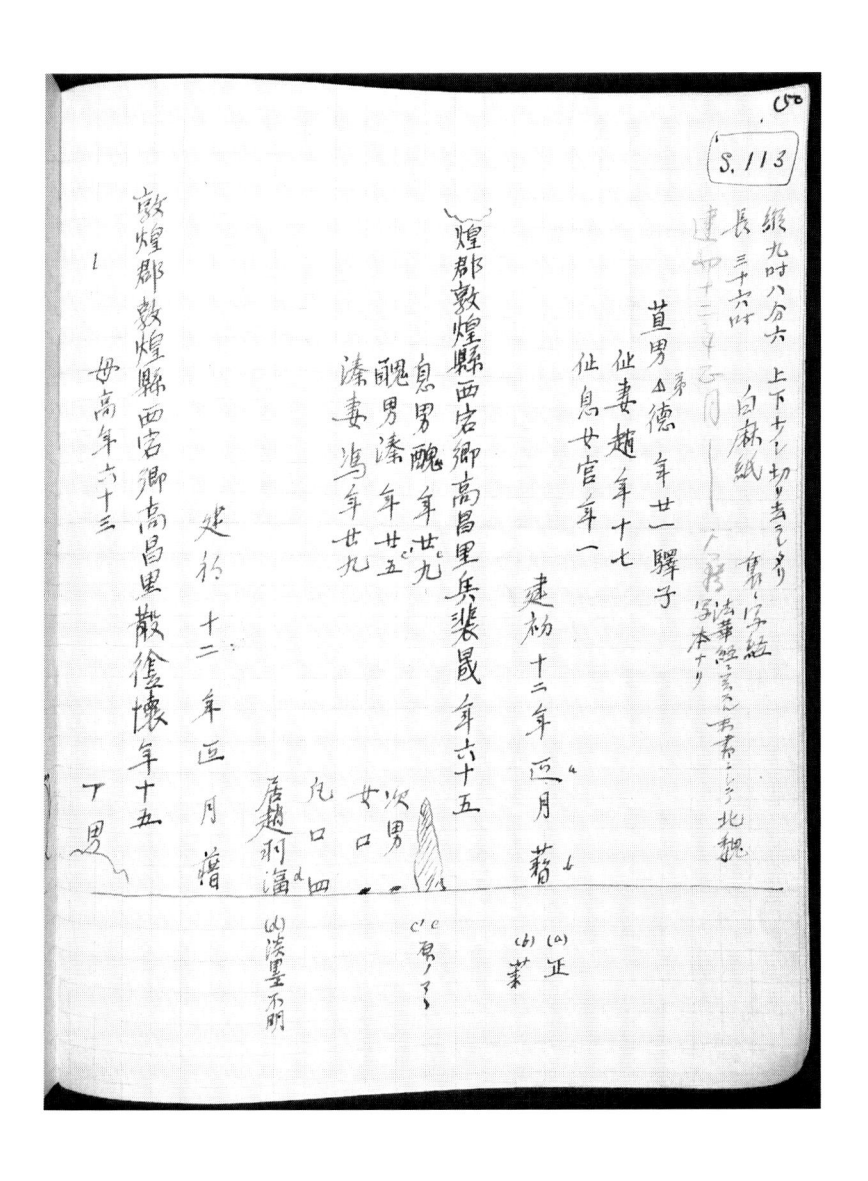

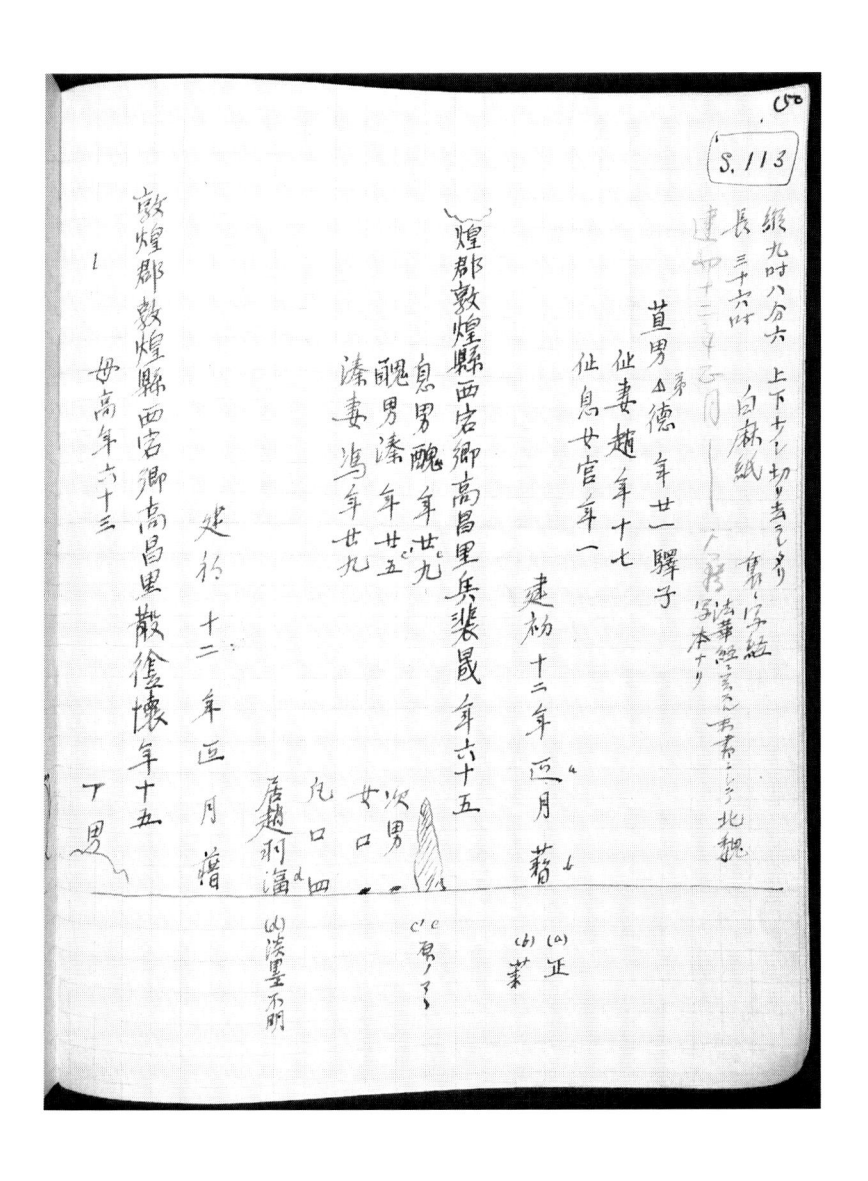

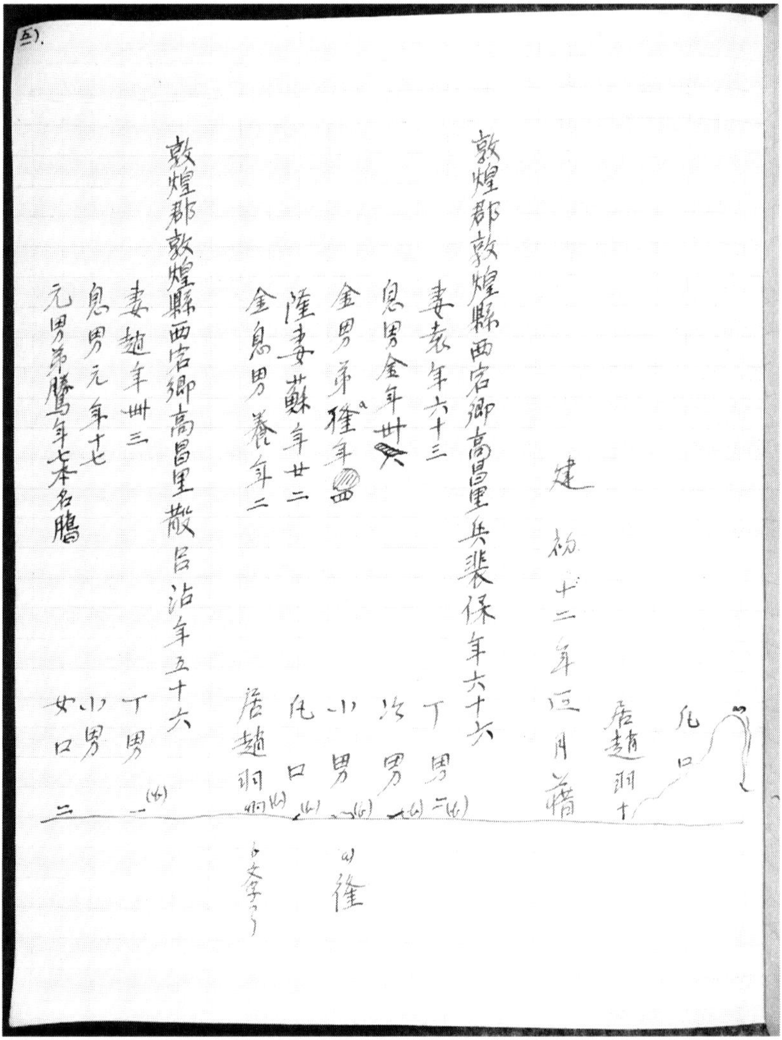

5).

建初十二年正月籍

敦煌郡敦煌縣西宕鄉高昌里兵裴保年六十六
妻袁年六十三
息男金年卅六
金男弟隆年卅四
隆妻蘇年廿二
金息男養年二

丁男二
次男一
小男一
凡口
居趙羽

(ロ)隆

敦煌郡敦煌縣西宕鄉高昌里散呂沾年五十六
妻趙年卅三
息男元年十七
元男弟騰年七本名鵬

丁男一
小男
女口二

居趙羽十
凡口

鷺女妹華年二　凡口五

建初十二年正月籍　居趙羽塢

敦煌郡敦煌縣西宕鄉高昌里兵呂德年卅五

唐妻年卅一　丁男二

息男興年十七　小男二

興男弟受年十　女口二

受女妹媚年六　凡口六

媚男弟興年二　居趙羽塢[a]

建初十二年正月

[a] 淡墨

敦煌郡敦煌縣西宕鄉高昌里大府吏隨嵩年五十

妻曹年五十　丁男二

息男[illegible]年廿四　女口二

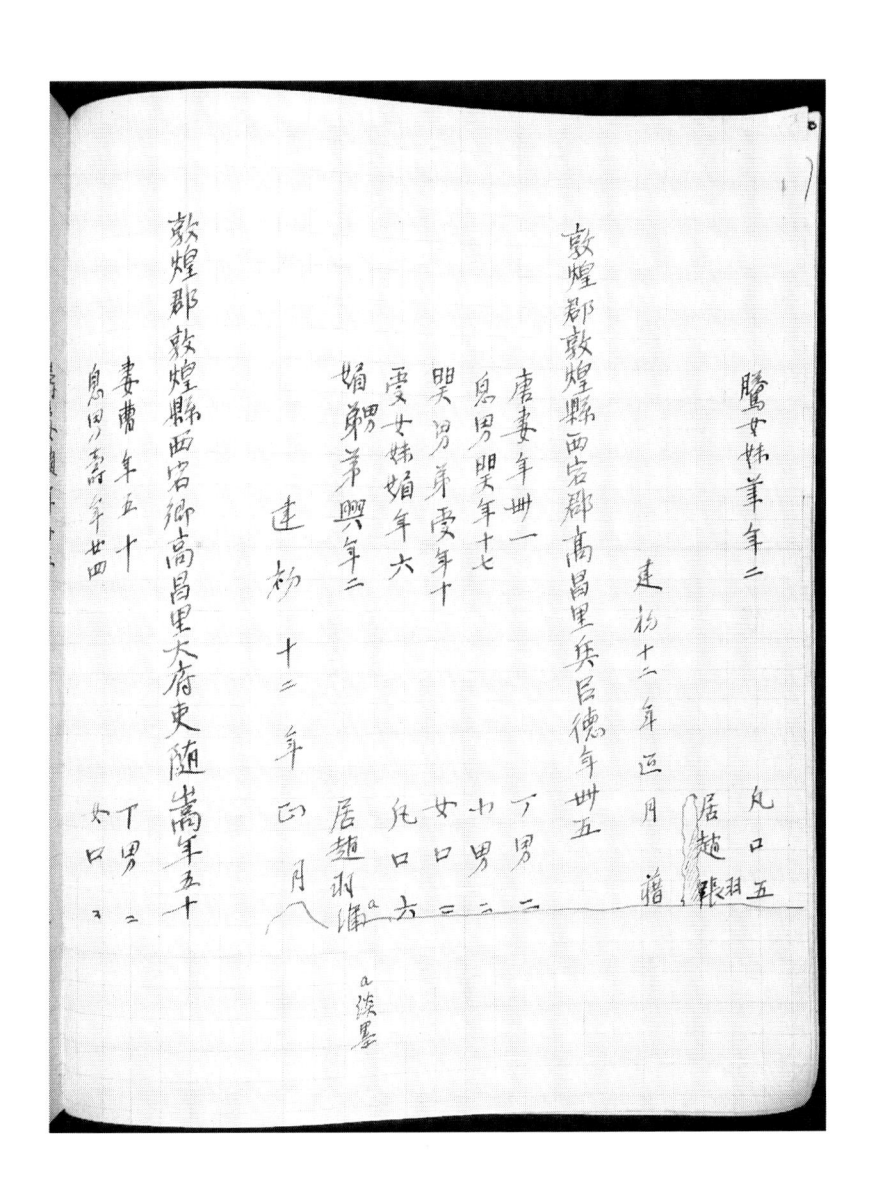

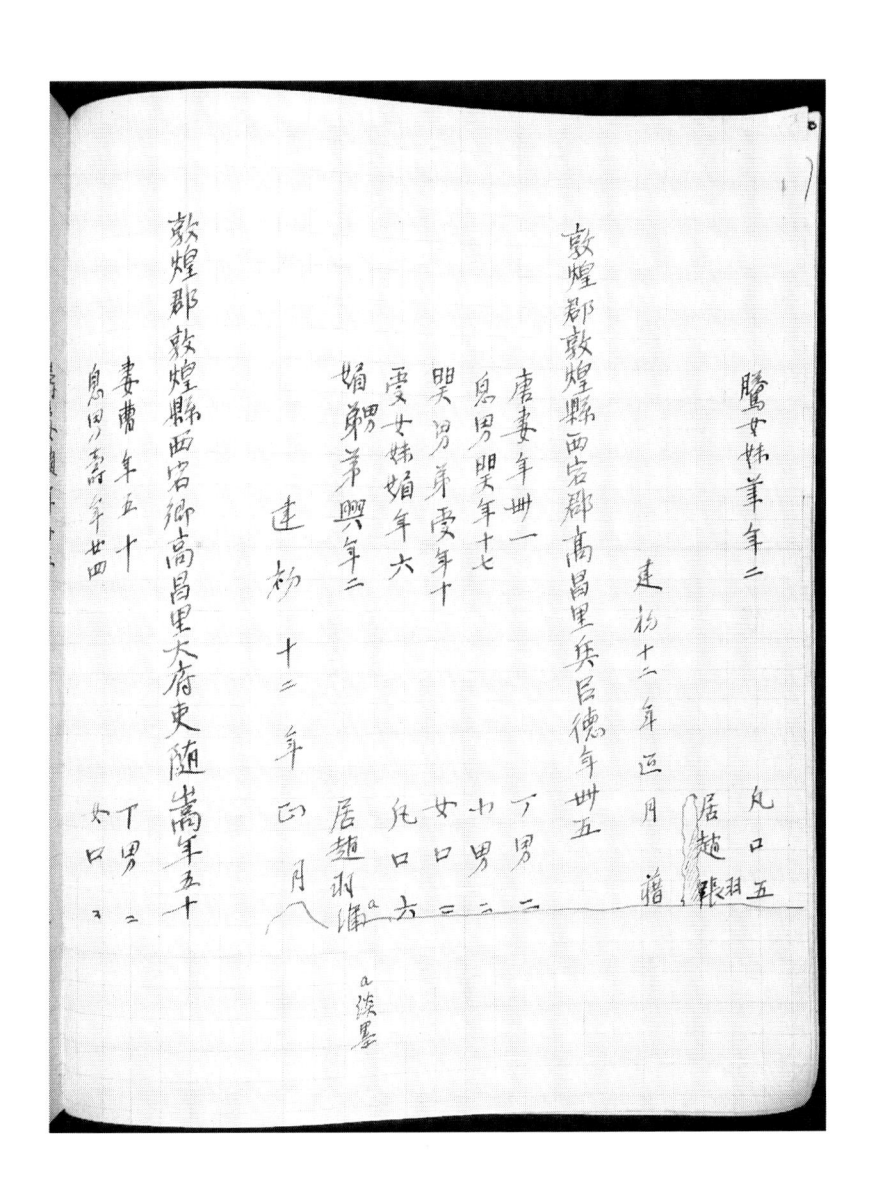

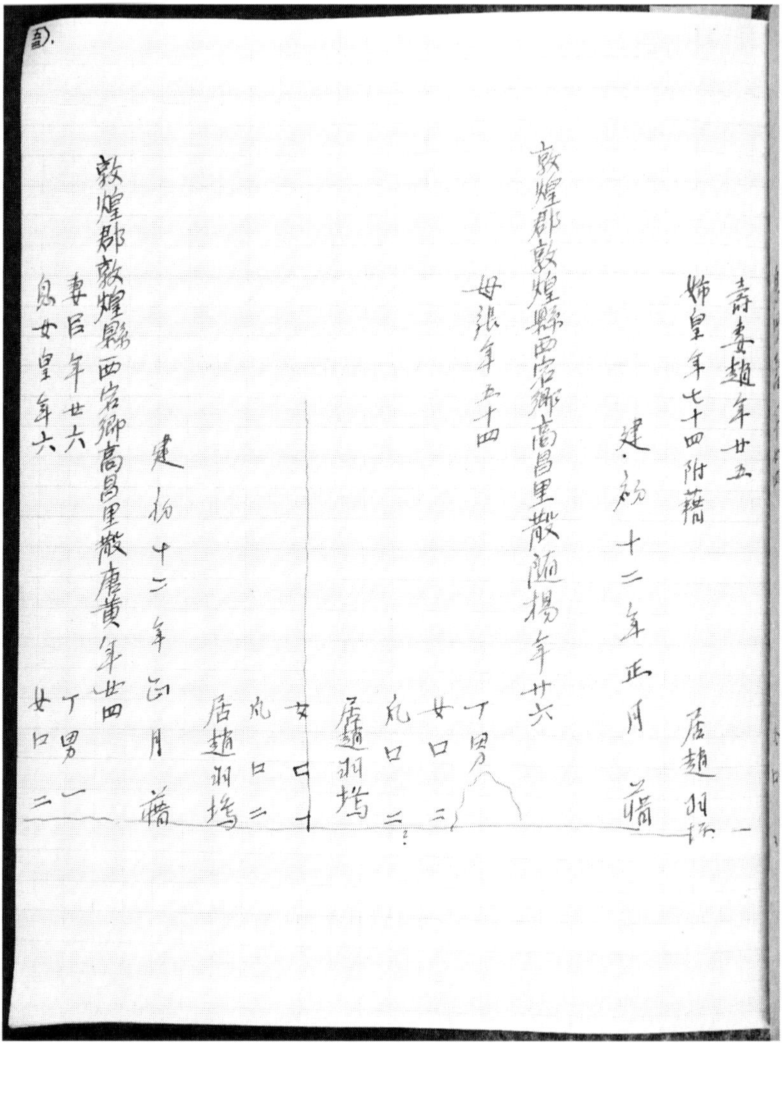
五)
壽妻趙年廿五　居趙羽塢　一
姉皇年七十四附籍
建初十二年正月籍
敦煌郡敦煌縣西宕鄉高昌里散隨楊年廿六
母張年五十四
丁男
女口三
凡口二
居趙羽塢
女口一
凡口二
居趙羽塢
建初十二年正月籍
敦煌郡敦煌縣西宕鄉高昌里散唐黃年卅四
妻呂年廿六　丁男一
息女皇年六　女口二